本书系浙师大—金华市校地合作协同创新重大课题"打造中非合作金华样板研究"子课题"全球南方背景下中非共建现代化的理念与实践——'中非达累斯萨拉姆共识'解读"（项目编号：ZSJHZD20240404）成果

CONCEPT AND PRACTICE OF
CHINA-AFRICA JOINING HANDS TO
ADVANCE MODERNIZATION IN THE CONTEXT
OF GLOBAL SOUTH
Interpretation of the Africa-China Dar es Salaam Consensus

王 珩 刘鸿武 等 著

全球南方背景下中非共建现代化的理念与实践

——中非达累斯萨拉姆共识解读

社会科学文献出版社
SOCIAL SCIENCES ACADEMIC PRESS (CHINA)

在中非智库论坛第十三届会议上,浙江师范大学非洲研究院党委书记、智库执行负责人王珩(上图左一)和浙江师范大学非洲研究院院长刘鸿武(下图右一)与非洲学者代表联合发布五语种"中非达累斯萨拉姆共识"——《中非智库关于深化全球发展合作的共识》和《构建中非智库合作网络倡议书》

序

刘鸿武

当今世界面临百年未有之大变局,中非双方面临着发展的重大机遇与挑战。党的二十届三中全会紧扣推进中国式现代化对进一步全面深化改革作出战略部署,中国式现代化图景正在徐徐拉开。非洲进入实施《2063年议程》的第二个十年,非洲一体化发展的美好愿景正在逐渐变为现实。为进一步推进中非携手现代化进程,中非50国学者在中非智库论坛第十三届会议上发表《中非智库关于深化全球发展合作的共识》(英文名称为 The Africa-China Dares Salaam Consensus,又称"中非达累斯萨拉姆共识",以下简称"共识"),呼吁"自主发展""公平发展""开放发展""融合发展""统筹发展""共享发展""创新发展""安全发展""绿色发展""文明发展"是"共识"的核心要义。这是"迄今首个诞生于南方而非北方强加的国际共识,表达了'全球南方'的共同心声"。

"共识"与"三个世界划分"理论一脉相承。二战后,国际政治格局发生深刻变动,1974年,毛泽东在"中间地带"理论基础上进一步提出"三个世界划分"思想。"中间地带",即"美国和苏联中间隔着极其辽阔的地带,这里有欧、亚、非三洲的许多资本主义国家和殖民地、半殖民地国家"。[①] 毛泽东

---

① 《毛泽东选集》(第四卷),人民出版社,1991,第1193页。

对"中间地带"做了进一步划分,即"一部分是指亚洲、非洲和拉丁美洲的广大经济落后的国家,一部分是指以欧洲为代表的帝国主义国家和发达的资本主义国家"。①20 世纪 60 年代末,随着中苏关系急剧恶化,毛泽东将苏联划入第一世界,"中间地带"的国家则划分为第二世界和第三世界。"我看美国、苏联是第一世界。中间派,日本、欧洲、澳大利亚、加拿大,是第二世界。咱们是第三世界。"②邓小平又进一步提出,"美国、苏联是第一世界。亚非拉发展中国家和其他地区的发展中国家,是第三世界。处于这两者之间的发达国家是第二世界"。③该理论跳出西方意识形态认知,从主体关系的变化入手,形成了之于当时乃至未来一段时间内对国际形势极具智慧与深刻洞见的国际政治格局理论。"三个世界"划分理论帮助第三世界国家分清了以国家利益为立场的敌友矛盾,为最大限度团结第三世界人民、争取第二世界支持提供了有力的思想武器。50 多年来,亚非拉国家团结合作,以中国和非洲为代表的第三世界国家逐渐形成新的"共识",围绕团结公平和建立伙伴关系,以可持续发展为目标,强调自主发展、公平发展、共享发展,为中非共逐现代化、"全球南方"实现现代化凝聚智慧和力量,致力于打造一个共同繁荣合作的"无国界"的世界。

"共识"吸收了和平共处五项原则的基本内核。1953 年 12 月 31 日,周恩来在接见参加中印有关问题谈判的印度代表团时首次提出"互相尊重领土主权、互不侵犯、互不干涉内政、平等互惠和和平共处"五项基本原则。1954 年,周恩来应邀访问印度和缅甸,在与两国的联合声明中将五项基本原则中的"平等互惠"改为"平等互利"。同年,《中华人民共和国和苏维埃社会主义共和国联盟政府联合宣言》将"互相尊重领土主权"修改为"互相尊重主权和领土完整"。至此,和平共处五项原则的表述基本定型,它表达出主权优先、内政自主、经济互利、以和为贵等精神实质。1955 年 4 月,《亚非会议最后

---

① 《毛泽东文集》(第八卷),人民出版社,1999,第 344 页。
② 《毛泽东文集》(第八卷),人民出版社,1999,第 441 页。
③ 《邓小平文集(一九四九——九七四年)》(下卷),人民出版社,2014,第 346 页。

公报》吸收了和平共处五项原则的精神，扩展为十条原则。"和平共处五项原则"得到国际社会的广泛承认，逐渐成为世界各国外交的基本准则。①习近平主席在和平共处五项原则发表70周年纪念大会上的讲话中指出，"五项原则凝结了发展中国家对改变自身命运、追求变革进步的深刻思考"，"在五项原则激励和鼓舞下，越来越多亚非拉国家相互声援和支持，奋起抵御外来干涉，成功走出独立自主的发展道路"，"五项原则还促进了南南合作，推动了南北关系改善和发展"。②"'全球南方'是倡导和践行和平共处五项原则的关键力量，要共同做维护和平的稳定力量、开放发展的中坚力量、全球治理的建设力量、文明互鉴的促进力量，为加强南南合作、促进南北合作、推动人类进步作出更大贡献。"③和平共处五项原则是由发展中国家发起并最终成为全球的"公共产品"，它显示出广大发展中国家在完善和发展国际秩序层面的主动作为。在百年变局背景下，和平共处五项原则不断被赋予新的时代内涵，根植于中非实践的"共识"在时代中产生，强调开放发展、融合发展、统筹发展，为全球治理体系变革完善提供中非方案，彰显了中非人民践行和平共处五项原则、促进共同发展的坚定意志。

"共识"继承发扬新时代中非合作精神。2013年3月，习近平主席访问坦桑尼亚时提出"中非从来都是命运共同体"重要论断，并指出，"对待非洲朋友，我们讲一个'真'字；开展对非合作，我们讲一个'实'字；加强中非友好，我们讲一个'亲'字；解决合作中的问题我们讲一个'诚'字"。④"中

---

① 徐坚：《中国共产党的国际关系理论创新——从和平共处五项原则到人类命运共同体》，《外交评论》(外交学院学报)2021年第4期。
② 习近平：《弘扬和平共处五项原则 携手构建人类命运共同体——在和平共处五项原则发表70周年纪念大会上的讲话》，求是网，http://www.qstheory.cn/yaowen/2024-06/28/c_1130170116.htm，最后访问日期：2024年11月24日。
③ 《和平共处五项原则发表70周年纪念大会北京宣言(全文)》，中华人民共和国中央人民政府网，https://www.gov.cn/yaowen/liebiao/202406/content_6960115.htm，最后访问日期：2024年11月25日。
④ 习近平：《永远做可靠朋友和真诚伙伴——在坦桑尼亚尼雷尔国际会议中心的演讲》，中华人民共和国中央人民政府网，https://www.gov.cn/ldhd/2013-03/25/content_2362201.htm，最后访问日期：2024年10月17日。

非关系的根基和血脉在人民，中非关系发展应该更多面向人民。"①2013 年 3 月，习近平主席在访非期间提出正确义利观。"正确义利观讲求义利兼顾，以义为重，政治上主持公道、伸张正义，经济上互利共赢、共同发展，国际事务中讲信义、重情义、扬正义、树道义。"②2018 年 9 月，习近平主席在中非合作论坛北京峰会上指出，"中国坚持把中非人民利益放在首位，为中非人民福祉而推进合作，让成果惠及中非人民"。③之后，历届中非合作论坛都对中非命运共同体进行进一步提炼，并形成了"责任共担、合作共赢、幸福共享、文化共兴、安全共筑、和谐共生"六位一体的命运共同体纲领。④2021 年 11 月，中非合作论坛会议第八届部长级会议上，习近平主席高度总结和概括了中非友好合作精神，即"真诚友好、平等相待，互利共赢、共同发展，主持公道、捍卫正义，顺应时势、开放包容"。⑤2022 年 10 月，习近平在党的二十大报告中指出，"秉持真实亲诚理念和正确义利观加强同发展中国家团结合作，维护发展中国家共同利益"。⑥2024 年 9 月，习近平在中非合作论坛北京峰会的主旨演讲中指出，中非"要携手推进公正合理的现代化"，"要携手推进开放共赢的现代化"，"要携手推进人民至上的现代化"，"要携手推进多

---

① 习近平:《永远做可靠朋友和真诚伙伴——在坦桑尼亚尼雷尔国际会议中心的演讲》，中华人民共和国中央人民政府网，https://www.gov.cn/ldhd/2013-03/25/content_2362201.htm，最后访问日期：2024 年 10 月 17 日。
② 中华人民共和国国务院新闻办公室:《新时代的中非合作》，中华人民共和国中央人民政府网，https://www.gov.cn/zhengce/2021-11/26/content_5653540.htm，最后访问日期：2024 年 8 月 28 日。
③ 习近平:《携手共命运 同心促发展——在 2018 年中非合作论坛北京峰会开幕式上的主旨讲话》，中华人民共和国中央人民政府网，https://www.gov.cn/xinwen/2018-09/03/content_5318979.htm，最后访问日期：2024 年 10 月 15 日。
④ 吴传华、贺杨、卫白鸽:《习近平新时代中非合作观：时代背景、思想内涵与实践价值》，《西亚非洲》2022 年第 5 期。
⑤ 习近平:《携手共命运 同心促发展——在 2018 年中非合作论坛北京峰会开幕式上的主旨讲话》，中华人民共和国中央人民政府网，https://www.gov.cn/xinwen/2018-09/03/content_5318979.htm，最后访问日期：2024 年 10 月 15 日。
⑥ 习近平:《高举中国特色社会主义伟大旗帜 为全面建设社会主义现代化国家而团结奋斗——在中国共产党第二十次全国代表大会上的报告》，中华人民共和国中央人民政府网，https://www.gov.cn/gongbao/content/2022/content_5722378.htm，最后访问日期：2024 年 11 月 24 日。

元包容的现代化","要携手推进生态友好的现代化","要携手推进和平安全的现代化"。① 以六大现代化为目标,"共识"始终坚持"真实亲诚"对非政策理念的指引,坚定维护发展中国家的意愿和利益,"共识"强调创新发展、绿色发展、安全发展、文明发展,以多领域多方位推进中非合作,为巩固中非友谊、团结全球南方、促进世界现代化发展建构有效的话语体系、谋划可行的实践路径。

"共识"在国际社会尤其是全球南方引发热烈反响。肯尼亚总统鲁托表示,"'非中达累斯萨拉姆共识'向世界发出'全球南方'声音,为世界面临的重大问题和挑战提出共同解决方案,彰显了以中国和非洲国家为代表的'全球南方'的智慧"。②

时任坦桑尼亚外交部长马坎巴表示,"'中非达累斯萨拉姆共识'是非洲国家同中国围绕世界格局变化,应对全球共同挑战达成的重要共识,秉持相互尊重、开放共赢、共同繁荣、共促发展等原则,有助于最大程度凝聚共识,建立更公平公正的世界经济秩序,为非洲现代化找到正确道路,争取更多国际支持和资源。坦方希望同中方及其他非洲国家共同努力,推动共识从学术成果上升到中非政府间合作共识,维护发展中国家共同利益"。③

"共识"被纳入《中非合作论坛——北京行动计划(2025—2027)》,"双方赞赏中非智库、学者共同发表《中非智库关于深化全球发展合作的共识》(又称'达累斯萨拉姆共识'),将致力于探索独立自主、互尊互鉴、以民为本的发展道路,倡导和鼓励中非智库联盟网络平台建设,高质量建设中非大学

---

① 习近平:《携手推进现代化,共筑命运共同体——在中非合作论坛北京峰会开幕式上的主旨讲话》,中华人民共和国中央人民政府网,https://www.gov.cn/gongbao/2024/issue_11586/202409/ content_6975095.html,最后访问日期:2024 年 11 月 24 日。
② 黄炜鑫:《"为非洲实现现代化创造机遇"——访肯尼亚总统鲁托》,人民日报新闻网,https://www.peopleapp.com/column/30046484182-500005729854,最后访问日期:2024 年 9 月 6 日。
③ 《王毅:"中非达累斯萨拉姆共识"表达了"全球南方"的共同心声》,外交部官网,https://www.mfa.gov.cn/wjbzhd/202405/t20240517_11306249.shtml,最后访问日期:2024 年 9 月 11 日。

联盟交流机制,深化双方在治国理政、现代化发展等方面交流互鉴"。① "共识"被写入《关于共筑新时代全天候中非命运共同体的北京宣言》,宣言提出,"我们赞赏中非学者共同发表'中非达累斯萨拉姆共识',围绕如何应对当前全球性挑战提出建设性思想,充分凝聚中非理念观念共识。我们支持中非智库加强交流合作,分享发展经验。我们认为,文化合作是加强不同文明和文化间对话和相互理解的重要途径。我们鼓励中非文化机构建立友好关系,加强地方和民间文化交流"。② 这意味着,"共识"理念由民间发展共识上升为中非双方官方战略共识。它是中非深化发展理念交流的知识产品,是以中国和非洲为代表的全球南方锚定现代化发展目标的时代宣言书,是双方不断提升中非全面战略合作伙伴关系水平的学术思想共识、理念战略共识。

发展是人类社会的永恒主题,是时代进步的重要标尺,也是解决一切问题的关键和基础。中非携手发展已经走过近 70 年的历史,面对中非共同现代化的新蓝图、新愿景以及世界百年未有之大变局,中非比以往更要加强团结合作,中非比以往更要凝聚思想共识。习近平主席在复信非洲学者时强调,"期待你们在'中非达累斯萨拉姆共识'基础上,加大对'全球南方'国家发展道路、中非和南南合作的研究探索,继续为构建高水平中非命运共同体、维护'全球南方'共同利益提供重要智力支持"。③

"共识"以真实亲诚对非政策理念和正确义利观为指导,深度对接"一带一路"倡议和"全球发展倡议、全球安全倡议、全球文明倡议",总结中非现代化理论基础与实践路径,呼吁包括中非在内的全球南方坚定发展理念、优化发展规划、汇集发展资源、共享发展知识、提升发展能力,合力破解全球

---

① 《中非合作论坛—北京行动计划(2025—2027)》,外交部官网,https://www.mfa.gov.cn/wjb_673085/zzjg_673183/xws_674681/xgxw_674683/202409/t20240905_11485697.shtml,最后访问日期:2024 年 9 月 22 日。
② 《关于共筑新时代全天候中非命运共同体的北京宣言(全文)》,中华人民共和国中央人民政府网,https://www.gov.cn/yaowen/liebiao/202409/content_6972562.htm,最后访问日期:2024 年 9 月 22 日。
③ 《习近平复信非洲学者》,中华人民共和国中央人民政府网,https://www.gov.cn/yaowen/liebiao/202408/content_6971438.htm,最后访问日期:2024 年 9 月 6 日。

发展赤字,共同应对全球性挑战,为全球南方发展乃至深化全球发展提供了有益的发展理论基础与发展实践指向。

本书作者王珩、刘鸿武及团队创建中非智库论坛并筹办历届会议,精心组织中外学者为"共识"建言献策、发文发声,用五种语言发布"共识",在非洲组织国外数十家媒体就"共识"作专访,在国内举办高端学术研讨会和征文活动,积极推动中非智库学者为全球南方携手现代化立言立命开新路。

本书是浙江师范大学非洲研究院团队成果。在近一年的研讨、写作、论证及修改过程中,团队成员齐心协力,付出艰辛努力,最终形成本书。王珩作为课题负责人,全面统筹、重点把握,从论坛的筹备到"共识"的撰写、修改、提升和完善,从课题的论证到本书结构的谋篇布局都精益求精,精心指导每一章节的写作,并负责本书最终统稿和定稿工作。参与本书写作的科研人员分工情况如下:

第一章　王珩、李东升负责

第二章　王珩、李东升负责

第三章　王珩、徐梦瑶负责

第四章　王珩、郭未来负责

第五章　张巧文、郭畅娴负责

第六章　李雪冬、陈晴负责

第七章　陈彦宇、柳喆勋负责

第八章　王珩、石敏负责

第九章　李昭颖、王珩负责

第十章　孙欣、王珩负责

第十一章　王珩、周星灿负责

第十二章　李翌超、王珩负责

第十三章　王珩、李东升负责

第十四章　王珩、李东升负责

在本书研究和写作过程中,中非合作论坛后续行动委员会秘书处、浙江省相关部门、浙江师范大学、金华市、浙江师范大学非洲研究院（非洲区域国别学院）相关部门领导给予了大力支持和关心指导，先后组织多轮专题会和座谈研讨交流活动，听取课题组汇报并提出宝贵意见建议。本书也是浙师大—金华市校地合作协同创新重大课题"打造中非合作金华样板研究"子课题"全球南方背景下中非共建现代化的理念与实践——'中非达累斯萨拉姆共识'解读"（项目编号：ZSJHZD20240404）成果。最后特别感佩社会科学文献出版社高效细致的出版工作和编辑极高的素养，在此一并表示由衷敬意和谢意。

目录

第一章 势在必行:"中非达累斯萨拉姆共识"的形成历程   **001**

     一 中非智库论坛孕育"共识"

     二 浙非合作实践萌生"共识"

     三 金华开放沃土培育"共识"

第二章 内涵意蕴:"中非达累斯萨拉姆共识"的核心要义   **018**

     一 "共识"的核心内容

     二 "共识"的内涵阐析

     三 "共识"的重点呼吁

第三章 自主发展:携手共建人民至上的现代化   **038**

     一 "自主发展"共识的背景历程

     二 "自主发展"共识的重要内涵

     三 中非自主发展合作现状与成效

     四 中非携手推进自主发展的路径

第四章 公平发展:推进公正合理的现代化   **061**

     一 "公平发展"共识的提出背景

     二 "公平发展"共识的基本内涵

     三 落实"公平发展"共识的建议

第五章　开放发展：中非推动普惠包容的经济全球化　082

一　"开放发展"共识的时代背景

二　"开放发展"共识的内涵特征

三　携手推动普惠包容的经济全球化

第六章　融合发展：拓展一体化和多元发展空间　098

一　践行"融合发展"共识的合作机制

二　中国推动非洲一体化建设的成效

三　中非推动一体化发展的路径成效

第七章　统筹发展：结合有效市场和有为政府　113

一　"统筹发展"共识的时代背景

二　"统筹发展"共识的多维解析

三　"统筹发展"共识的未来愿景

四　"统筹发展"共识的推进策略

第八章　共享发展：构建开放共赢的现代化　126

一　"共享发展"共识的提出背景

二　"共享发展"共识的基本内涵

三　深化"共享发展"共识的路径

第九章　创新发展：强化科技产业引领作用　141

一　"创新发展"共识形成的历程与背景

二　践行"创新发展"共识的现状与成效

三 深化"创新发展"共识的制约与挑战

四 推进"创新发展"共识的思考与建议

第十章 安全发展：共筑和平与安全的现代化　　156

一 中非安全合作发展的历程

二 "安全发展"共识的成效

三 "安全发展"面临的挑战

四 实现改革发展稳定相互促进

第十一章 绿色发展：构建生态友好的现代化　　171

一 非洲绿色发展的政策变迁

二 非洲绿色发展面临的困境

三 中非绿色合作的现状与成效

四 中非绿色合作的前景展望

第十二章 文明发展：深化多元包容的现代化　　189

一 推进知识共享、思想共通与文化共兴

二 践行全球文明倡议，加强文明对话

三 加强教育交流合作，实现可持续发展

四 促进文明交流互鉴，实现共同富裕

第十三章 交流互鉴："中非达累斯萨拉姆共识"的影响意义　　202

一 "共识"是以史为鉴谋求发展开创未来的宣言书

二 "共识"是体现中非高水平政治互信的重要成果

三 "共识"是构建普惠包容发展格局的示范与样板

四 "共识"是推动世界文明交流与互鉴的重要动力

五 "共识"是新时代全天候命运共同体的智力支持

六 "共识"是对全球治理体系不公正不合理的回应

第十四章 未来可期："中非达累斯萨拉姆共识"实践的路径   **215**

一 理念为先，深化思想共通、知识共享，推进文化共兴

二 发展为要，推动贸易繁荣、产能合作，激发强劲动能

三 能力为重，拓展科技合作、创新创造，澎湃科创活力

四 民生为本，加强卫生健康、医疗合作，增进人民福祉

五 生态为继，推进绿色低碳、生态环保，绘就生态画卷

六 友谊为桥，增强人文交流、文明互鉴，夯实民意基础

附录一 中非达累斯萨拉姆共识（五语种）   **230**

附录二 构建中非智库合作网络倡议书（五语种）   **261**

附录三 "中非达累斯萨拉姆共识"解读文章一览表   **283**

第一章　势在必行："中非达累斯萨拉姆共识"的形成历程

中国开放之路势不可当，全球携手发展大势所趋。习近平总书记指出，"只有开放的中国，才会成为现代化的中国"。① 党的二十届三中全会通过《中共中央关于进一步全面深化改革、推进中国式现代化的决定》，指出，"开放是中国式现代化的鲜明标识"，突出强调"完善高水平对外开放体制机制"，并作出一系列部署。② 当前，在以中国为代表的发展中国家坚持对外开放，以开放促改革，以开放促发展，推动国际贸易秩序向多边主义转变，积极推进经济全球化和参与全球经济治理。近年来，经济全球化曲折向前，经济全球化治理挑战增多，个别国家将经贸问题政治化、武器化、泛安全化，加剧全球产供链碎片化，"脱钩断链""小院高墙"等现象层出不穷，全球化浪潮出现"逆流"。③ 逆全球化浪潮深刻影响了全球发展进程，损害了国际社会的发展利益，引领全球的国际发展观亟待重塑，百年变局中凝聚世界的思想共识亟待提出。

谋求非洲国家自身利国利民发展之道，破解美西方炮制中非合作话语陷

---

① 杨依军：《开放的中国，才会成为现代化的中国》，《解放日报》2023年6月28日，第5版。
② 《中共中央关于进一步全面深化改革、推进中国式现代化的决定》，《人民日报》2024年7月22日，第1版。
③ 王文涛：《经济全球化发展走向与扩大高水平对外开放》，《学习时报》2024年3月1日，第1版。

阱是构建高水平中非命运共同体的应有之义。自中非合作论坛创建以来，中非合作取得累累硕果，是顺应全球化浪潮的合作典范。中国已连续十五年保持非洲第一大贸易伙伴国地位；截至2023年年底，中国对非直接投资存量超过400亿美元；过去三年，中国企业为当地创造超过110万个就业岗位；十年来，中国企业累计在非洲签订承包工程合同额超过7000亿美元，完成营业额超过4000亿美元，在交通、能源、电力、住房、民生等领域实施了一批标志性工程和"小而美"项目，有力带动了当地经济社会发展。①

自2013年习近平主席提出真实亲诚对非政策理念以来，中国与非洲合作驶入快车道，发展势头良好，不断推动中非关系迈上新台阶，惠及中非人民，为全球和平与发展注入更多确定性和稳定性。然而，中非关系的蓬勃发展，中非合作的累累硕果，为美西方国家所眼红，一些欧美舆论先后抛出中国在非洲搞"新殖民主义"和中非合作导致非洲陷入"债务陷阱"等论调，干扰中非合作，影响非洲一体化发展。非洲国家独立发展之路或多或少地被西方国家主导和设计，如何谋求利国利民的发展之道，是非洲当下面临的发展之惑。

中非合作助力非洲发展，不仅体现在加大发展援助、加速贸易发展、促进投融资合作、深化基础设施合作等，还体现在理念互通、知识共享。以中非智库论坛为例，中非智库论坛是伴随中非合作论坛成长起来的中非民间高端思想论坛，中非专家学者就每年论坛主题议题展开磋商，就双方感兴趣的内容展开知识共享、思想共融。2024年，中非双方商定以"构建人类命运共同体的中非实践"为主题举行中非智库论坛第十三届会议，具有敏锐眼光、前瞻思考、期许发展、谋求大同的中非学者在本届会议上深入探讨当前世界面临的重大问题和挑战，提出共同解决方案，集思广益，破题"中非携手现代化之路""全球南方走向何方""如何携手建设一个共同繁荣的世界"，联合发表了"共识"。与会中非学者认为，当前世界和平与发展面临挑战，也孕

---

① 《中非经贸合作取得丰硕成果》，中华人民共和国中央人民政府网，https://www.gov.cn/yaowen/shipin/202408/content_6969766.htm，最后访问日期：2024年9月11日。

育希望，中非双方也正经历新的思想觉醒和知识创新进程。在此背景下，人类社会更需相互依存、休戚与共，在知识与思想领域，创造更多智慧与共识。中国与非洲作为全球南方的重要成员，肩负着发展振兴、造福人民的历史使命，应积极参与国际体系治理，推动各国携手走向现代化，共筑人类命运共同体。

一 中非智库论坛孕育"共识"

当今中国正处在深刻变革的时代，当今世界也处在分化、组合、重构以及利益博弈的时代，智库当需团结凝聚人心，对发展大势作出科学研判。①《中非合作论坛—北京行动计划（2025—2027）》指出，智库是中国和非洲国家思想理念交流的重要载体。双方高度评价在学术交流领域的合作成果，将充分发挥智库作用，为增进双方理解提供沟通平台，为中非务实合作提供理念支撑。智库交流与合作是中非合作的重要组成部分。中国与非洲国家支持双方学术研究机构、智库、高校开展课题研究、学术交流、著作出版等多种形式的合作，推动壮大中非学术研究力量。2010年启动的"中非联合研究交流计划"已吸纳近百家中非智库学术研究机构参与。中非智库论坛是中非智库交流与合作的重要学术平台，也是中非合作论坛框架下的重要分论坛，自2011年建立以来已成为中非人文交流的品牌项目，有力促进了中非智库间交流互鉴，为推动中非关系发展提供了智力支持、发挥了重要作用。

（一）中非智库论坛历经十五年积淀与积累

发表"共识"的中非智库论坛是思想的熔炉、智慧的家园、争鸣的舞台。事实上，"共识"凝聚了近60个国家的5000余名学者在过去15年面对面交往过程中所产生的思想智慧和知识成果。在中非合作论坛后续行动委员会以

---

① 韩庆祥、黄相怀：《智库：发挥思想的力量》，中国共产党新闻网，http://theory.people.com.cn/n1/2017/0525/c40531-29298434.html，最后访问日期：2024年9月11日。

及中非双方的共同努力下,中非智库论坛15年间连续举办了十三届智库会议和首届中非智库媒体研讨会等百余场国际学术交流活动(见表1),成为中国特色大国外交的有力体现、中非人文交流的生动案例、中非智库合作交流的有效途径。

表1 中非智库论坛历届会议情况一览

时间	会议名称	地点	主题
2011年10月	中非智库论坛第一届会议	中国杭州	新世纪第二个十年的中非关系
2012年10月	中非智库论坛第二届会议	埃塞俄比亚的斯亚贝巴	新形势下中非如何维护与拓展共同利益
2013年10月	中非智库论坛第三届会议暨"中非智库10+10合作伙伴计划"启动	中国北京	中非关系的提升与中非软实力建设
2015年9月	中非智库论坛第四届会议	南非比勒陀利亚	非洲"2063年愿景"下的发展新趋势
2016年4月	中非智库论坛第五届会议	中国义乌	中非产能合作与非洲工业化
2016年8月	首届中非媒体智库研讨会	肯尼亚蒙巴萨	合作共赢,共同发展
2017年6月	中非减贫发展高端对话会暨中非智库论坛第六届会议	埃塞俄比亚的斯亚贝巴	摆脱贫困,共同发展
2018年7月	中非智库论坛第七届会议	中国北京	改革开放与中非关系
2019年8月	中非智库论坛第八届会议	中国北京	全面落实中非合作论坛北京峰会成果
2020年11月	中非智库论坛第九届会议	中国北京	中非合作论坛20周年:回顾与展望
2021年10月	中非智库论坛第十届会议	中国杭州	团结合作,创新发展,携手共建中非命运共同体
2022年7月	中非智库论坛第十一届会议	中国北京	弘扬中非友好合作精神,携手践行全球发展倡议
2023年5月	中非智库论坛第十二届会议	中国金华	中国与非洲百年复兴与合作
2024年3月	中非智库论坛第十三届会议	坦桑尼亚达累斯萨拉姆	构建人类命运共同体的中非实践

中非智库论坛因时而兴、与时偕行,它发端于中非学术思想交流,缘起于习近平同志的殷殷嘱托。2010年11月18日,为纪念中非合作论坛成立十

周年，由浙江师范大学非洲研究院、中国驻南非大使馆、南非国际问题研究所联合主办的"纪念中非合作论坛成立十周年学术研讨会"在南非行政首都比勒陀利亚隆重举行。时任中华人民共和国国家副主席习近平出席研讨会开幕式并发表了题为《共创中非新型战略伙伴关系的美好未来》的演讲。习近平在研讨会上深刻分析了中非合作论坛十年发展成就、面临的机遇挑战，对新十年发展作出前瞻性部署，并在会后亲切接见参与中非合作论坛十周年的专家学者，对非洲学术研究的重要意义给予了高度评价，对未来如何做好中非学术交流作出了明确指示。[①]翌年，经各方努力，在外交部、商务部支持指导下，中非智库论坛正式创立。

中非智库论坛"十年磨一剑"，经过持续不懈的建设与发展，已成长为中非民间公共外交的高端平台，参与智库论坛建设、见证智库论坛发展、伴随智库论坛壮大的中非智库专家学者、媒体记者为中非学术智库交流合作做出了不懈努力。中非智库论坛以"民间为主、政府参与、坦诚对话、凝聚共识"为宗旨，每年举办一届，在中国和非洲国家轮流主办，每届议题由主办方根据当年非洲形势发展和中非关系的热点拟定和设置。中非智库论坛于2012年被纳入中非合作论坛框架，首次到非洲国家埃塞俄比亚与非洲智库合作举办会议；2013年论坛启动"中非智库10+10合作伙伴计划"，发布了《中非智库10+10合作伙伴计划倡议书》；2015年论坛与南非智库合作，在南非外交部举办会议；2016年论坛规模层次再创新高，首次设立"经贸分论坛"，同时应时势之需承办首届中非媒体智库研讨会；2017年论坛在非盟总部举行中非减贫发展高端对话会暨中非智库论坛第六届会议，发布了习近平主席著作《摆脱贫困》的英、法文版，时任国务委员兼外交部长王毅与非盟委员会主席法基出席论坛。经过十余年发展，论坛已成为中非外交界、学术界、智库界、企业界、媒体界等对话交流的机制化平台。15年来，连续在中国和非洲国家举办了十三届中非智库论坛会议和中非首届智库媒体研讨会等重要国际学术

---

① 王珩：《中非之"智"助力中非之"治"：中非智库论坛十年发展报告》，浙江大学出版社，2020，第16—17页。

交流活动，5000 余名中非学者参与了涉及双方重大关切和战略合作的重要议题研讨，在多个方面形成强烈共识。

（二）中非智库论坛孕育国际公共知识产品

2024 年 3 月 8 日，由浙江师范大学、浙江省人民政府外事办公室、金华市人民政府等联合主办的中非智库论坛第十三届会议在坦桑尼亚海滨城市达累斯萨拉姆举行成功举行。本次会议形成重大会议成果，中非 50 个国家 300 余位智库学者在前期充分酝酿，广泛征集双方意见的基础上，共同发布"共识"。来自中国、南苏丹、塞内加尔、坦桑尼亚、阿尔及利亚的五位学者代表分别用中文、英语、法语、斯瓦希里语、阿拉伯语五种语言联合宣读共识文本。"共识"呼吁国际社会本着相互尊重、团结合作、开放共赢、共同繁荣原则，深化发展合作，推动各国携手走向现代化，共筑人类命运共同体。

中非学者一致认为，历届中非智库论坛在弥合中非思想、价值观和实践做法等方面取得了积极突出成效；加强中非智库媒体交流与合作，有助于促进双方相互理解与共同发展。为此，论坛还发布了《构建中非智库合作网络倡议书》（倡议全文详见附录二），提出涵盖教育合作、学术交流和伙伴关系发展、历史文明与文化互学互鉴、强化与私营部门合作、落实双方协同行动联合监测和评估机制以及畅通沟通渠道等领域的十条倡议，号召中非智库学者为中非高质量发展合作、高水平构建命运共同体提供更加有力的智力支持。

"共识"引发中非各界热烈反响。央视、《人民日报》、中国国际电视台（CGTN）、新华社、《光明日报》、《中国日报》等国内主流媒体及尼日利亚《卫报》、坦桑《国民报》、科摩罗《祖国报》、桑给巴尔官方报等近 30 家非洲主流媒体关注"共识"，塞内加尔《太阳报》、《喀麦隆论坛报》、布基纳法索 Tinganews 等多家非洲媒体全文刊登，多国主流媒体、社交平台深入解读或报道传播相关内容，国际社会反响积极热烈。

国内外有关专家学者就"共识"的理念内核进行了系列评论、专栏刊文、学术研讨，进一步深化、延展、拓展其理论内涵、实践路径。2024 年 3 月 10

日，围绕"共识"，全国政协常委、全国政协经济委员会副主任、北京大学新结构经济学研究院院长林毅夫接受了由浙江师范大学非洲研究院组织的非洲媒体集体采访，来自埃及、尼日利亚、伊朗、柬埔寨等全球33国媒体记者参与。在集体记者会上，林毅夫围绕经济领域作了重点点评与具体分析。他指出，经济发展的目的在于提高人民生活水平和收入水平，在于实现国家经济社会发展。要想实现这一目标，则需要提高社会生产力和技术创新、产业升级。同时，还需依靠市场配置资源与政府有为的参与，中国的经济发展理论与实践可以为非洲国家提供有益借鉴。他还提及，过去具有一定传播力和影响力的理念和共识是从"全球北方"传到"全球南方"，而该"共识"是我们南方国家共同的倡议，是我们深化南南合作的指南。[1]

"共识"集中非学者之智慧和眼界，具有理论性、实践性、开放性、包容性。2024年5月，浙师大非洲研究院发布"共识"征文启事，邀请中外专家学者围绕"共识"，立足中非合作、南南合作、全球南方合作，以及完善全球治理、促进世界发展繁荣的现实发展需求，结合自身研究专长，就中非学者提出的已有"共识"，可综合论述，也可择其一点具体阐释，还可以增补创新性"共识"内容，提出更具独到的全球发展理念，使"共识"进一步吸纳更多合理思想内核，进一步凝聚中外有识之士的智慧。自3月8日"共识"发表以来，共有百余篇相关成果刊发于中外主流媒体，成果作者来自中国与非洲13个国家，专题征文共收到来稿53篇，其中埃及外交官马吉德·雷法特·阿布马格德（Maged Refaat Aboulmagd）在《中国日报》刊发的文章"Antidote to deglobalization"被国内外近百家媒体转载。

学界名家荟萃，深入解读"共识"，为进一步完善"共识"献智献策。2024年6月，浙师大非洲研究院联合国家高端智库中咨战略研究院在北京举办"中非达累斯萨拉姆共识"高端学术研讨会，国内相关领域的知名专家学者、国家高端智库和主流媒体的代表近50人出席，与会人员围绕"共识"的

---

[1] 《林毅夫：中非达累斯萨拉姆共识深化全球发展合作，发出全球南方国家声音》，澎湃网，https://m.thepaper.cn/baijiahao_26653048，最后访问日期：2024年9月6日。

深刻内涵和现实意义，交流思想、碰撞观点，共同为推动全球发展合作贡献智慧。会议认为，"共识"的发布是基于中非学者对历史的深刻洞察、对未来发展的深度思考，其丰富内涵源于长期以来中非合作在基础设施、经贸往来、人文交流等务实领域的具体实践。"共识"以发展为核心，强调新时期"发展"的宗旨、原则以及重点领域与重大关切，为全球南方提供发展新理念、新愿景、新路径。与会专家强调，中非学者联合发布"共识"本身代表了全球南方国家的立场更加明确，表明其在国际事务中自主意识和发展能力的双双提升，以及全球南方国家在应对国家发展和全球治理领域共同挑战时的协作精神更加凸显。与会专家还指出，"共识"是动态和开放的，伴随实践的深入，其内涵也需要同步完善与优化，总的来说要处理好延续与变革、长期利益与短期利益、建设与保护等若干基本关系。要重视"共识"传播的有效性，推动各国借由发展知识的合作带动发展行动的合作，将"共识"的理念转化为政策层面的行动计划和项目实施。

经过多轮完善修订，充分吸收中外专家思想内核与意见建议，充分观照中非发展现实与全球社会发展呼声，"共识"由起初在坦桑尼亚发布的"八大共识"逐步完善为被纳入《关于共筑新时代全天候中非命运共同体的北京宣言》《中非合作论坛—北京行动计划（2025—2027）》的"十大共识"，至此，"共识"内容更趋完整性、结构更趋合理性、层次更富逻辑性。

中非合作论坛北京峰会将"共识"由民间发展共识上升为中非官方战略共识，开发和汲取了中非智库关于深化全球发展的智慧，并将其转化为中非携手现代化发展的实践方向。2024年是中非合作和中非关系的大年。2024年中非合作论坛峰会于9月4日至6日在北京举行。中非合作论坛北京峰会暨第九届部长级会议是论坛第四次以峰会形式举办，来自中国和53个非洲国家的国家元首、政府首脑、代表团团长、非洲联盟委员会主席（以下称"双方"）以及外交部长和负责经济合作事务的部长分别出席峰会和部长会。① 中

---

① 《中非合作论坛—北京行动计划（2025—2027）》，外交部官网，https://www.mfa.gov.cn/zyxw/202409/t20240905_11485697.shtml，最后访问日期：2024年9月6日。

非双方围绕"携手推进现代化，共筑高水平中非命运共同体"这一主题，共叙友情，共商合作，共话未来。为落实论坛北京峰会成果，围绕"携手推进现代化，共筑高水平中非命运共同体"这一主题，规划今后三年或更长时间中非各领域友好互利合作，双方共同制定并一致通过《中非合作论坛—北京行动计划（2025—2027）》。此外，峰会还协商一致通过《关于共筑新时代全天候中非命运共同体的北京宣言》。这一行动计划和北京宣言均吸收了中非智库论坛第十三届会议重要成果——中非达累斯萨拉姆共识。

可以说，"共识"是非洲研究学术与智库服务国家战略和地方发展的成功案例，开启了中非发展合作知识创造与理论建构的新进程，具有开创性的积极意义和时代价值。

二 浙非合作实践萌生"共识"[①]

理论来源于实践，必须在实践中检验和发展。"共识"这一知识产品的源头活水是扎根中非大地上的实践，浙江省是中国改革开放的排头兵，是省域国际交流合作的先行者，尤其在对非合作方面始终"干在前、走在前"。浙江把推进浙非合作作为参与共建"一带一路"高质量发展的重要内容，扎实开展对非合作交流。近几年，浙江省接续出台《浙江省加快推进对非经贸合作行动计划（2019—2022）》《浙江省深入推进浙非合作三年行动计划(2022—2024年)》等多个文件。"全国对非合作看浙江"品牌效应显著，浙江省特色和优势主要体现在经贸投资、教育和人文交流、医疗卫生合作三个方面。

（一）经贸合作成果丰硕

多措并举促进浙非贸易增势向好。2021—2023年，浙江省对非贸易额均超过300亿美元，占中非贸易总额的15%以上。2023年，浙江省对非洲进

---

① 本部分资料和数据由浙江省人民政府外事办公室提供。

出口 3789.2 亿元，同比增长 13.1%；其中，对非出口 3099.3 亿元，同比增长 17.3%，占同期全国对非出口的 25.52%；自非洲进口 689.9 亿元，占同期全国自非进口的 8.98%，居全国第二。一是充分发挥展会作用。2023 年第六届进博会期间，举办了中非贸易商品展览会（义乌）等多场采购配套活动，总成交额超 2400 万美元，有效拉动非洲进口。二是深入开展"千团万企拓市场增订单"行动。2023 年，在南非、埃塞俄比亚、尼日利亚等国家组织对非合作货贸类 6 场线下展会，加强浙非货物贸易合作。三是加快在非营销网络布局，支持海外仓企业扎根非洲，为外贸企业提供头程运输、尾程配送等服务。截至目前，浙江省在非洲布局 36 个海外仓，其中省级海外仓 6 个。

因地制宜推动对非投资稳步攀升。截至 2023 年 12 月，浙江省在非洲累计投资 575 家企业，对外投资备案额为 45.41 亿美元（投资主要集中在纺织业、批发业、有色金属矿采选业等）。一是发挥民营企业优势。2023 年，浙江省民营企业对非出口 2772.5 亿元，增长 21.0%，占比 89.5%，拉动浙江省对非洲出口增长 18.2 个百分点。二是加强平台建设。浙江省在非洲地区的省级境外经贸合作区——贝宁中国经济贸易发展中心近年来运营良好。截至 2023 年 12 月，累计入驻贝宁中国经济贸易发展中心企业 164 家。2023 年园区总产值 3400 万美金，较 2022 年增长 22.5%。三是强化对"走出去"浙企引导服务，持续开展"丝路护航"行动，开展非洲重点国别、优质项目推介对接活动。

互利互补深化浙非产能合作。一是深挖双方传统优势。充分挖掘非洲资源优势和浙江省产业技术、人才、资金优势，保障浙非产业链独特性和完整性。2021—2023 年，浙江省国贸集团累计从南非进口锰矿 28 万吨，总金额约 4800 万美元。二是加强数字经济领域合作。鼓励实施阿里巴巴全球创新计划（AGI）与全球数字经济人才项目（GDT），在卢旺达为创业者和高校开展培训，将中国电商经验带到非洲。三是培育浙非合作新的增长点。浙江在纺织、服装、化工、装备制造、制药等传统领域对非合作力度不断加大的同时，努力提升对绿色农产品深加工、数字经济、建材建筑等新兴产业领域的关注度和契合度，寻求浙非合作新的增长点。

引导企业有序开展对非境外投资。2022年至今，浙江省共有42家企业在非洲投资项目49个，中方总投资额共计87817万美元，主要涉及加工制造业（45%）、服务业（24%）、矿产（12%）等领域。项目主要分布在埃及、尼日利亚、坦桑尼亚。截至目前，2024年新增项目19个，新增中方总投资额10194万美元，新增项目主要在坦桑尼亚、南非、摩洛哥。

加快建设"一带一路""小而美"非洲项目。2023年，首批浙江省"小而美"境外项目得到了国际赞誉和东道国支持。如中地海外水务有限公司承建的塞内加尔乡村打井供水项目、卢旺达鲁班工坊—金华职业技术学院卢旺达穆桑泽国际学院项目、迪拜义乌中国小商品城项目等深受好评。

（二）教育和人文交流促进民心相通

对非校际合作务实有效。浙江大学、浙江师范大学、浙江工业大学等20余所高校与非洲高校建立了校际合作关系，双方高校开展了师生交流、合作研究、学术研讨等项目。如浙江大学与比勒陀利亚大学共同举办了蜂学论坛，双方交流了两国养蜂业研究成果；浙江师范大学与非洲多个国家的交流合作成果显著，如与南非纳尔逊·曼德拉大学、尼日利亚伊巴丹大学、坦桑尼亚达累斯萨拉姆大学开展了学生互换、联合培养研究生等项目。

孔子学院建设居全国前列。浙江省共6所高校在喀麦隆、莫桑比克、坦桑尼亚、南非等非洲国家建立了8所孔子学院。其中浙江师范大学对非教育合作成绩斐然，专设教育部中外语言交流合作中心"非洲中文教育实践与研究基地"，形成了"5孔院、3课堂、2中心、2基地"的整体架构；发起成立"非洲国际中文教育联盟"，成为国内非洲中文教育研究重镇。

对非人才培养成效显著。浙江高校非洲留学生占非洲在华留学生总人数超过40%。浙江师范大学、宁波职业技术学院等高校承接了多期对非援外研修班，包含职业教育管理、港口发展与管理、汽车产业管理以及与当地产业配套的相关培训，为非洲培养了大量本土化人才。积极开展援外职业培训，建设鲁班工坊项目，建有金华职业技术学院、温州职业技术学院、杭州职业技术学院等国际标准化培育基地，举办标准国际化培训，服务 160 余家企业 2800 余人次。

"走出去"办学助力非洲经济社会发展。浙江省有 4 所学校在 4 个非洲国家创办了 4 所丝路学院。其中宁波职业技术学院"贝宁鲁班工坊"、金华职业技术学院"卢旺达鲁班工坊"入选全国"鲁班工坊"项目。2023 年，浙江省出台《"一带一路'丝路学院'"高质量发展行动方案（2024 年—2027 年）》，推动学校与"走出去"企业合作，到非洲等共建"一带一路"国家和地区创办丝路学院，搭建对非经贸人才培养和教育人文交流合作平台。

对非国别与区域研究独树一帜。浙江师范大学非洲研究院积极开展对非研究，服务国家对非外交大局。迄今已累计出版《非洲研究文库》（含学术专著、译著和专题报告）100 余部（卷）；在国内外刊物上发表核心论文 400 多篇，完成咨询报告数百份。多次为国家领导人出访非洲提供舆情研判资料、谈参等，受外交部、教育部、中联部、前方使馆邀请作专题报告 20 余次。2011 年创办中非智库论坛，已连续举办 13 届，时任外交部长王毅、时任非盟主席法基等中非国家领导 20 余人曾出席论坛发表重要演讲；中非经贸论坛升格为省部共建项目；举办中非科技合作论坛、教育合作论坛、跨境电商论坛、中国南非青年创新创业论坛等学术交流活动，国际影响广泛。

打造对非文化交流项目。2022 年 10 月，南非外交部在总统府前广场举办"Diplomatic FUN FAIR 2022"，浙江省有关单位联合驻南非大使馆展播了"诗画浙江"和"青瓷巡礼"宣传片，观看人数超过一万人次。推动浙江广电集团拍摄制作的中华文化纪录片《良渚》、融媒传播系列片《100 年·外国人眼中的中国浙江记忆》、《走向共同富裕·外国人眼中的中国浙江记忆》在埃及、南非、刚果（布）等非洲国家传播。2022 年，支持金华与泛非数字电视传输平台四达时代联合拍摄 10 集《最金华》微纪录片，在非洲 30 多个国家上线播出，节目收视率高达 2.3%，覆盖超 1 亿人口，在非洲国家和地区产生较好影响。国内首部深入观察中非民间交往的纪录片《中非工厂》在非洲 30 多个国家播出。

文旅交流活动亮点纷呈，举办中非文化和旅游合作论坛以及中非文化合作交流月。中国（浙江）中非经贸论坛暨中非文化合作交流周（月）自2018年以来已在浙江成功举办多届，逐步发展成为浙江乃至全国对非交往的重要平台之一。浙江出版联合集团组团参加内罗毕第19届国际书展，推动浙江出版"走进"非洲，已出版"非洲农业与医疗实用技术书系"18种图书。此外，浙江省还开展了"巧倕坊——2023中国和非洲木雕艺术家创作交流"项目。

（三）卫生健康合作提升获得感

长期以来，浙江省通过派遣医疗队、构建对口医院合作机制、深化中医领域合作等方式，为推动构建中非卫生健康共同体发挥积极作用，自1968年起向非洲派遣医疗队，已累计派出队员1276人次，为当地患者提供服务约1272万人次。[①] 浙江省承担向非洲国家马里、中非和纳米比亚派遣援外医疗队任务，2022—2023年在外执行医疗援助任务队员累计110人次，为受援国民众提供医疗服务共计18.38万人次。396人次获得由受援国政府颁发的国家级荣誉勋章；12名专家于2014年西非埃博拉疫情期间赴非执行抗疫任务；10人专家组于2019年赴中非共和国开展"光明行"医疗巡诊；10人专家组于2023年赴纳米比亚开展孤儿健康义诊活动。浙江省还积极构建对口医院合作机制，致力于为非洲留下一支"带不走的医疗队"。浙江省3家合作医院已累计接收非方24名专业人员来浙进修，派遣10名专家赴非开展技术指导，向非方捐赠价值约335.2万元人民币的设备和药械物资。

伟大的理念不仅是在实践中产生，而且通过实践得到验证和发展。中国与非洲友好交往、互利共赢的实践史，波澜壮阔，成就斐然，浙江省域对非合作、金华市域对非合作是中非友好交往史中璀璨的重要组成部分，充分体现了浙江省域、金华市域层面对非合作"政治互信强、经贸往来实、人文交

[①] 张千千、顾天成、郭宇靖：《中非合作论坛丨互惠互利携手同行——浙江省介绍对非合作情况》，新华网，http://www.xinhuanet.com/world/20240904/4d450674ad9a4a6898962a8e26d2bfe9/c.html，最后访问日期：2024年9月12日。

往深、全面协同好"的特点。"共识"植根于浙江这片中非合作的热土,高度的政治互信、深厚的经贸实践基础和中非人民密切往来为"共识"理念的产生提供了培养皿,"共识"也实践于浙江这片对外开放的高地,将伴随中国式现代化建设不断深化推进。

三 金华开放沃土培育"共识"①

地方对非合作是中非关系发展的重要组成部分。人们常说,"对非合作看中国,中非合作看浙江,浙非合作看金华"。浙江金华地处浙江中部,与非洲虽相隔万里,但交流合作源远流长,是一方开放高地,也是对非合作的"桥头堡",其对非合作的广度和深度处于浙江乃至全国市域层次前列。近年来,金华高度重视拓展对非关系,根植优势互补、立足互通有无,切实推动与非洲在经贸、科技、文化、教育、旅游、培训等领域开展全方位合作,打造浙江省乃至全国对非合作交流主阵地,坚持"开展对非合作始终立足服务国家大局和地方经济发展"一条主线贯穿始终,立足"智库研究、经贸合作"两大优势,打造"高能级活动平台、高质量产业平台、高水平文化平台、高品质教育平台"四大平台,②为培育"共识"提供了良好的土壤和萌芽的环境。

一是谋求战略主动,把握市域国际合作规律,开展务实扎实的对非国际合作。制度先行是城市治理的需要,也是城市发展的必然。金华市依据《浙江省加快推进对非经贸合作行动计划》,连续多年制订《金华市贯彻落实〈浙江省深入推进浙非合作三年行动计划〉工作方案》,为全市的对非合作创造了良好的政治环境,展现了强烈的政治担当和战略远见。对非贸易是金华对非合作的特色所在。金华坚持把对非贸易作为深度融入共建"一带一路"的

---

① 本部分资料和数据由金华市人民政府提供。
② 尚天宇:《2023中国(浙江)中非经贸论坛暨中非文化合作交流月将于11月8日在金华举办》,央广网,https://zj.cnr.cn/tdzj/20231031/t20231031_526469462.shtml,最后访问日期:2024年9月12日。

重点突破方向，与所有非洲国家（地区）建立了贸易往来，推动对非贸易规模稳步扩大、结构持续优化。目前，有3万多名金华籍商人长年在非洲经商，每年有近8万人次非洲朋友到金华工作生活。2023年对非贸易额达1168.5亿元，增长18.4%，涉及投资贸易、农业、信息技术、互联网、城市建设等多个行业。同时，着眼非洲工业化巨大潜力和农业现代化现实需求，积极引导金华企业"走出去"发展，持续深化投资、产能、基建等多领域深层次合作，累计在非洲设立境外投资企业和机构55家，全面探索中非产工贸一体化合作新模式。① 与非洲的经贸往来合作能够体现一个城市对外开放程度、对非经济活力程度，基于此，金华已成为全国对非合作的重要窗口和示范城市。

二是打造高端平台，建立市域对非合作机制，开展系列亮点纷呈的中非经贸和文化活动。金华市连续7年举办中非经贸论坛，2024年经清理和规范论坛活动领导小组审议，并报请党中央、国务院审定，论坛规格从地市级升格为省部级。近年来，金华市紧紧围绕打造中非经贸文化交流示范区的目标，坚持以人文交流为纽带，以经贸合作为重点，深入推进对非合作。中非经贸和文化论坛是经贸合作与人文交流有机结合的地方性对非交流活动，是中国和非洲国家地区增进了解、加深友谊、深化合作、共谋发展的重要平台。围绕中非经贸论坛暨文化交流月（周）活动，每年组织开展20多场交流活动，共促成近百个对非合作项目签约，推动金华市对非洲贸易规模逐年攀升，2023年首破千亿，达1168.5亿元，占全国对非进出口总值的5.9%，其中出口占全国出口总额的8.8%。数据显示，金华对非出口额连续9年占全国对非出口总额的8%以上，2024年前三季度达9.7%，居全国地级市第一。② 对非研究和教育合作走在前列，培养了一批非洲的"中国通"和中国的"非洲通"，仅浙江师范大学就培养了1万多名非洲留学生。通过婺剧、影视、木雕、陶

---

① 金华市文旅发展与非遗保护中心：《朱重烈出席中非合作论坛峰会浙江专场媒体吹风会并答记者问》，金华市文化广电旅游局网，http://wglyj.jinhua.gov.cn/art/2024/9/5/art_1229166439_58925144.html，最后访问日期：2024年9月12日。
② 徐贤飞、何贤君、黄晓华等：《金华按下对非合作加速键》，《浙江日报》2024年11月11日，第1版。

瓷等多种载体和形式，搭建人文交流平台，促进中非文化交流交融。金华与 7 个非洲国家缔结了 11 对友好城市。这些为金华市深化开展对非合作打下了坚实的基础。

三是夯实学理支撑，聚焦中非合作主题主线，建设非洲研究高端智库。浙江师范大学对非工作自 20 世纪 90 年初开始，并于 2007 年成立的中国高校首个综合性、实体性非洲研究院，致力于建设中国的非洲问题研究学术重镇、非洲事务咨询重要智库、涉非人才培养重要基地和对非民间外交重要力量。非洲研究院连续多年入选美国宾夕法尼亚大学《全球智库报告》"大学附属最佳区域研究中心"，名列《全球智库影响力评价报告 2021》中国智库榜单 TOP100 第 39 位，中国高校智库建设榜单第 8 位。非洲研究院建有教育部与浙江省省部共建"非洲研究与中非合作协同创新中心"、教育部首批"全国高校黄大年式教师团队"、教育部区域和国别研究培育基地、外交部中非智库 10+10 合作伙伴、中非大学联盟合作高校、中央网信办网络空间国际治理研究基地、金砖国家智库联盟中方理事单位、浙江省新型重点专业智库、浙江省国际传播重点基地、浙江省区域国别与国际传播研究智库联盟牵头单位、首批浙江省软科学研究基地"中非科技合作与发展"等省部级平台 20 余个。浙师大锚定"当代非洲发展问题""中非发展合作"两大命题，深耕非洲区域国别研究三十多年，开辟了一条有中国特色、原创性的区域国别学科建设之路，形成了"学科建设为本体、智库服务为功用、媒体传播为手段、扎根非洲为前提、中非合作为路径、协同创新以赋能"的"六位一体"的实践路径，协同多学科领域开展非洲研究，成立了非洲研究院、中非国际商学院、中非法律研究中心、非洲翻译馆、"一带一路"科技问题研究中心等多个校内研究机构。2022 年成立非洲区域国别学院、2023 年成立全国首个非洲区域国别学学部，构建了国际协同、校地协同、校企协同、校内协同良性互动的对非工作格局。

四是深化校地合作，推动双向奔赴互利共赢，建构全面协同校城融合的体系。非洲谚语说，"独行快，众行远"。对非合作是一项系统工程，离不开政府、企业、高校、智库等各方面的共同努力和全面协同。多年来，浙师大非洲研究院与金华市政府单位、企业、学校形成了"协同网络",为金华对非合作提供有价值的知识产品,同时也延伸学科价值链,推动学科内涵式发展。有关专家学者担任金华市政府咨询委委员和市政府顾问,曾多次为金华市委理论学习中心组、市政府"浙中论坛"、市政协常委会、市中非商会等政府机构和企业做咨询报告。市校联合启动"打造中非合作金华样板研究",构建多边协同创新机制与产学研体企媒智用一体化合作模式,为中非合作提供全方位、多层次的智力支持与实践平台。联合共建"一带一路"金枢纽网络国际传播项目,发挥高校多维功能,助推中非人文交流与有效传播。联合举办中非智库论坛、中非经贸和文化论坛等高级别国际会议,联合开展中非青年大联欢、非洲留学生走进企业、中非法治交流对接会、中非文化合作交流非洲国家推广发布等活动。联合申报"中非经贸合作创新实践",获2022年度浙江省改革突破银奖。联合设立对非课题研究,聚焦金华对非合作的深水区与关键问题,涵盖经贸与投资、物流网络体系、国际传播、人文教育科技合作等领域,通过浙师大非洲区域国别学部及其专家学者的中间桥梁作用,将学术研究成果有效转化为服务国家经济社会发展的方案与实践,进一步梳理挖掘金华各县市区产业及其支柱行业的潜能,并充分对接非洲国家的产业发展趋势与现实基础,将双方合作的互补性、差异性、共通性资源进一步链接起来,通过不断地探索和实践,努力打造中国对非合作的"金华经验",为全国乃至全球的对非合作提供有益的借鉴和示范。

第二章　内涵意蕴:"中非达累斯萨拉姆共识"的核心要义

"共识"系中非合作论坛配套活动——中非智库论坛第十三届会议形成的重大会议成果,针对当前全球面临的重大问题和挑战提出解决思路和方案,被认为是迄今首个诞生于南方而非北方强加的国际共识,具有重大现实意义与深远历史意义。"共识"经过中非双方智库专家学者不断深化与拓展最终形成,全文共计2112字,涵盖了政治、经济、文化、社会、金融、教育、科技、创新、安全等各发展领域,是关乎中国发展、非洲发展、国际发展、全球发展的具有四梁八柱性质的发展理念。"共识"发布了五个语种,见本书附录。

一　"共识"的核心内容

2024年3月8日,在中非智库论坛第十三届会议闭幕式上发布的首个"中非达累斯萨拉姆共识"文本立足当前世界多极化加速推进,国际力量对比深刻调整,以全球南方力量为主要驱动和引领的"新全球化"正在到来的背景,提出8条具体倡议,涵盖发展优先、世界多极化、经济全球化、国际金融改革、可持续发展、内生发展动力、全球安全发展、发展知识共享等关涉人类发展重大方向和原则的引领性思想。"共识"呼吁国际社会本着相互尊重、团结合作、开放共赢、共同繁荣原则,深化发展合作,推动各国携手走向现代化，共筑人类命运共同体。以下为"共识"第一版内容。

中非智库关于深化全球发展合作的共识（纲要）
（中非达累斯萨拉姆共识）

当前世界和平与发展面临挑战，也孕育希望。人类社会更需相互依存、休戚与共，在知识与思想领域，创造更多智慧与共识。中非双方作为"全球南方"的重要成员，肩负着发展振兴、造福人民的历史使命，应积极参与国际体系治理，推动各国携手走向现代化，共筑人类命运共同体。为此，我们在中非智库论坛第十三届会议期间达成共识，呼吁国际社会本着相互尊重、团结合作、开放共赢、共同繁荣原则深化发展合作，增进知识共享、思想共通和文化共兴。

一、**我们呼吁坚持发展优先，探索独立自主、互尊互鉴、以民为本的发展道路**。让我们弘扬和平、发展、公平、正义、民主、自由的全人类共同价值，落实全球发展倡议。支持各国探索基于自身文明特色和发展需求的现代化模式，加强文明对话而非文明冲突，开展治国理政经验交流。坚持发展为了人民、发展依靠人民、发展成果由人民共享，保护每个人追求美好生活的权利。

二、**我们呼吁推进平等有序的世界多极化，促进共同发展**。我们要加快推进国际关系民主化，切实提升发展中国家在国际体系中的代表性和话语权，及时纠正非洲遭受的历史不公。捍卫各国主权、领土完整和发展权利。在全球发展倡议框架下，共同推动全球资源优化配置，破解国家间和各国内发展失衡问题，使国家不论大小、强弱、贫富，都享有平等的发展机会。

三、**我们呼吁建设普惠包容的经济全球化，共享发展红利**。我们要加强全球经济治理，消除经贸壁垒，建立更具韧性和包容性、畅通高效的全球产供链。支持非洲等世界各国发挥比较优势，不断提高工业化和农业现代化水平，更好参与国际产业分工，共同为促进全球经济循环、助力世界经济增长、增进各国人民福祉作出积极贡献。

四、我们呼吁积极推动国际金融体系改革，弥合发展赤字。我们认为，应对世界银行等多边开发银行增资，使其改善财务状况、增强融资能力，在尊重各方政策、理念和实际诉求基础上，提供更多支持减贫和发展的融资工具。根据兼顾平衡原则，在国际货币基金组织提高新兴市场和发展中国家股权和投票权，为非洲国家增设第三个执行董事席位，并在特别提款权分配上充分照顾欠发达国家。

五、我们呼吁对接国际倡议和国家规划，筑牢高质量可持续发展纽带。我们要在联合国《2030年可持续发展议程》、非盟《2063年议程》、"一带一路"倡议等框架下，结合各国发展规划，加强基础设施互联互通和生产要素自由流通；梯次接续新能源、信息技术、航空航天等高科技产业发展；坚持"共同但有区别的责任原则"应对气候变化，推动绿色发展。

六、我们呼吁结合有效市场和有为政府，激活内生性发展动力。我们要建设高效、廉洁、法治政府，优化宏观调控和公共服务，激发市场活力，助力非洲工业化和农业现代化发展。各国应加强经济政策协调和法规标准对接，切实提高贸易投资的自由化便利化水平，保护企业合法权益；引导鼓励公私合营、投建营一体、贷投协同等新融资模式提高资金流动性和使用效益。

七、我们呼吁兼顾传统安全和非传统安全，营造安全发展环境。我们要重视各国合理安全关切，通过对话协商化解矛盾，努力避免战乱冲突、恐袭疫病或泛安全化"陷阱"阻碍发展。携手落实全球安全倡议，助力全世界实现和平与安全。共同呼吁国际社会以理性、和平方式解决冲突，对于遭受冲突苦难的民众给予重大关注。加强经济金融安全合作，开辟稳定畅通的国际结算通道，拓展双边本币结算和多元外汇储备；探讨在中非合作论坛、"金砖"等合作机制框架下设立公正客观的国际信用评级机构。

八、我们呼吁积极鼓励采取更加切实有效措施，推进各国发展知识共享。 我们要共同推动落实全球文明倡议，深化中非文明交流互鉴。倡导和鼓励中非智库联盟网络平台建设，加强智库媒体交流与合作。高质量建设中非大学联盟交流机制，加强教育科技、医疗卫生、文化艺术交流，落实中非人才培养合作计划，培养高素质人力资源，深化"全球南方"交流与合作，在全球事务中发挥更大影响力。

"共识"一经发布，在国际上得到了广泛传播，产生了积极影响，受到中非各国各界的高度评价和充分肯定。中共中央政治局委员、外交部长王毅在会见来访的坦桑尼亚外交部长马坎巴时，对这一共识给予了高度评价，表示"共识"针对当前全球面临的重大问题和挑战提出解决思路和方案。他提出，中方愿同坦方一道，不断深化对这一共识的研究和拓展，扩大其世界影响，转化为具体实践，为促进南南合作，维护"全球南方"共同利益作出更大贡献。[①]

为充分理解、阐释、延展、传播"共识"的理论内涵、现实意义，浙江师范大学分别举办了"中非达累斯萨拉姆共识"非洲媒体集体采访会和高端学术研讨会，集聚相关领域专家学者、媒体代表围绕"共识"，交流思想、碰撞观点，探讨如何深化共识内涵，提出更多具有落地性的举措，为中非合作注入新的活力，从而使得中非合作在拉动全球南方的合作方面，发挥更加积极主动有为的作用，共同为推动全球发展合作贡献智慧。

2024年中非合作论坛召开前夕，中非双方智库学者在2024年3月8日第一版共识基础上，经过不断深化拓展与深入研讨，形成了五语种版"共识"，涵盖政治、经济、文化、社会、金融、教育、科技、创新、安全等各发展领域。"共识"具有丰富内涵和特殊意义，指出这一"共识"表明非洲国家开始

---

① 《王毅："中非达累斯萨拉姆共识"表达了"全球南方"的共同心声》，外交部官网，https://www.fmprc.gov.cn/wjdt_674879/gjldrhd_674881/202405/t20240517_11306249.shtml，最后访问日期：2024年11月22日。

更加自觉自主地探索适合自身的现代化发展道路，也标志着中非合作的新高度，更预示着全球南方在国际思想舞台上的崛起。

二 "共识"的内涵阐析

实现现代化是世界各国不可剥夺的权利，现代化的最终目标是实现人自由而全面的发展。习近平主席在 2024 年中非合作论坛北京峰会开幕式上宣布，中非要携手推进"六个现代化"，即要携手推进公正合理的现代化，要携手推进开放共赢的现代化，要携手推进人民至上的现代化，要携手推进多元包容的现代化，要携手推进生态友好的现代化，要携手推进和平安全的现代化。[①]"六个现代化"的实质要义与"共识"核心理念高度一致，体现了中非人民探索自主发展意识的极大增强；"共识"之十大发展内容又分别呼应"十大伙伴行动"，表明了中非探索自身发展道路、引领全球南方现代化路径进一步明晰。

发展是硬道理、发展是国家富强的根本、发展是民族振兴的首要。"共识"反映了全球南方国家共同的心声，通篇紧紧扣住"发展"这一主题，对广大发展中国家而言、对全球南方国家而言最重要的议题是发展，中国也是在不断探索发展中形成的发展经验和治理模式，缘于发展这一众多发展中国家的强烈诉求，"共识"引得广泛的关注与共鸣。

"共识"顺应了时代潮流，当今世界风云变幻，各类冲突事件纷至，各种矛盾错综复杂，一些国家大肆奉行单边主义、强权政治，实施反全球化行径，说到底都是把他们的自身利益凌驾于其他国家特别是广大发展中国家利益之上，"共识"顺应了广大南方国家、广大发展中国家要求发展的时代潮流。

---

① 习近平：《携手推进现代化，共筑命运共同体——在中非合作论坛北京峰会开幕式上的主旨讲话》，中华人民共和国中央人民政府网，https://www.gov.cn/yaowen/liebiao/202409/content_6972495.htm，最后访问日期：2024 年 9 月 23 日。

"共识"提到，当前世界和平与发展面临挑战，更孕育希望。包括中国和非洲在内的全球南方，肩负发展振兴、造福人民、繁荣世界的历史使命，应积极践行三大全球倡议，为解决人类面临的共同问题贡献力量，在知识与思想领域，创造更多智慧与共识。"共识"的实践指向性十分明确，它基于中非合作坚实基础、总结中国式现代化发展的成功经验，面向未来之发展，为中非包括全球南方国家提供的有益发展方向。"共识"的实践目的性在于面对波谲云诡的国际形势、复杂敏感的周边环境、艰巨繁重的改革发展稳定任务下，中非双方致力于造福人民、强大国家、繁荣世界，推动公正合理的国际社会新秩序，构建高水平中非命运共同体、人类命运共同体。

"共识"锚定"发展"这一全球最宏阔的历史潮流、未来大势，2024年中非合作论坛北京峰会召开，各方一致同意发布《中非关于在全球发展倡议框架内深化合作的联合声明》，各方愿在全球发展倡议框架内加强战略协同，深化发展合作，共筑新时代全天候中非命运共同体。① 发展是硬道理，发展就是最大的民生，代表了最广大人民的根本利益。"共识"的出发点和落脚点在于发展，在于以中非为代表的全球南方国家的发展，在于国际社会的发展，"共识"呼吁开放发展、融合发展、共享发展，倡导互利互惠与合作共赢，寻求发展利益的最大公约数，推进公正合理的全球现代化。概言之，"共识"是总体发展观的细化表达与内涵阐释。

（一）总体脉络

从总体脉络上来看，"共识"呼吁安全发展，"安全是发展的前提，有之不觉，失之难存，一旦安全出现问题将对国家利益和经济社会发展带来严重冲击，对于大国更是如此"，② 故安全发展是总体发展观的前提之义；"共识"

---

① 《中非关于在全球发展倡议框架内深化合作的联合声明》，中华人民共和国中央人民政府网，https://www.gov.cn/yaowen/liebiao/202409/content_6972791.htm，最后访问日期：2024年9月8日。

② 黄卫挺：《把握和处理好发展与安全的关系》，《学习时报》2024年2月7日，第2版。

呼吁文明发展，交流互鉴是文明发展的本质要求，文明发展又是总体发展观的基石，文明对于国家发展、全球发展这一事物的产生、发展起着基础性支撑；"共识"呼吁自主发展，强调发展优先、人民至上，这是总体发展观之归途，发展为了人民、发展依靠人民、发展成果由人民共享，发展的目的在于满足人民对于美好生活的向往；"共识"呼吁开放发展、融合发展、统筹发展、共享发展、创新发展、绿色发展，此为总体发展观之路径，"经济发展是文明存续的有力支撑，繁荣富强是国家进步的重要基石"，① 总体发展观的发展路径是经济社会发展的核心要素，是推动国家繁荣富强、国际社会共同繁荣的实现方式。

（二）理念遵循

"共识"提出的发展理念主要是依据全球文明倡议、全球发展倡议、全球安全倡议这"三大全球倡议"及"一带一路"倡议、联合国《2030年可持续发展议程》、非盟《2063年议程》等文件，继承和平共处五项原则的精神内核，充分体现习近平主席提出的对非"真实亲诚"理念和正确义利观，以及"真诚友好、平等相待，互利共赢、共同发展，主持公道、捍卫正义，顺应时势、开放包容"的中非友好合作精神，② 汲取习近平经济思想、习近平文化思想的核心要义。"共识"与中非政府联合发布的《中非合作2035年愿景》，以及中华人民共和国国务院新闻办公室发布的《新时代的中非合作》一脉相承、相辅相成。十项理念中，前四项发展理念（自主发展、公平发展、开放发展、融合发展）主要是基于国际社会秩序建构需要而提出，后六项理念（统筹发展、共享发展、创新发展、安全发展、绿色发展和文明发展）主要是立足于某一国域内部发展与治理而提出。"共识"十项理念总体相互支撑、前后关

---

① 靳娇娇：《习近平总书记强调的"重要基石"》，中国共产党新闻网，http://theory.people.com.cn/n1/2024/0729/c40531-40287490.html，最后访问日期：2024年9月8日。
② 《习近平：中非友好合作精神是中非休戚与共的真实写照和关系继往开来的力量源泉》，中华人民共和国中央人民政府网，https://www.gov.cn/xinwen/2021-11/29/content_5654817.htm，最后访问日期：2024年9月22日。

照，具有一定的系统性、整体性、协同性，是全球发展、国家发展必不可少的环节和要素。

（三）社会思潮

从中国与非洲国家内部社会思潮来看，"中国是世界上最大的发展中国家，非洲是发展中国家最集中的大陆"，"相似的历史遭遇、共同的历史使命把中国和非洲紧紧联系在一起，中非从来就是命运共同体"。① 可以说，中国与非洲的发展诉求、发展利益是高度统一的，中国与非洲学者站在全球南方主流思潮上提出"共识"，这是全球南方之于自身发展的呼声，也是全球南方之于国家社会合作发展的期待。它摆脱了以西方为中心主义的发展模式与发展道路，重新擘画了人类现代文明史的发展方向，重塑了国际社会的世界观，代表了全球南方在推进时代发展进程中的思想智慧。从全球发展思潮以及国际发展环境来看，美国打着所谓"国家安全"的幌子，将经贸科技问题政治化、工具化、武器化。② 表面上的口头公平竞争掩盖不住美国在推动国际社会协作分工、促进全球发展过程中奉行"美国优先"原则。在全球非传统安全挑战频发背景下，美西方泛化"安全"概念，歪曲国家安全内涵，滥用国家安全工具，拒绝展开对话，对与之有竞争关系的国家采取非正当手段进行打压，导致国家间竞争升级。绝大多数发展中国家最期待的国际主流思潮是发展，而不是以"美国优先"为实质的"泛安全化"。以美西方主导的逆全球化思潮不利于发展中国家自身发展的利益诉求，也违背了国际社会的共同利益。

（四）发起主体

从倡议的发起源来看，"共识"是中非学者主动提出国际学术议题并双向

---

① 中华人民共和国国务院新闻办公室：《新时代的中非合作》，中华人民共和国中央人民政府网，https://www.gov.cn/zhengce/2021-11/26/content_5653540.htm，最后访问日期：2024年8月28日。
② 钟声：《美方莫把"国家安全"当作"万金油"》，《人民日报》2024年2月5日，第15版。

建构的知识产品。这一"共识"是对中国政治、经济、社会、人文、生态等领域发展的理论内涵以及实践范围的再深化再认识，提出了关于国际社会面向未来如何发展的意见建议，尤其是对于包括中国与非洲等全球南方如何发展提供了框架性意见。站在全球发展格局和深化全球发展的立场和高度，站在引领人类和世界发展角度，它系统性地提出了全球发展的可行性目标、发展原则、发展重点、实践路径，涵盖政治、经济、社会、生态、环境、人文、科技、金融、技术、创新创造等领域，强调了国际社会国家政府间、国际组织间的政策协调性、各国政策与世界全球治理的互联互通性，以及未来如何推动体制机制改革，为全球发展尤其是全球南方发展营造良好的营商环境、创新氛围、创造动力。

"共识"源自实践，指导实践，呈现三大创新。第一，自主性，这是全球南方国家首次自主提出的"共识"，它体现了全球南方国家对自身发展利益的关切，代表着全球南方整体性观念的自觉、自省和觉醒。第二，包容性，"共识"的提出，展现了全球南方国家的全球视野和对世界发展的贡献，是对传统由北方国家主导的国际规则的一种补充和挑战，擘画了人类社会未来和平发展的宏伟蓝图。第三，实践性，"共识"基于中非70年合作的丰富的实践经验，提出解决今天人类面临复杂问题的新的战略思路、基本策略和举措的核心原则。"共识"代表着全球南方国家的智慧、心胸和眼界，是解决当下复杂问题的新智慧体现。"共识"来自于民间，回响于世界，得到了各方高度认可，代表了发展中国家开始提出基于和平共处的国际社会新原则，这是对过去西方主导的国际规则的一种超越，体现了全球南方自主发展意识的提升。

三 "共识"的重点呼吁

"共识"呼吁全球社会自主发展、公平发展、开放发展、融合发展、统筹发展、共享发展、创新发展、安全发展、绿色发展和文明发展十条具体共识，内容涵盖发展优先、世界多极化、经济全球化、国际金融改革、可持续发展、内生发展动力、全球安全发展、发展知识共享等关涉人类发展重大方向和原则的引领性思想。"共识"具有丰富的思想内涵，其本质上是中非思想界、智库界关于推进中非现代化进程、促进全球南方发展的知识产品。

（一）呼吁自主发展，坚持发展优先、人民至上

"共识"是基于中非发展实践、中非合作经验凝结而成的集体智慧结晶，蕴含着深刻的时代意义与丰富的理论内涵。"共识"倡议包括全球南方在内的全球国家"坚持发展优先，人民至上，实现自主发展"。作为世界上最大的发展中国家，中国始终致力于实现与非洲共同发展，支持非洲的国家主权和发展自主权。"共识"倡议国际社会弘扬和平、发展、公平、正义、民主、自由的全人类共同价值，坚持以人民为中心，实现发展优先和自主发展，紧密对接非盟《2063年议程》、联合国《2030年可持续发展议程》，坚持发展为了人民、发展依靠人民、发展成果由人民共享，提升人民获得感，保护每个人追求美好生活的权利；聚焦发展是人类社会永恒追求的主题；立足人民福祉，致力于人类共同发展繁荣，呼吁世界各国落实全球发展倡议，将发展权作为普遍人权之一，尊重和保障广大发展中国家的发展权；"共识"认为国际社会尤其是全球南方国家要坚持以经济建设为中心，坚持独立自主与改革开放相统一，实现世界各国互利共赢。"共识"还支持各国探索基于资源禀赋、经济发展水平、文明特性和社会制度的现代化模式，强调以经济建设为中心，探索各国现代化道路，为推动世界现代化发展提供新的思路。

非洲的民主，非洲自己做主。尼日利亚媒体《非洲中国经济》创建人伊肯内·埃梅乌指出，21世纪的突出现象之一是全球南方的集体崛起。随着地缘经济中心从"全球北方"转移到"全球南方"，全球南方国家在世界舞台上的影响力越来越大；在经济上，新兴市场国家和发展中国家对全球经济增长的贡献率高达80%；在政治上，他们正在展示更大的战略自主性。在国际上，

他们通过积极参与全球事务提高了自己的声音和影响力。①

（二）呼吁公平发展，推进平等有序的世界多极化

"公平发展"是世界各国，尤其是以中国与非洲各国为代表的全球南方在国际社会中生存的基本条件，也是确证自身国格的重要依据。"国际关系的民主化"具有基础性和过程性，"共识"倡导推进"国际关系民主化"，强调国际社会要进一步密切国际事务协调，旗帜鲜明地维护国际关系民主化的大方向，坚定捍卫真正的多边主义和发展中国家共同利益，共同维护以联合国为核心的国际体系、以国际法为基础的国际秩序、以《联合国宪章》宗旨和原则为基础的国际关系基本准则，推动全球治理体系朝着更加公正合理的方向发展。中国与非洲各国作为全球南方成员，作为发展中国家的重要组成部分，要加强团结，增进共识，始终坚持在平等和相互尊重基础上开展对话与合作。"共识"认为，国与国之间的平等在本质上是主权平等，公平发展必须以主权平等为基础，各国要坚持在平等的基础上开展各种合作。国际社会要帮助非洲国家政府加强管理自然资源的能力，推动建立更加公平合理的全球资源价值体系。"共识"支持非洲国家在全球治理特别是在解决全球性问题的包容性框架中发挥更大影响和作用，坚定支持非洲国家捍卫国家主权、维护民族独立，坚持"共商、共建、共享原则"，不断推进中非合作、全球合作走深走实。

南部非洲研究与文献中心执行主任穆内奇·马达库凡巴撰文表示，中国与非洲的合作模式和关系建立在互利共赢的基础上，双方对彼此的历史背景、现状以及发展优先事项有着深刻的理解和共识。相比之下，西方国家与非洲间的合作往往基于一种不平等的剥削关系，导致了不平衡的发展态势。② 突

---

① Ikenna Emewu, "A Call for Realigning Priorities", http://www.chinafrica.cn/Homepage/202407/t20240715_800371736.html, accessed August 28, 2024.

② Munetsi Madakufamba, "FOCAC 2024 More than Just Diplomacy: Africa's Modernisation Top on the Agenda", https://www.sardc.net/en/southern-african-news-features/focac-2024-more-than-just-diplomacy-africas-modernisation-top-on-the-agenda/, accessed September 4, 2024.

尼斯 Echaab 报主编塔里克·赛义迪表示，中国的现代化是建立在互助和团结基础上的，这与植根于殖民主义和个人主义的西方模式形成了鲜明对比。中非双方有很大的合作空间，因为"一带一路"倡议同非洲联盟《2063年议程》深入对接，旨在促进一种公正、平等的新型现代化。①

（三）呼吁开放发展，推动普惠包容的经济全球化

改革开放是当代中国最鲜明的特色，开放发展是当今世界不可逆转的时代潮流。"共识"呼吁通过开放发展，促进世界经济协作分工有序发展，注重发挥发展中国家在产业协作分工中的优势，促进全球产业链供应链高效便捷、产业协作分工、发展成果共享，推动多边贸易规则与时俱进，提倡建立多边贸易体系，进一步推动国际货币基金组织份额改革，体现成员国在全球经济中的相对地位。全球化的包容性要求各国在全球经济体系中拥有平等的参与机会。然而，新兴市场和发展中国家在全球治理结构中的代表性长期以来不足，尤其是非洲国家，在国际货币基金组织等全球金融机构中的声音被边缘化、话语权有限，"共识"支持非洲国家有更多权利和机会参与全球经济治理，充分照顾欠发达国家权益，构建新型国际信用评级体系，促进国际资本流动，确保不同主体在评级过程中享有公平的待遇，减少因国家或地区差异导致的评级偏见。全球化的发展应关注全球经济体系的公平性，尤其是对发展中国家的影响。在中非合作中，中国通过基础设施建设、技术转移和产业合作，推动非洲国家在全球价值链中提升地位，增强其经济韧性，使非洲国家能够更加公平地分享全球化的红利。

卢旺达私营企业协会主席弗朗索瓦丝·珍妮·穆碧利基在第八届中非企业家大会上指出，得益于中国开放的市场和相关政策的支持，很多非洲国家的产品可以免关税进入中国市场，来自卢旺达的产品如咖啡、辣椒，都出现

---

① Edith Mutethya, Chen Weihua and Xu Weiwei, "African Nations See China as Reliable Partner", https://www.chinadaily.com.cn/a/202409/09/WS66ddcd20a3103711928a6ba2.html, accessed September 9, 2024.

在了中国消费者的餐桌上，给卢旺达企业带来更多发展机遇。①国际关系学院崔璨认为，"共识"强调通过多边合作平台和机制来推进中非合作，旨在推动中非合作向多边化、市场化和制度化方向发展，保障合作的持续性和有效性，标志着合作模式的深刻转型。②

（四）呼吁融合发展，拓展一体化和多元发展空间

"共识"呼吁坚定支持非洲一体化建设，一体化建设是非洲长期致力实现的发展目标，从中非实践与中国助力非洲一体化发展历程来看，中国通过创建中非合作论坛、共建"一带一路"、金砖国家合作机制等平台与机制，对接非盟、非洲次区域组织及非洲国家的发展战略与远景规划，帮助非洲建设大量互联互通基础设施，以产业拉动就业，用就业带动经济，助力非洲解决贫困问题；中非合作论坛通过一系列举措，降低贸易壁垒，促进中非贸易的发展，促进贸易投资便利化。"共识"呼吁国际社会特别是发达国家和国际金融机构承担起自身责任，帮助非洲国家缓解债务负担、实现可持续发展。中国支持非洲大陆自由贸易区秘书处、泛非支付结算系统、非洲广播联盟等一体化机构同中方建立合作机制等，推动区域资金融通。稳定的地区局势是非洲一体化建设的重要保障，国际社会要积极支持非盟推动非洲的安全与稳定，要进一步改变非洲工业生产力相对落后的局面，促进产业合作，提高非洲的生产能力，以生产能力的提升拓展非洲多元发展的空间。

中非政策与咨询中心主任、高级研究员保罗·弗林蓬认为中非关系是南南合作的典范。"中国在非洲的投资为符合南南合作目标的项目调动了资源，促进经济发展和区域一体化"，"非洲和中国都倡导支持全球南方利益的政策，促进更加平衡的全球经济和政治秩序"，"非洲和中国之间的伙伴关系为其他南南合作树立了榜样，强调了战略合作和共同发展目标

---

① 周明阳：《中非经贸合作前景广阔——来自第八届中非企业家大会的报道》，《经济日报》2024年9月7日，第5版。
② 浙江师范大学非洲研究院主办"中非达累斯萨拉姆共识"主题征文活动来稿。

的好处"。①

（五）呼吁统筹发展，实现有效市场和有为政府的有机结合

在全球化的浪潮中，各国经济相互依存的程度不断加深，形成了一个紧密相连的全球经济网络。这一趋势不仅促进了商品、资本、技术和信息的自由流动，也加速了国际分工和产业链的重构。"统筹发展"是在全球经济一体化和中非合作面临新机遇的背景下提出，具有多维度的内涵，包括市场与政府的和谐共生、政策协调与法规对接、公平竞争与权益保护、宏观经济治理与公共服务等，将有效推动中非经贸合作迈向新高度和增强双方经济韧性。"共识"提出要理顺市场和政府关系，增强二者的结合性，这既是对传统经济治理模式的反思，也是对现代经济治理模式的探索。在国家间经济合作中，政策协调与法规对接是基石，"共识"注重政策协调与法规对接，构建跨国治理新框架，这既是对传统国际经济合作模式的挑战，也是对跨国治理新框架的开拓。公平竞争和权益保护是市场经济的基础。"共识"提出公平竞争与权益保护，营造良好市场环境，这既是对市场经济基本原则的坚守，也是对现代市场经济环境的优化。宏观经济治理和公共服务是国家经济发展的重要支撑。"共识"强调完善国家宏观经济治理体系对增强经济发展韧性的意义，以及提升公共服务能力的重要性，这既是对传统经济发展模式的重塑，也是对现代经济发展模式的再造。

中国农业大学人文与发展学院社会学博士后雷雯认为，"共识"对"结合有效市场与有为政府"的呼吁，强调"建设高效廉洁法治的政府，优化宏观调控和公共服务，激发市场活力，助力非洲工业化和农业现代化发展"的具体内容，不仅是对"非洲失落二十年"的反思，也是对已经被中断的"建设惠及人民的国家"发展逻辑的恢复。中国对非发展合作历来高度重视非洲的国家建设，坚持非洲主导，倡导"非洲方案"，秉持"非洲问题由非洲人解

---

① Paul Frimpong, "Concurrence of Choice", http://www.chinadaily.com.cn/a/202407/05/WS66874ae8a31095c51c50c7eb.html, accessed July 5, 2024.

决"的理念,致力于巩固非洲国家对自身发展的主导权和自主性,是其他合作模式所缺乏的,也是中非合作备受非洲国家欢迎的重要原因之一。①

(六)呼吁共享发展,兼顾效率与公平

共享发展不仅关注本国人民的福祉,也关注国际社会普遍的价值与利益。"共识"强调推动公平与效率的统一,在推动经济增长和发展的过程中,要兼顾公平与效率的双重目标,实现资源的合理配置以及利益的公平分配,这也是中非关于全球发展的伦理表达,让发展成果惠及人民。"共识"呼吁世界银行和国际社会增加对非洲地区发展的资金及技术援助,以促进非洲地区的可持续发展实现共同繁荣。"共识"主张发展应"以人民为中心",通过激发个体的积极性和主观能动性,促进人的全面发展和社会的全面进步,强调通过制度化的协商民主机制,促进人民集体利益的实现,确保广泛参与和科学决策,从而提高政策的有效性和社会的凝聚力。"共识"强调加大对妇女、青年等重点群体的支持,通过推动他们的就业和经济参与以实现社会的全面包容和公平发展。共享发展涉及国家财政制度、全球融资工具、社会保障体系、国家资源分配方式、利益诉求表达体系等,用好用足政策"工具箱",发挥政策举措调配作用,促进社会资源合理有序流动分配,缩小贫富差距,降低社会矛盾,汇聚发展更强大的合力。"共识"兼顾物质成果与精神成果的共享,将每一个人的切身利益与生活福祉作为共享发展的出发点和落脚点。

南非独立在线新闻网站刊文表示,非中合作基于平等、相互尊重,受到非洲欢迎。"中非合作论坛在深化非中关系,促进政治、经济、文化和技术等领域的全面合作发挥了关键作用;非中共建'一带一路'促进了非洲公路、铁路、港口和能源项目等关键基础设施的发展,加强了非洲大陆内部及与全

---

① 雷雯:《"万隆精神"的绵延提升——评"中非达累斯萨拉姆共识"对"有效市场和有为政府相结合"的新倡导》,浙江师范大学非洲研究院微信公众号,https://mp.weixin.qq.com/s?__biz=MzAwNDU1NTA0Ng==&mid=2653463135&idx=2&sn=104ff98b2697f2834df1906d80e4b56e&chksm=817d46ea89ad1b48e9a0fa64f2e89369532552e033609c9081b6f64d535155f52ab119958607&scene=27,最后访问日期:2024 年 8 月 28 日。

球其他地区的互联互通，推动了非洲的贸易和工业化进程；中国支持非洲人才培养和能力建设，许多非洲学生获得留学中国的奖学金，专业人士也从专业培训项目中受益；通过中非合作论坛机制，中国和非洲正携手迈向一个充满机遇、韧性和共同成就的未来。"①

（七）呼吁创新发展，强化科技产业引领作用

当前，新一轮科技革命和产业革命方兴未艾，数字经济、人工智能、新能源等新兴产业蓬勃发展，正在重塑全球产业格局和国际竞争态势，并为全球经济增长注入新动能。"共识"强调科技产业的引领作用，全球科技创新格局发生深刻变革，科技产业合作是中非合作的重要组成部分，非洲科技创新需求日益增长，中国科技创新实力日渐增强，面向未来，科技创新是经济增长的主要动力，发展中国家应通过逐步提升科学技术创新能力来实现产业升级。构建多层次、多领域的创新合作机制是深化中非创新发展合作的关键。非洲发展面临的国际环境更为复杂，科技发展形势更趋高效和可持续，非洲区域治理的重要性日益凸显。"共识"呼吁加强国际科技治理，在全球化背景下，中非双方认为国际治理重要性日益凸显。海洋经济对于国家发展、全球发展尤为重要。蓝色经济作为新的经济增长点，日益受到国际社会的广泛关注。"共识"理念反映出海洋资源的可持续利用对经济发展的重要性，建议推动构建蓝色伙伴关系。"共识"强调产学研协同，并提出，市场在推动技术创新中能够发挥关键作用，推动产学研结合与创新生态系统建设是深化中非创新合作的重要途径。

非洲科学院前院长、中国工程院外籍院士菲利克斯·达帕雷·达科拉撰文称，美国通过提案《加强海外关键出口限制国家框架法案》，妄图借助人工智能巩固技术霸权，中国主提的加强人工智能能力建设国际合作决议得到140多个国家的支持，这就向国际社会释放了一个强烈信号，即中国的首要任务

---

① 黄炜鑫：《非洲媒体热议中非合作论坛发展历程与丰硕成果》，人民网，http://world.people.com.cn/n1/2024/0906/c1002-40314738.html，最后访问日期：2024年9月6日。

是缩小差距，而不是争夺霸权。① 埃及国际合作部长拉尼娅·马沙特表示，中国援埃 AIT 中心和二号卫星项目取得重大进展，极大提升了埃及自主研发卫星和卫星测控能力，使埃及在航空航天领域成为非洲地区具有领先优势的国家，埃方对此高度赞赏并衷心感谢。②

（八）呼吁安全发展，实现改革发展稳定相互促进

没有和平稳定的环境，发展就无从谈起，安全是发展的前提。在当前非洲安全形势持续严峻、非洲自主安全能力亟须提升的背景下，"共识"提出安全发展理念，契合当下非洲和世界安全需求。"共识"认为国际社会需要加强国家间安全理念与协议、机制对接，中国是非洲和平与安全事务的建设性参与者，一贯致力于支持"非洲人以非洲方式解决非洲问题"，坚持标本兼治，坚持合作共赢，支持非洲国家和非盟在非洲和平安全事务中发挥主导作用，注重完善安全合作机制，提升战略协作水平，双方支持加强安全理念、协议和机制对接。"共识"吸收了全球安全倡议的理念，呼吁要重视非洲国家自身合理安全关切，坚持共同、综合、合作、可持续的安全观，共同维护世界和平和安全，构建全方位安全合作架构。"共识"支持以对话协商等形式化解矛盾，共同应对全球性挑战，维护共同发展利益，这也是针对当前国际冲突和地区热点问题，中非共同提出，要坚持以对话协商解决冲突，要对遭受人道主义危机的民众给予关注、提供人道主义援助。

北京外国语大学公共外交研究中心、北京外国语大学全球智库学者余慧撰文表示，"共识"以人民为中心倡导全球范围内的安全发展，主张构建一个和平的国际交流平台，致力于平衡传统安全与非传统安全问题，以营造一个

---

① 菲利克斯·达帕雷·达科拉：《中国倡导加强人工智能能力建设为非洲国家带来巨大机遇》，中国日报中文网，http://china.chinadaily.com.cn/a/202409/04/WS66d82923a310a792b3aba655.html，最后访问日期：2024 年 9 月 4 日。
② 姚兵、沈丹琳：《国家国际发展合作署，中国政府援助埃及二号卫星初样星成功交付》，国家国际发展合作署官网，http://www.cidca.gov.cn/2023-06/28/c_1212238585.htm，最后访问日期：2023 年 6 月 28 日。

稳定且有利于发展的安全环境。①

（九）呼吁绿色发展，推动全面协调可持续发展

绿色发展高度契合当今世界所需，是中国与共建"一带一路"国家，尤其是非洲国家加强合作、构建发展共同体的重要领域。绿色发展是非洲实现《2063年议程》的重要途径。"共识"认为，全球要以绿色发展理念为合作共识，相向而行，坚持遵守国际公约，反对将绿色发展问题政治化，建立资源共享机制，激发绿色金融活力，加快全球资源配置。"共识"提出，要全面推进应对气候变化合作，加强在气象监测、防灾减灾、水资源利用、荒漠化治理、土地退化和干旱防治等领域的合作，支持全球保护生态环境和生物多样性，提高水能、核能等清洁能源利用比例。通过帮助非洲国家提高资源利用效率、促进自然资源可持续利用、加强循环和低碳发展能力等方式，支持非洲发展绿色经济和绿色金融。大力发展绿色基建，积极参与行业改革，促进效益评价绿色化转型，逐步完善制度规范，提升中非绿色生态政策协调性，发展绿色经济、推动节能减排、推动实现碳中和目标，加强关键绿色平台建设，提升战略资源的治理水平。

气候变化是"共识"中强调的全球治理的重要主题领域之一。"中非人民对优美环境和美好生活有着共同的向往"，"中国和非洲一道，倡导绿色、低碳、循环、可持续的发展方式，保护人类的共同家园"。② 南非标准银行中国首席经济学家杰里米·史蒂文斯撰文表示，认同"共识"提出的"将国际倡议和国家规划结合起来，支持中非高质量合作和可持续发展，包括优先发展非洲可再生能源"。他认为，中国对非洲可再生能源的投资，有可能改变非洲的能源系统和生态系统。如果管理得当，中国在可再生能源方面的作用发挥，

---

① 余慧：《中非达累斯萨拉姆共识：推动中非合作开启新篇章》，中国社会科学网，https://cssn.cn/skgz/bwyc/202408/t20240830_5774692.shtml，最后访问日期：2024年8月30日。
② 中华人民共和国国务院新闻办公室：《新时代的中非合作》，中华人民共和国中央人民政府网，https://www.gov.cn/zhengce/2021-11/26/content_5653540.htm，最后访问日期：2024年8月28日。

将有助于提升其作为负责任的发展中大国的全球声誉。①

（十）呼吁文明发展，深化文明交流互鉴

在全球化的今天，不同文明之间的交流互鉴显得尤为重要。文明交流互鉴是中非"十大伙伴行动"之一，也是共筑新时代全天候中非命运共同体的重要组成部分。教育是培养人才和传承知识的基础，在中非合作框架下，要不断加强中非教育合作投入，通过聚集资源、增加资金和出台政策等方式提升教育合作的质量、可及性和多样性，优化中非规模化、集群式高校合作机制，促进中非双方共同发展。中非双方要加强包括技术、教育、科研等领域在内的交流与合作，促进共享知识，寻求共同的价值观和发展愿景，增进思想共通。中非双方要继续鼓励学术研究与智库合作，支持双方学术研究机构、智库媒体、高等院校开展联合课题研究、学术互动交流、著作出版等多种形式的合作，优先支持开展治国理政、发展道路、产能合作、文化与法律等知识成果共享，推动壮大中非学术研究力量，夯实中非人文交流基础。双方要积极落实全球文明倡议，加强中非文明对话，在不同文明之间寻找共同点或共享的价值观和理念，倡导文化因素在国际发展议程中得到适当的重视与投资，加强中非教育投入，促进可持续发展，鼓励多元交流与合作，实现精神富裕的现代化。

联合国教科文组织驻加纳办事处代表埃德蒙德·穆卡拉长期致力于推动中非人文交流，他指出，古老的海上丝绸之路联通中非，今天，高质量共建"一带一路"为双方合作搭建更广阔的平台，进一步促进中非文明交流互鉴。②中国国际问题研究院发展中国家研究所助理研究员马汉智撰文指出，"共识"的发布是中非在发展理念交流方面迈出的一小步，为双方更深层次的交流互鉴开辟了道路。③

---

① Jeremy Stevens, "Nations Aligning Steps for Green Partnership", https://www.chinadaily.com.cn/a/202407/11/WS668f30f7a31095c51c50d808.html, accessed August 27, 2024.
② 王迪：《人文交流添新彩，携手推进现代化》，《人民日报》2024年8月31日，第3版。
③ 马汉智：《"达累斯萨拉姆共识"——中非开启理念合作新篇章》，《光明日报》2024年3月21日，第12版。

正如"共识"所倡导的,中国和非洲期待与国际社会合作,深化全球南方团结合作。浙江师范大学非洲研究院高级研究员、前南非国际关系与合作部高级外交官格特·格罗布勒表示,非洲高度重视"共识"所提出的理念与路径,这无疑将引起国际社会的强烈共鸣,表明了非洲和中国捍卫各自主权、安全和发展利益的合理要求。①

---

① Gert Grobler,"Spirit of Dar es Salaam Reigns",https://www.chinadaily.com.cn/a/202407/15/WS66946500a31095c51c50dfad.html.

第三章　自主发展：携手共建人民至上的现代化

习近平主席在中非合作论坛北京峰会开幕式上的主旨讲话中指出，中非要携手推进公正合理、开放共赢、人民至上、多元包容、生态友好、和平安全的现代化。"共识"呼吁全球南方各国"自主发展，坚持发展优先，人民至上"。作为最大的发展中国家，中国始终将实现共同发展作为中国对非合作的压舱石，尊重非洲的主权和自主权。中非合作论坛北京峰会将中国同所有非洲建交国的双边关系提升到战略关系层面，中非关系整体定位提升至新时代全天候中非命运共同体，中非关系处于历史最好时期，政治联合自强态势凸显，经济合作共赢成效明显，文明交流互鉴持续繁荣，中非合作在"非洲提出、非洲同意、非洲主导"原则下持续推进。双方基于历史与现实基础，凝练出"人民至上、发展优先、经济建设、改革开放"为内涵的自主发展理念。展望未来，中非应加强制度建设，明晰现代化前进方向；坚持改革开放，培育中非合作新动能；协同多方发力，助力非洲发展可持续；推进民生工程，带动非洲人民共富裕，携手共赴现代化繁荣未来。

"共识"第一条提出，"我们呼吁自主发展，坚持发展优先，人民至上。坚持以经济建设为中心，支持各国探索基于资源禀赋、经济发展水平、文明特性和社会制度的现代化模式。坚持独立自主和改革开放的有机平衡。落实全球发展倡议，将发展权作为普遍人权之一，尊重和保障广大发展中国家的发展权。弘扬和平、发展、公平、正义、民主、自由的全人类共同价值，坚持发展为了人民、发展依靠人民、发展成果由人民共享，提升人民获得感，保护每个人追求美好生活的权利"。

"共识"的发展理念有其独特的内涵，是中非顺应时代需求提供的公共品，在宗旨、原则、手段和路径等方面与非盟《2063年议程》、联合国《2030年可持续发展议程》既共通一致，也优势互补。在共建"一带一路"和中非合作论坛机制框架下，中非紧密团结，聚焦发展，在政治、经济和文化等领域取得了良好的发展质效。当前世界之变、时代之变、历史之变正以前所未有的方式展开，非洲国家面临经济社会发展强劲需求，以中非合作论坛为定向导航，中非关系开启新的历史篇章。人民至上、开放共赢、多元包容等现代化目标指引中非合作要与时俱进，在顺应现代化潮流中扩大开放，创新发展，为推动构建高水平中非命运共同体注入新动力，为世界现代化发展带来新的更大机遇。

一 "自主发展"共识的背景历程

作为世界上最大的发展中国家和发展中国家最集中的大陆，中非历来是命运共同体，双方有着相似的历史遭遇和奋斗历程，面临着共同的发展难题和任务，不断探索符合自身国情的独立发展道路。《中非合作2035年愿景》明确提出，中国成为非洲发展议程的重要伙伴，支持非盟《2063年议程》及其旗舰项目的落实，积极参与非洲农业综合发展计划（CAADP）、非洲基础设施发展计划（PIDA）、非洲矿业愿景（AMV）、非洲科技创新战略（STISA）、非洲内部增长计划（BIAT）、非洲工业化发展加速计划（AIDA）、非洲发展署—非洲发展新伙伴计划（AUDA—NEPAD）等计划落实，实现中非发展共进。[①]《新时代的中非合作》白皮书也强调，"中国将继续坚定支持

[①] 《中非合作2035年愿景》，中非合作论坛官网，http://www.focac.org/zywx/zywj/202112/t20211208_10464357.htm，最后访问日期：2024年8月25日。

非洲国家走符合自身国情的发展道路，支持非洲一体化建设和非洲国家维护主权、安全和发展利益，同非洲国家携手共建'一带一路'，构建更加紧密的中非命运共同体，更好造福中非人民，为建设持久和平、共同繁荣的世界，构建人类命运共同体作出新的更大贡献"。① 习近平主席指出，"现代化道路上一个都不能少，一国都不能掉队"。② 在不断变化的国际格局下，中非协同发展，共同推进现代化将为世界带来新的机遇和活力。

（一）历史背景

中非关系历史悠久。古代交通不便，中非两地虽相隔甚远，却依然保持交流。张骞出使西域，中非通过欧洲、亚洲进行间接往来，"丝绸之路"得以开辟，成为连接亚非大陆的主要交通干线，对中非乃至世界各国的发展产生了深远的影响。随后，中非关系不断拓展，中国与北非、东非等地实现直接交往，与中非和南非也有了间接贸易往来。明代，郑和四次到访非洲，中非贸易规模显著扩大，双方关系逐渐达到历史高峰。

相似的历史遭遇让中非人民患难与共。近代，由于欧洲列强殖民扩张与掠夺，非洲奴隶和华工被作为苦力流向世界各地。来华非洲人与中国人民命运与共，并参加中国人民的反殖斗争。第二次世界大战以后，亚非各国掀起了轰轰烈烈的反帝反殖运动，中非人民在抗击帝国主义侵略过程中相互支持。③ 新中国成立后，大力支持非洲民族解放运动，1955 年万隆会议召开，倡导和平共处、反帝反殖民、团结合作的"万隆精神"，推动非洲民族独立运动发展；以非洲国家为代表的广大发展中国家把中国"抬进"了联合国。中非命运与共在历史上形成，经受住了历史的考验。

---

① 中华人民共和国国务院新闻办公室：《新时代的中非合作》，中华人民共和国中央人民政府官网，https://www.gov.cn/zhengce/2021-11/26/content_5653540.htm，最后访问日期：2024 年 8 月 26 日。
② 习近平：《携手推进现代化，共筑命运共同体——在中非合作论坛北京峰会开幕式上的主旨讲话》，中华人民共和国中央人民政府官网，https://www.gov.cn/yaowen/liebiao/202409/content_6972495.htm，最后访问日期：2024 年 9 月 7 日。
③ 郭健：《名人剪影》，新华出版社，1998，第 17 页。

（二）现实背景

全球正处于一个充满变革和挑战的时代，经济一体化加速推进，贸易保护主义、地缘政治冲突等不确定因素增多，国际社会特别是发展中国家面临多重挑战。《2030年可持续发展议程》落实进展远不及预期，联合国发布的《2024年可持续发展目标报告》指出，只有17%的可持续发展目标处于正轨，近一半的进展微乎其微，超过1/3的进展停滞甚至倒退。[①] 全球发展处于关键转折点，以中国和非洲为主要成员的全球南方国家正携手推进世界现代化发展稳步前行，"共识"的提出为推动《2030年可持续发展议程》注入信心与活力。

非洲正在全力建设和平、团结、繁荣、自强的新非洲。非洲一体化和现代化事业历经60余年艰辛探索，逐步清除殖民主义遗毒，实现经济社会跨越式转型，正在迎来光明前景。60余年来，在泛非主义旗帜引领下，非洲国家沿着独立自主、联合自强和推进一体化的现代化道路阔步前行，在维护多边主义、捍卫发展中国家共同利益的斗争中展现出非洲力量。非盟《2063年议程》稳步推进，非洲大陆自由贸易区正式实施，次区域组织相互协作不断加强，非洲正在成为具有全球影响的重要一极。[②]

中国正以中国式现代化实现中华民族伟大复兴。党的二十大报告明确提出，新时代新征程中国共产党的中心任务是"团结带领全国各族人民全面建成社会主义现代化强国、实现第二个百年奋斗目标，以中国式现代化全面推进中华民族伟大复兴"。[③] 党的十八大以来，以习近平同志为核心的党中央团结带领全党全国各族人民砥砺前行，党和国家事业取得历史性成就、发生历

---

① "The Sustainable Development Goals Report 2024", https://unstats.un.org/sdgs/report/2024/The-Sustainable-Development-Goals-Report-2024.pdf, accessed August 24, 2024.
② 于江：《在多极化进程中共筑高水平中非命运共同体》，《当代世界》2024年第2期。
③ 习近平：《新时代新征程中国共产党的使命任务》，中华人民共和国中央人民政府官网，https://www.gov.cn/yaowen/liebiao/202406/content_6960268.htm，最后访问日期：2024年8月23日。

史性变革。国际金融危机爆发以来的 10 多年间，中国经济增长对世界经济增长的年均贡献率持续保持在 30% 左右；70 多年来，中国 8.5 亿贫困人口已经成功脱贫，对全球减贫贡献率超过 70%；构建并不断扩大面向全球的高标准自由贸易区网络，成为 140 多个国家和地区的主要贸易伙伴，中国努力以中国式现代化新成就为世界发展提供新机遇。①

二 "自主发展"共识的重要内涵

"共识"是基于中非发展实践、中非合作经验凝结而成的集体智慧结晶，蕴含着深刻的时代意义与丰富的理论内涵。"共识"呼吁自主发展，坚持发展优先，人民至上，紧密对接非盟《2063 年议程》、联合国《2030 年可持续发展议程》，聚焦发展是人类社会永恒追求的主题；立足人民福祉，致力于人类共同发展繁荣；坚持独立自主与改革开放相统一，实现世界各国互利共赢；以经济建设为中心，探索各国现代化道路，为推动世界现代化发展提供新的思路。

（一）人民至上是宗旨，发展是为人民福祉

"共识"呼吁各国弘扬和平、发展、公平、正义、民主、自由的全人类共同价值，坚持发展为了人民、发展依靠人民、发展成果由人民共享，提升人民获得感，保护每个人追求美好生活的权利。"全部人类历史的第一个前提无疑是有生命的个人的存在"。② 马克思主义以人民大众、全人类的立场为根本，其终极价值是实现人的全面发展。在中国践行马克思主义终极价值最突出的表现就是以人为本。③ 从古至今，中国和非洲在"以人为本"的理念上

---

① 《构建人类命运共同体的中国担当》，环球网，https://china.huanqiu.com/article/41OPJ 2VY45P，最后访问日期：2024 年 8 月 23 日。
② 《马克思恩格斯选集》第一卷，人民出版社，2012，第 146 页。
③ 梁靖：《以人为本：马克思主义终极价值》，人民论坛网，http://www.rmlt.cn/2016/0918/ 440284.shtml，最后访问日期：2024 年 8 月 26 日。

高度契合。乌班图思想和儒家思想都强调以人为本，倡导团结、友爱、和谐、对他人抱有同理心。非盟《2063年议程》提出要建立一个以人为本的非洲。[①] 习近平新时代中国特色社会主义思想中蕴含着丰富的历史唯物主义人民观，继承和发展了中华优秀传统文化，始终坚持"以人为本"的发展理念，是对西方现代性"以资为本"基本逻辑的超越。十九届六中全会通过的《中共中央关于党的百年奋斗重大成就和历史经验的决议》将"人民至上"凝练为党百年奋斗的历史经验。习近平总书记强调党的二十届三中全会《决定》提出"坚持人民至上，从人民整体利益、根本利益、长远利益出发谋划和推进改革"。[②] 中国共产党自成立以来就坚持把为中国人民谋幸福、为中华民族谋复兴作为自己的初心和使命，正确领导全国各族人民缔造了新中国，从探索社会主义建设到实行改革开放，开启了社会主义现代化建设的新局面，再到中国特色社会主义进入新时代，创造了新时代中国特色社会主义的伟大成就，中华民族实现了从站起来、富起来到强起来的伟大飞跃。万物并育而不相害，道并行而不相悖。

处于百年未有之大变局，面临"世界怎么了、我们怎么办？"这个全球性问题，2013年习近平主席提出推动构建人类命运共同体，意味着"以人为本"理念从人民性上升为人类性，与联合国《2030年可持续发展议程》提出的"以人为本"的"可持续发展"目标高度契合。十多年来，中国构建人类命运共同体的实践稳步推进，实现从"一方领唱"到"众声合唱"的多重跨越。中非命运共同体是最早提出的区域命运共同体，《新时代的中非合作》白皮书强调，"中国坚持把中非人民利益放在首位，为中非人民福祉而推进合作，让合作成果惠及中非人民；凡是中国答应非洲兄弟的事，就尽心尽力

---

① African Union, "Our Aspirations for the Africa We Want", https://au.int/en/agenda2063/aspirations#:~:text=Aspiration%205%3A%20An%20Africa%20with%20a%20strong%20cultural,African%20people%E2%80%99s%20and%20her%20diaspora%E2%80%99s%20-will%20be%20entrenched, accessed August 24, 2024.

② 习近平：《关于〈中共中央关于进一步全面深化改革、推进中国式现代化的决定〉的说明》，中华人民共和国中央人民政府官网，https://www.gov.cn/yaowen/liebiao/202407/content_6963773.htm，最后访问日期：2024年9月7日。

办好"。① 习近平主席在中非合作论坛北京峰会开幕式上指出,"要携手推进人民至上的现代化","实现人的自由全面发展是现代化的最终目标","中方愿同非方积极开展人才培养、减贫、就业等领域合作,提升人民在现代化进程中的获得感、幸福感、安全感,共同推动现代化惠及全体人民"。② 从构建更加紧密的中非命运共同体到构建新时代全天候中非命运共同体,从中非合作"五大支柱""十大合作计划"到"八大行动""九项工程",再到中非携手推进现代化"十大伙伴行动",中非合作蓝图持续升级,各领域合作不断细化,给双方人民带来了实实在在的好处。以中非命运共同体为样板,中阿、中拉、中国—太平洋岛国、中国—东盟、上海合作组织、中国—中亚等命运共同体建设稳步推进,相关国家团结共进、合作共赢,推动人类命运共同体理念获得更广泛国际认同,命运共同体建设不断走深走实。③

(二)发展优先是原则,在发展中保障人权

"共识"呼吁各国落实全球发展倡议,将发展权作为普遍人权之一,尊重和保障广大发展中国家的发展权。非盟《2063年议程》提出要建立"一个善治、民主、尊重人权、正义和法治的非洲"。中国和非洲在推进人权事业发展实践中坚定地站在一起,共同发声。《新时代的中非合作》白皮书指出,"中非都倡导将生存权和发展权作为首要基本人权,同等重视各类人权,在平等和相互尊重基础上开展人权交流与合作,尊重各国自主选择发展的权利,反对将人权政治化和搞双重标准,反对借所谓人权干涉别国内政,促进国际人权事业健康发展"。非洲国家认同中国人权理念,支持中国在联合国人权理

---

① 中华人民共和国国务院新闻办公室:《新时代的中非合作》,中华人民共和国中央人民政府官网,https://www.gov.cn/zhengce/2021-11/26/content_5653540.htm,最后访问日期:2024年8月26日。
② 习近平:《携手推进现代化,共筑命运共同体——在中非合作论坛北京峰会开幕式上的主旨讲话》,中华人民共和国中央人民政府官网,https://www.gov.cn/yaowen/liebiao/202409/content_6972495.htm,最后访问日期:2024年9月7日。
③ 《构建人类命运共同体的时代价值和实践成就》,新华网,http://www.xinhuanet.com/world/20240430/e3a267d0063e405bbc9d36a65f4d6e41/c.html,最后访问日期:2024年8月20日。

事会提出的"发展对享有所有人权的贡献""在人权领域促进合作共赢"等决议。①《关于共筑新时代全天候中非命运共同体的北京宣言》再次强调,"促进和保护包括发展权在内的人权是全人类共同的事业,应在相互尊重和平等相待、反对政治化的基础上开展人权交流与合作","坚决反对将人权议程、联合国人权理事会及其相关机制政治化,反对一切形式的新殖民主义和国际经济剥削,呼吁国际社会坚决抵制并打击一切形式的种族主义和种族歧视,反对基于宗教或信仰原因的不容忍、污名化及煽动暴力的行径"。②发展权是首要的基本人权已成为广大发展中国家的共识。联合国《2030年可持续发展议程》呼吁"减少国家内部和国家之间的不平等",2023年联合国人权理事会第52届会议期间举行纪念《发展权利宣言》通过35周年高级别会议,重申"发展权是一项不可剥夺的人权"。在以国家为主体的全球化浪潮中,"每个人和所有各国人民"的发展权必须依靠以国家为单位的国家发展权的实现,因此,发展权是一项个人权利,也是一项集体权利。③当前,世界各国经济增长缓慢甚至停滞,全球发展总量增长不足,各国存量博弈愈演愈烈,发展中国家的发展权实现在此阶段也面临新的机遇与挑战。

究其根本,是美国对两种人权观的交替使用,建构新型世界帝国。第一代人权理论以自由为核心,强调经济不受政治干涉;第二代人权理论的基石在于人民主权,强调每个国家拥有独立选择经济发展道路、制度模式和文明价值观念的自主"发展权"。美国以第一代人权理论推动的"门户开放"为"体",第二代人权理论形成的"民族自决"为"用",体现在"二战"后美国行为中:在政治上,完全接受第二代人权理论,推动主权国家独立平等地

---

① 中华人民共和国国务院新闻办公室:《新时代的中非合作》,中华人民共和国中央人民政府官网,https://www.gov.cn/zhengce/2021-11/26/content_5653540.htm,最后访问日期:2024年8月26日。
② 《关于共筑新时代全天候中非命运共同体的北京宣言(全文)》,中华人民共和国中央人民政府官网,https://www.gov.cn/yaowen/liebiao/202409/content_6972562.htm,最后访问日期:2024年9月7日。
③ 朱炎生:《发展权的演变与实现途径——略论发展中国家争取发展的人权》,《厦门大学学报》(哲学社会科学版)2001年第3期。

加入联合国；但在经济上，通过布雷顿森林体系建构起美元霸权和对全球经济的控制。① 当下，在政治上，美国始终高举"人权"大旗，主张"人权高于主权"，干涉他国内政；经济上，在以美元为中心的全球经济形势下，国家间的贫富差距拉大，全球经济发展步履维艰，美国攫取全球财富以自利，却不承担全球治理的责任，导致"逆全球化"趋势在全球范围内兴风作浪。② 对非援助中，美西方通过政治性援助、大幅提高利率、随意下调非洲国家信用评级，转移发展问题为非洲自身问题，反映在全球治理层面，多数国际组织的成员构成无法代表非洲及广大发展中国家，发展中国家的发展权问题难以得到解决。③

马克思指出，"个体是社会存在物"，④ "权利决不能超出社会的经济结构以及由经济结构制约的社会的文化发展"。⑤ 当代中国人权观继承发展了马克思主义人权观，习近平主席指出，"人权是历史的、具体的、现实的，不能脱离不同国家的社会政治条件和历史文化传统空谈人权"，"在推进我国人权事业发展的实践中，我们把马克思主义人权观同中国具体实际相结合、同中华优秀传统文化相结合，总结我们党团结带领人民尊重和保障人权的成功经验，借鉴人类优秀文明成果，走出了一条顺应时代潮流、适合本国国情的人权发展道路"。⑥

在发展中保障和促进人权，强调发展优先。中国将其深刻嵌入中国式现代化建设的宏伟蓝图，同时也外延至国际社会治理与发展，提出"全球发展

---

① 强世功：《贸易与人权（上）——世界帝国与"美国行为的根源"》，《文化纵横》2021年第5期。
② 强世功：《"天下一家"vs.世界帝国："深度全球化"与全球治理的未来》，《社会科学文摘》2022年第3期。
③ 金鑫：《"三大全球倡议"的理论创新、内在逻辑及实践路径》，《辽宁省社会主义学院学报》2024年第2期。
④ 《马克思恩格斯文集》第一卷，人民出版社，2009，第188页。
⑤ 《马克思恩格斯选集》第三卷，人民出版社，2012，第364页。
⑥ 《习近平主持中共中央政治局第三十七次集体学习并发表重要讲话》，中华人民共和国中央人民政府官网，https://www.gov.cn/xinwen/2022-02/26/content_5675758.htm，最后访问日期：2024年8月26日。

倡议"，旨在加快落实联合国《2030年可持续发展议程》，坚持以人民为中心，倡导真正多边主义，主张充分发挥联合国体系的积极作用，提升发展中国家在国际组织中的话语权，共同解决世界帝国衰败带来的治理难题，共建"天下一家"，共享"天下大同"。依据2023年发布的《全球发展高层对话会成果清单》中的32项务实举措已有一半实施完成或取得早期成果；全球发展倡议项目库首批50个务实合作项目清单涉及减贫、粮食安全、工业化等多个领域，10多个项目已经实施完毕，剩余项目正在积极推进；目前，项目库务实合作项目总数已突破100个，近40个发展中国家正从中受益。[①]中非合作论坛北京峰会期间，《中非关于在全球发展倡议框架内深化合作的联合声明》发布，"各方同意，共商共建共享全球发展项目库和资金库，用好全球发展和南南合作基金、落实全球发展倡议140亿美元专项资金等，不断拓宽国际发展合作融资方式，深化双多边及三方合作，打造更多惠及非洲国家的发展合作项目，共同加快落实联合国2030年可持续发展议程"。[②]

（三）经济建设是手段，实现中非共同发展

"共识"呼吁各国坚持以经济建设为中心，支持各国探索基于资源禀赋、经济发展水平、文明特性和社会制度的现代化模式。《中非合作论坛—北京行动计划（2025—2027）》指出，双方尊重彼此自主选择政治制度的权利，支持彼此探索基于自身文明特色和发展需求的现代化模式，将不断深化治国理政、现代化发展、减少贫困等经验交流。进入21世纪第二个十年，国际力量对比消长变化，全球南方群体性崛起，但也面临着贫困、粮食安全、债务危机等挑战，归根结底是经济发展不平衡问题。非洲国家历史上长期受殖民统

[①] 《〈全球发展倡议落实进展报告〉在北京发布》，中华人民共和国中央人民政府官网，https://www.gov.cn/yaowen/liebiao/202306/content_6887479.htm，最后访问日期：2024年8月24日。

[②] 《中非关于在全球发展倡议框架内深化合作的联合声明》，中华人民共和国中央人民政府官网，https://www.gov.cn/yaowen/liebiao/202409/content_6972791.htm，最后访问日期：2024年9月7日。

治，发展模式受西方影响。事实表明，盲目照搬西方发展制度无助于建立可行的现代化经济发展基础。自20世纪60年代以来，非洲国家先后采取了继承前宗主国经济发展模式、结构调整计划、向美国等西方国家寻求援助以实现经济发展和增长等措施，但时至今日，这些"药方"收效甚微，非洲国家越来越认识到西方强加的发展模式水土不服，希望独立探索符合本国实际的发展道路，自主意识不断觉醒。非盟《2063年议程》第二个十年实施计划将"每个非盟成员国都至少达到中等收入水平"作为首要目标，重视贸易、数字、旅游、蓝色经济、农业等领域的发展，促进包容、公平和可持续的经济增长。中国充分发挥自身大国优势、后发优势、比较优势，坚定不移走特色鲜明的自主发展道路，经济向好态势持续巩固增强，2024年上半年国内生产总值61.7万亿元，同比增长5.0%，新动能加快成长，高质量发展取得新进展。党的二十届三中全会谋篇布局新时代新征程，提出的200多项改革举措将使中国经济更具韧性。毛里塔尼亚总统加兹瓦尼表示，中国的成功经验将激励非洲国家实现非盟《2063年议程》，启迪广大发展中国家积极探索符合自身特点的发展道路。①

立足当下，面向未来。在以中国式现代化奔赴繁荣未来的同时，中国坚持与广大发展中国家共同发展。2023年我国与共建"一带一路"国家的货物贸易额达19.5万亿元，增长2.8%；在共建国家节能环保类承包工程完成营业额增长28.3%；累计与22个共建国家建立贸易畅通工作组，与55个共建国家建立投资合作工作组，"丝路电商"伙伴国已增加到30个，有力促进了国家间经贸合作和全球经济发展。②未来三年，中国将着重在经贸领域深入开展对非合作，"扩大非洲农产品准入，深化电商等领域合作，实施'中非质量提升计划'""商签共同发展经济伙伴关系框架协定""为非洲大陆自由贸易区建

---

① 郝瑞敏：《"引领全球南方加强团结合作"——访毛里塔尼亚总统加兹瓦尼》，《人民日报》2024年9月5日，第7版。
② 《高质量共建"一带一路"走深走实》，中华人民共和国中央人民政府官网，https://www.gov.cn/yaowen/liebiao/202402/content_6933127.htm，最后访问日期：2024年8月24日。

设提供帮助，深化物流和金融合作，助力非洲跨区域发展""协助制定经济社会发展规划"等，为推进世界现代化开辟新的增长空间。①

（四）扩大开放是路径，互利共赢展现韧劲

"共识"呼吁各国坚持独立自主和改革开放的有机平衡。"开放共赢"是中非携手推进现代化的目标之一。习近平主席指出，"互利合作是符合各国长远和根本利益的阳光大道；中方愿同非方深化工业、农业、基础设施、贸易投资等领域合作，树立高质量共建'一带一路'的标杆，共同打造落实全球发展倡议的样板"。②独立自主与对外开放具有内在联系，两者互相促进、融会贯通。独立自主是对外开放的基础和前提，真正的对外开放是以本国意识为主导的，基于自身需求和实际实施的；对外开放有助于增强国家独立自主能力，国家立足本国实际对外开放，吸收借鉴先进技术和发展模式，推进本国经济繁荣，提升自主发展能力。当今世界，各国相互联系日益紧密，相互依存程度空前加深，全球问题需要各国共同作答。在你中有我的命运共同体中，全球南方在全球产业链重构中日益发挥着关键作用，成为拉动世界经济增长的主要动因，新兴市场国家和发展中国家过去20年内对世界经济增长的贡献率高达80%，过去40年国内生产总值的全球占比从24%增至40%以上。③

改革开放是中国大踏步赶上时代的重要法宝，党的二十届三中全会强调开放是中国式现代化的鲜明标识。党的十八大以来，为顺应经济全球化，中国开启了由商品和要素流动型开放向制度型开放转变的伟大变革，通过自由

---

① 习近平：《携手推进现代化，共筑命运共同体——在中非合作论坛北京峰会开幕式上的主旨讲话》，中华人民共和国中央人民政府官网，https://www.gov.cn/yaowen/liebiao/202409/content_6972495.htm，最后访问日期：2024年9月7日。
② 习近平：《携手推进现代化，共筑命运共同体——在中非合作论坛北京峰会开幕式上的主旨讲话》，中华人民共和国中央人民政府官网，https://www.gov.cn/yaowen/liebiao/202409/content_6972495.htm，最后访问日期：2024年9月7日。
③ 马卓言、邵艺博：《金砖国家这支积极、稳定、向善的力量将蓬勃发展》，新华社，http://www.news.cn/world/2023-08/23/c_1129819716.htm，最后访问日期：2024年8月22日。

贸易区战略、自贸试验区改革和共建"一带一路"三条路径加以推进，改革成效受到世界瞩目。尼日利亚总统提努布表示，中国改革开放已经取得伟大成就，尼方也在推行改革开放，尼中深化经济合作、发展全面战略伙伴关系对于尼日利亚未来发展非常重要。①近年来，伴随经贸摩擦加剧、贸易保护主义盛行，中国稳步扩大制度型开放，确保国家经济高质量发展，助推全球南方共同成长。中非合作被视为南南合作的典范，中国坚持打造对非开放高地，发挥双方巨大的市场优势，目前，中国是对非投资规模最大的发展中国家，已连续15年是非洲最大贸易伙伴，2023年中非贸易额达历史峰值2821亿美元，②中非在开放合作中互利共赢，共同发展。中非携手推进现代化"十大伙伴行动"进一步深化中国对非开放合作，"中方愿主动单方面扩大市场开放，决定给予包括33个非洲国家在内的所有同中国建交的最不发达国家100%税目产品零关税待遇，成为实施这一举措的首个发展中大国和世界主要经济体，推动中国大市场成为非洲大机遇"。③

三 中非自主发展合作现状与成效

目前，中非皆以各自发展实践为基础，探寻符合自身国情的前进道路。在共同推进公正合理、开放共赢、人民至上、多元包容、生态友好、和平安全的现代化道路上，包括中非在内的全球南方国家日益加深政治、经济、文化等方面合作，发展的自主性不断增强，成为推动"再全球化"进程不可或缺的力量。

---

① 《习近平同尼日利亚总统提努布会谈》，中华人民共和国中央人民政府官网，https://www.gov.cn/yaowen/liebiao/202409/content_6972137.htm，最后访问日期：2024年9月7日。
② 《中非经贸合作取得丰硕成果》，中华人民共和国中央人民政府官网，https://www.gov.cn/yaowen/shipin/202408/content_6969766.htm，最后访问日期：2024年8月22日。
③ 习近平：《携手推进现代化，共筑命运共同体——在中非合作论坛北京峰会开幕式上的主旨讲话》，中华人民共和国中央人民政府网，https://www.gov.cn/gongbao/2024/issue_11586/202409/content_6975095.html，最后访问日期：2024年11月22日。

（一）政治上，联合自强态势凸显

金砖国家、上海合作组织等机制实现扩员，共建"一带一路"迈入高质量发展新阶段，展现出"同行者日众"的发展势头，其背后是全球南方国家的普遍觉醒和联合自强。

全球南方日益受到国际关注。大变局下，国际秩序正经历深刻复杂变化，全球南方被视为影响国际秩序变革的一支重要力量，被国际社会频繁提及、关注和讨论，可视性达到新高。英国《金融时报》将"全球南方"评为2023年年度词之一；[1] 在第78届联合国大会期间，"全球南方"议题受到重点关注。欧盟、七国集团等也开始将目光投向全球南方。2024年，慕尼黑安全会议创纪录地邀请众多全球南方国家代表参会，发布的《2024年慕尼黑安全报告》数十次提及"全球南方"；七国集团峰会专门设定"加强与全球南方的联系"议程。

全球南方自主意识上升。从冷战时期到全球化时代，从夹缝中生存的"第三世界"到崛起的"全球南方"，全球南方国家的核心诉求始终如一——要尊重、要平等、要发展，联合自强的态势将越发凸显。非洲各国独立自主意识不断觉醒，2023年以西非为主的前法属殖民地国家极速完成与前宗主国的"解绑"，实现政治去殖民化；津巴布韦、几内亚等国总统强烈谴责西方国家滥用制裁、干涉非洲内政；[2] 尼日利亚民众要求欧盟撤回旨在扰乱尼大选的观察员报告；[3] 南非议员强烈谴责美国长期对非洲国家实施监听的行径。[4] 此外，在苏丹内战、刚果（金）东部安全危机、"复兴大坝"争端等安全问题

---

[1] Financial Times, "Year in a Word 2023", https://www.ft.com/content/50161391-17fb-4551-b1ca-6060e6936aac, accessed August 8, 2024.
[2] 《非洲领导人在联合国大会谴责西方滥用制裁干涉内政》，光明网，https://m.gmw.cn/2023-09/22/content_1303521790.htm，最后访问日期：2024年8月26日。
[3] 《尼日利亚民众要求欧盟撤回关于尼大选的观察员报告》，环球网，https://world.huanqiu.com/article/4Dbq9ZIey1r，最后访问日期：2024年8月26日。
[4] 《南非国民议会事务委员会主席：美国监听行径侵犯非洲国家主权和领土》，央视新闻网，https://content-static.cctvnews.cctv.com/snow-book/index.html?_swt=1&item_id=11660376197942620782，最后访问日期：2024年8月26日。

上，非洲国家均依靠自身力量协商解决，并取得了积极成果，可见非洲问题理应非洲解决。①

全球南方更加关注全球议题。俄乌冲突尚未平息，巴以冲突再次激化，地区和平与稳定屡遭破坏，全球安全问题亟待解决。非洲国家日益明确立场，拒绝选边站队，重新打出政治"不结盟"的大旗来保持中立，安哥拉等国还公开定义以促进本国发展为目标的"经济外交"。②中国在维护国际和平上发挥着关键作用，中国在安理会层面推动联合国关注非洲议题，坚持"非洲提出、非洲同意、非洲主导"的安全合作原则，反对西方国家的单边行动，积极参与联合国主导的维和任务，在亚丁湾护航及马里、苏丹、南苏丹、刚果（金）维和行动中发挥了关键性作用，中国"和平使者"的身份得到多方认可。

（二）经济上，合作共赢成效明显

在紧密的经济合作中，全球南方国家稳步塑造身份认同，团结一致，精诚合作，中非合作坚持以人民为中心，在经济发展中保障和改善民生。

独立自主推行经济发展模式。越来越多的非洲国家开始自主探索经济发展模式，提出了具有本国特色的发展战略。南非制订"经济重建和复苏计划"，旨在通过加大基础设施投资、推进再工业化等措施，创造就业机会，促进经济发展；埃塞俄比亚则提出"发展型国家"理论，倡导国家与私营部门合作，以农促工，推动经济发展；③尼日利亚自2023年5月以来推行大胆的政策改革，致力于基础、广泛和共享的经济繁荣，世界银行通过技术咨询和融资提供支持。④非洲大陆自由贸易区已正式实施，非洲经济一体化和区域经济

---

① 赵雅婷：《外交自主之路：从"被动参与"到"非洲方案"》，《世界知识》2024年第3期。
② 刘海方：《非洲：发出深沉而自信的"南方声音"》，《光明日报》2023年12月29日，第12版。
③ 谢江、宋盈：《非洲国家加速探寻自主发展道路》，新华网，http://www.news.cn/2023-09/22/c_1129878710.htm，最后访问日期：2024年11月20日。
④ "Turning the Corner: Nigeria's Ongoing Path of Economic Reforms"，https://www.worldbank.org/en/news/feature/2024/06/13/turning-the-corner-nigeria-ongoing-path-of-economic-reforms, accessed August 20, 2024.

融合加速推进，发展中国家之间签署了更多的双边、多边、区域经济贸易协定，全球南方国家之间不断减少贸易和投资壁垒，南南贸易在全球贸易结构中的地位出现明显上升。

金砖国家展现强劲经济实力。金砖国家作为全球南方代表，其经济的快速增长拉开了全球南方经济崛起的序幕，为国际经济秩序注入稳定剂。法国银行一项报告显示，扩员前的金砖国家在世界 GDP 中所占的比重已经超过七国集团，由于新兴国家经济的强劲增长，扩员后的金砖国家与七国集团之间的差距将进一步扩大，国际货币基金组织预测，到 2027 年，金砖国家将占世界 GDP 的 37.6%，而七国集团为 28.2%。[①]

国际合作民生项目落到实处。什么样的发展道路适合国家，人民最有发言权。皮尤研究中心的一项基于 35 个国家调查的研究报告显示，大多数全球南方国家的民众对中国持好感，认为中国在本国经济发展中扮演着推动者的积极角色，其中泰国、肯尼亚和孟加拉国的居民对中国持好感度最高。[②]中国的国际经济合作模式是基于目的地国家自身的产业需求和人民需要，坚持平等互利的合作原则，正普遍受到全球南方国家的认可与欢迎。近年来，中肯合作走在中非合作前列，推进了蒙内铁路、蒙巴萨油码头等一大批项目建设，共建"一带一路"合作成果丰硕，不仅为两国人民带来了福祉，更为中非合作树立了典范。全球南方坚持开放包容，主动谋发展、求合作，中国以全球发展倡议积极对接非盟《2063 年议程》以及非洲各国发展战略，助力非洲培育内生增长能力，创新发展合作理念和方式，目前已启动建设 13 个中非农业发展与减贫示范村，推动非洲 44 个国家实施数百个社会责任项目，[③]有

[①] "Expansion of BRICS: What Are the Potential Consequences for the Global Economy?" https://www.banque-france.fr/en/publications-and-statistics/publications/expansion-brics-what-are-potential-consequences-global-economy, accessed August 22, 2024.

[②] "Most People in 35 Countries Say China Has a Large Impact on Their National Economy", https://www.pewresearch.org/wp-content/uploads/sites/20/2024/07/pg_2024.07.09_global-views-china-2024_report.pdf, accessed August 22, 2024.

[③] 黄炜鑫、邹松、刘融等：《大力推动非洲减贫与发展进程（新时代中非合作）》，《人民日报》2023 年 6 月 25 日，第 3 版。

效推进非洲减贫与发展进程，力塑非洲自主发展权，推动构建全球发展命运共同体。

（三）文明上，交流互鉴持续繁荣

习近平主席深刻指出"中国人民愿同各国人民一道，秉持和平、发展、公平、正义、民主、自由的全人类共同价值"，①以全人类共同价值引领实现人类命运共同体，各国共同努力，凝聚共识，拓展合作。全人类共同价值遵循真理尺度和价值尺度的统一，尊重各国文化传统、社会制度和发展权利，批判和超越西方所谓的"普世价值"。中国始终坚持独立自主、和平发展、合作共赢的外交传统，通过落实共建"一带一路"、金砖国家、中非合作论坛等国际合作机制，弘扬和践行全人类共同价值。"共识"的提出是中非双方思想和观念自主性提升的体现，是双方在发展道路上的共同认知和承诺。中国和非洲都是重要的文明发祥地，中非人文交流历久弥新，在合作共赢中发展理念愈加契合，这是实现更高水平中非合作的重要力量源泉。

价值观共享。有效化解异质文明交流和碰撞中产生的矛盾与冲突，在重视各民族文明特殊性的基础上凝练全人类共同遵循的价值共识，是全球一体化面临的时代课题。②当代中国与世界研究院发布的《中国民主实践与现代化发展全球调查报告2023》显示，23国受访者对全人类共同价值的平均认可度达到90.9%，连续3年超过90%，发展中国家认可度高于发达国家，越是年轻的受众认可度越高。③非洲国家支持和认可全人类共同价值，也愿意参与弘扬全人类共同价值的全球性实践，卢旺达与中国发布《关于共同推动落实三大全球倡议的联合声明》，"卢方赞赏习近平主席提出的全球文明倡

---

① 《习近平致信纪念〈世界人权宣言〉发表70周年座谈会》，中华人民共和国中央人民政府官网，https://www.gov.cn/xinwen/2018-12/10/content_5347429.htm，最后访问日期：2024年8月24日。
② 张哲文、李玉用：《全人类共同价值三维审视》，《中学政治教学参考》2024年第28期。
③ 段丹洁：《〈中国民主实践与现代化发展全球调查报告2023〉发布》，中国社会科学网，https://www.cssn.cn/skgz/bwyc/202403/t20240328_5742661.shtml，最后访问日期：2024年9月7日。

议"，"赞同倡议所倡导的尊重世界文明多样性，弘扬全人类共同价值，重视文明传承和创新，加强国际人文交流合作等理念"，"承诺将进一步落实全球文明倡议"。①

文化自主性增强。"文明特别是思想文化是一个国家、一个民族的灵魂。无论哪一个国家、哪一个民族，如果不珍惜自己的思想文化，丢掉了思想文化这个灵魂，这个国家、这个民族是立不起来的。"②文化自主发展是非洲复兴和发展的内生动力。非洲有着非常丰富的本土文化，但在殖民历史中，有些思想和文化并没有得到很好的传承，近年来，非洲国家对文化遗产保护、传承和发展的关注度显著上升，成为非洲各国自主发展战略在文化领域的重要表现。③非盟《2063年议程》将建立"一个具有强烈文化认同、共同遗产、共同价值观和道德规范的非洲"作为七大愿景之一，④体现出非洲文化的自信、自主和自强精神。

文明交流互鉴。文明的发展是一个国家独立自主发展的重要标志，交流互鉴是文明发展的本质要求。习近平主席提出"文明交流互鉴理念"，强调文明多样性，弘扬全人类共同价值，推动全球文明倡议，建设世界文明百花园。这与非洲提出的"对话哲学"不谋而合，主张产生于世界各地不同历史文化传统的哲学思想在普遍理性空间展开跨文化的、平等开放的会话与比较。⑤基于价值认同，中非人文交流日益活跃，以此为样板，中国开展一系列人文

---

① 《中华人民共和国和卢旺达共和国关于共同推动落实三大全球倡议的联合声明》，中华人民共和国中央人民政府官网，https://www.gov.cn/yaowen/liebiao/202409/content_6972591.htm，最后访问日期：2024年9月7日。
② 习近平：《在纪念孔子诞辰2565周年国际学术研讨会暨国际儒学联合会第五届会员大会开幕会上的讲话》，中华人民共和国中央人民政府网，https://www.gov.cn/xinwen/2014-09/24/content_2755666.htm，最后访问日期：2024年10月28日。
③ 李文刚：《文化自主之路：非洲复兴和发展的内生动力》，《世界知识》2024年第3期。
④ "Our Aspirations for the Africa We Want", https://au.int/en/agenda2063/aspirations#:~:text=Aspiration%205%3A%20An%20Africa%20with%20a%20strong%20cultural,African%20people%E2%80%99s%20and%20her%20diaspora%E2%80%99s%20will%20be%20entrenched, accessed August 22, 2024.
⑤ 胡钰、李亚东：《全球文明倡议下中非出版合作的文化基础与实践路径》，《出版发行研究》2024年第5期。

交流活动，举办文明交流互鉴对话会、亚洲文明对话大会等，拓展文明对话空间；扩容亚洲文化遗产保护联盟，推动文化遗产保护国际合作向纵深发展；实施"文化丝路"计划，举办"阿拉伯艺术节"，与突尼斯共同举办"文明大讲堂"等，传播不同文明之美，中国以开放胸怀推动不同文明交流互鉴，携手各方共促人类文明进步，在多彩文明的交融中推动构建人类命运共同体。

四　中非携手推进自主发展的路径

习近平主席在中非合作论坛北京峰会开幕式上的主旨讲话中强调："实现现代化是世界各国不可剥夺的权利。中非要携手推进公正合理的现代化，加强治国理政经验交流，支持各国探索适合本国国情的现代化道路，确保各国权利平等、机会平等；要携手推进开放共赢的现代化，深化工业、农业、基础设施、贸易投资等领域合作，树立高质量共建'一带一路'的标杆，共同打造落实全球发展倡议的样板；要携手推进人民至上的现代化，积极开展人才培养、减贫、就业等领域合作，提升人民在现代化进程中的获得感、幸福感、安全感，共同推动现代化惠及全体人民。"① "共识"坚持以人民为中心推进国家自主发展，在扩大开放中实现共同繁荣发展，中非应将"共识"转化为具体实践，深入推进各领域合作，携手实现公正合理、开放共赢、人民至上、多元包容、生态友好、和平安全的现代化，共筑新时代全天候中非命运共同体，开启全球南方现代化发展新篇章，为构建高水平人类命运共同体打造新样板。

（一）以制度引领发展，明晰现代化前进方向

在元首外交引领下，继续扩大"金砖"、共建"一带一路"朋友圈，促进

---

① 习近平：《携手推进现代化，共筑命运共同体——在中非合作论坛北京峰会开幕式上的主旨讲话（全文）》，中华人民共和国中央人民政府官网，https://www.gov.cn/yaowen/liebiao/202409/content_6972495.htm，最后访问日期：2024年9月7日。

互联互通和经济合作，实现共同繁荣。推进多双边对接合作。借助和增强联合国力量，推动全球发展倡议，对接联合国《2030年可持续发展议程》、非盟《2063年议程》等各区域性组织发展战略，以联合国、非盟为主要合作方，在多边层面加强共识，优化资源配置，通力合作推动非洲大陆一体化与增强自主性；对接各国发展规划，发展具体合作项目，如农业合作、基建、教育、旅游等，实现"多边为主、双边为辅"的合作格局。建立项目评估监督机制。与联合国开发计划署、非盟委员会合作组建评估机构，探索建立与联合国南南合作标准相符合的、以中非为主体的评估监督机制，定期对合作项目实施进程与后续使用情况进行评估、监督和反馈，提升合作项目的透明度，提高资金使用效率。优化项目透明机制。建立中非合作项目数据库平台，整合所有合作项目，公开项目背景、资金来源、执行进度、环境影响评估、效益评估报告等详细信息，实时更新工程进度，便于政府间监管，为学术研究、媒体监督及公众查询提供权威渠道，增强公众对项目接受度和信任感。让利益相关方随时掌握最新情况，有效提升了项目执行的透明度和效率。形成中非治国理政经验交流体系。高度凝练中国发展和中非合作经验，构建中非现代化发展自主知识体系，与联合国相关机构合作，建立减贫、经贸、城市治理等多领域知识共享平台，开展经验分享座谈会；同非洲办好尼雷尔领导力学院，持续举办"共塑未来"非洲政党干部研讨班，打造中非治国理政经验交流平台。

（二）以开放促进发展，拓展经济发展新空间

国民经济保持持续发展的重要动力在于改革开放的持续赋能，要求以发展优先为核心，实现有限资源在发展领域的合理分配，保障中非合作动力持续。以制度型开放促进贸易创新发展。大力推进高水平自贸协定、双边投资协定的商签工作。推动海关当局紧密合作，深化中非海关AEO互认合作，制定更加灵活的原产地标准，在货物贸易、服务贸易方面，给予非方更多实惠。确保符合进出口合规制度的情况下，扩大农食产品贸易协定的额度和范围、

减免关税、降低非关税壁垒等，推动农食产品贸易便利化。促进中非贸易人民币结算与货币互换规模扩大，推动人民币跨境贸易结算和货币互换协议的签署，支持银行机构在依法合规前提下，通过单证电子化审核等方式简化结算流程，提高中非贸易人民币结算效率，促进中非经贸便利化水平的稳步提高，进一步实现人民币国际化。落实《中非经贸深度合作先行区建设总体方案》，借助中非经贸深度合作先行区，在扩大对外开放、便利对非合作上先行先试，进一步优化市场准入，强化市场集散功能，扩大自非进口。加快中非自贸区建设，持续加强国际国内自贸区之间的协同合作，形成"先行区引领，自贸区协同"的发展格局。完善公共商务信息平台，全方位地传播非洲投资信息，帮助企业解决对非洲国家投资环境不熟悉等问题。完善国际物流和运输服务体系。鼓励中非航空公司和物流公司合作开通更多货运航线，增加货运航班，加强互联互通和保障产业链、供应链建设。支持达累斯萨拉姆港等非洲一流强港建设，加快陆海新通道、空中丝绸之路建设，打造区域贸易和运输枢纽。鼓励航运企业、外贸出口企业共同整合海外物流资源，加强相关设施共享。

（三）以合力推进发展，助力非洲可持续发展

深入绿色发展、蓝色经济、数字经济等重点领域合作，拓展网络、太空、深海、极地、人工智能、生物科技等新兴领域合作，以多主体协力开展全方位、有重点的合作。协同打造良好科创环境。继续推进《推进"一带一路"建设科技创新合作专项规划》《中非科技伙伴计划》《中非科技伙伴计划2.0》，结合非洲各国实际科技发展需求和次区域组织的行动方案，制订更加有针对性的合作计划。统筹布局科技合作计划、建设科技合作基地、监管科技合作项目，发挥政行校企协同作用，贯通创新链、产业链、资金链、政策链，促进科技成果转化与应用。加强与非洲知识产权组织的合作磋商，共同推动大数据、人工智能、航空航天、基因技术等新领域新业态知识产权的保护，使科技立法与科技发展保持同步。联合培养急需人才。深化教育科技人才体制

机制一体化改革，强化产教融合、科教融汇，培养区域国别学科拔尖人才、非洲发展急需领域实战人才、中非合作重点产业拔尖创业人才，转变中非人口优势为人才优势，服务非洲发展和中非合作。智库发挥"智"能优势。鼓励中国与非洲知名智库建立合作关系，共同开展研究项目，促进知识共享和学术交流。招聘非洲学者到中国的非洲研究智库工作，支持中国智库学者深入非洲调研。建立"非洲国家智库青年人才"数据库，定期邀请青年人才到中国开展实地调研，真正深入地了解中国。建立中非智库数据化平台，整合信息，运用新一代信息技术手段发挥辅助决策功能，为中非深度合作献计献策，贡献力量。

（四）以质量保障发展，夯实中非现代化基础

共同富裕是人类文明发展中的难题。中非双方要积极落实《支持非洲工业化倡议》《中国助力非洲农业现代化计划》《中非人才培养合作计划》，支持非洲一体化和现代化建设。基于"非方有需求、中方有优势"，因地制宜，对不同国家采取差异化策略，一国一策开展工业化、农业现代化合作。制订持续多年的一揽子合作计划，在长期积累中形成可推广的示范性项目，在政策层面给予机制性优惠扶持，同时多领域全产业链开展合作，推动更多非洲农产品获得输华准入，积极扩大非资源性产品进口，提升非洲国家创汇能力。助力非洲减贫事业，推动实现人口规模巨大的现代化。落实《中国和非洲联盟加强中非减贫合作纲要》等宏观层面的纲领性指导文件，挖掘非洲各国、各贫困地区以及贫困群体致贫原因，结合中国力所能及因素，因需设置减贫具体合作项目，进一步提升双方减贫合作的成效。组织非洲人员深度参与中国基层扶贫对接乡村工作，更真切地了解中国减贫、共同富裕经验。继续探索以数字化手段、可再生能源、普惠金融等为抓手，致力于可持续发展的创新性减贫方法，提升发展成果普适性。中国继续加强对非技术转移、教育培训等能力建设合作，将规模巨大的人口转化为丰富的人力资源，以人才红利助力本国现代化发展。拓宽民意表达和沟通渠

道。重点关注非洲偏远农村地区居民需求，深入实地调研与访谈，与当地政府、企业、社会组织、社区、居民代表广泛交流，汇聚各社会团体和民众对项目的肯定和期望，形成项目后续实施的有力背书，让现代化发展成果更多、更公平惠及全体人民。

第四章　公平发展：推进公正合理的现代化

"共识"呼吁公平发展，推进平等有序的世界多极化。中国与非洲各国携手共建现代化，成为推进平等有序的世界多极化的重要力量，但在国际社会中依然遭遇各种不公正的对待。"共识"体现了中非携手推进国际关系民主化、捍卫各国主权信念、优化全球资源配置、恪守全球治理原则等丰富内涵，有利于推动双方共同建设具有本国特色的现代化，加快构建高水平的中非命运共同体。"共识"系统阐述"公平发展"的理论逻辑，以及"平等有序的世界多极化"的应然状态，为中非提升全球治理能力、完善全球治理体系指明了方向。中国与非洲各国要增进多边互动，不断调整和优化公平发展机制；防范内外风险，扩大全球各国公平发展的机会；加强人文交流，深化公平发展理念，进一步推动平等有序的世界多极化。

"共识"第二条提出，"我们呼吁公平发展，推进平等有序的世界多极化。加快推进国际关系民主化，切实提升发展中国家在国际体系中的代表性和话语权，及时纠正非洲遭受的历史不公。捍卫各国主权、领土完整和发展权利。推动全球资源优化配置，破解国家间和各国内部发展失衡问题，使国家不论大小、强弱、贫富，都享有平等的发展机会。以共商、共建、共享为原则，推动全球治理朝着更加公正合理的方向发展"。

公平发展符合世界各国的根本利益，也是全球南方共同的呼声。中国始终坚持在平等的基础上同非洲各国展开合作，携手构筑中非命运共同体。当前，非洲部分国家内部冲突与动荡持续发生，经济的脆弱与巨额的债务依然面临严峻考验，成为"一个强大、团结、有韧性和有影响力的全球参与者和合作伙伴"是非盟《2063年议程》的重要目标之一。① 中国与非洲各国普遍希望获得更多的发展资源和空间，要求在全球治理体系中拥有更多的发言权。中国始终与非洲各国一道，积极推动公平发展议程，努力弥合南北差距，致力于推进平等有序的世界多极化。"共识"的发布，是中国与非洲各国落实公平发展、推进多边主义的重要成果，为构建高水平中非命运共同体奠定了基础。

一 "公平发展"共识的提出背景

中国与非洲各国始终坚持道义优先，走符合本国国情的现代化道路，携手参与全球治理，成为"推进平等有序的世界多极化"的重要力量。当下，中国与非洲各国在国际社会中依然遭受各种不公正对待，亟须中非双方发出正义的声音，推动国际治理走向有序化、稳定化、合法化。

（一）中非面临现代化建设的紧要任务

中国与非洲各国关于"走什么道路"的共识是"走独立自主的现代化发展道路"。历史上，中国与非洲各国都对本国"走什么道路"进行了卓有成效的探索，并积累了宝贵的建设经验。而今，走具有本国特色的现代化发展道路越来越成为中国与非洲各国的基本共识。中国在改革开放之初就提出了"中国式现代化"的命题，并历经几代领导集体的共同努力，逐渐形成了较为完备的理论与实践体系。非洲各国坚持走符合本国国情的现代化道路。2022年，非盟在《关于执行2063年议程的第二份大陆报告》中指出："在加快落实

---

① "Goals & Priority Areas of Agenda 2063", https//au.int/agenda2063/goals, accessed August 25, 2024.

《2063年议程》的机制安排方面，非盟委员会和非盟开发署开展合作，为共同应对非洲面临的一些紧迫挑战提供了独特机遇。"①肯尼亚非洲政策研究所中国非洲研究中心执行主任丹尼斯·穆内·姆瓦尼基认为："21世纪初，中国式现代化取得的成就点燃了非洲复兴的希望，推动非洲走上自主发展的现代化道路。"②"中国进一步全面深化改革、推进中国式现代化作出系统部署，将为包括非洲在内的世界各国带来更多发展机遇。"③2023年，金砖国家领导人第十五次会晤期间举办中非领导人对话会。会后，中方发布《支持非洲工业化倡议》《中国助力非洲农业现代化计划》《中非人才培养合作计划》三项举措，支持非洲一体化和现代化建设。④除此之外，中国先后发布全球发展倡议（2021）、全球安全倡议（2022），以及全球文明倡议（2023），并主持召开多届中非合作论坛，得到非洲各国的广泛响应与热烈支持。"中国是最大的发展中国家，非洲是发展中国家最集中的大陆，中非拥有相似的历史记忆，承担着共同的历史责任，孕育出好朋友、好兄弟、好伙伴的真挚情谊。"⑤2024年，新一届的中非合作论坛发布《中非合作论坛—北京行动计划（2025—2027）》《关于共筑新时代全天候中非命运共同体的北京宣言》等重要文件，为推动中非现代化进一步深入发展、携手共筑高水平中非命运共同体绘就宏伟蓝图。

---

① African Union Commission and African Union Development Agency–NEPAD,"AUC & AUDA-NEPAD Second Continental Report on the Implementation of Agenda 2063", South Africa, 2022.
② 文翁榕：《中国与非洲的民主和现代化道路》，中国社会科学网，https://www.cssn.cn/skwxsdt/gjhy/202403/t20240313_5738219.shtml，最后访问日期：2024年8月23日。
③ 《关于共筑新时代全天候中非命运共同体的北京宣言（全文）》，外交部官网，https://www.mfa.gov.cn/web/ziliao_674904/1179_674909/202409/t20240905_11485966.shtml，最后访问日期：2024年9月5日。
④ 《中非领导人对话会发布〈支持非洲工业化倡议〉〈中国助力非洲农业现代化计划〉〈中非人才培养合作计划〉》，中华人民共和国中央人民政府网，https://www.gov.cn/yaowen/liebiao/202308/content_6900010.htm，最后访问日期：2024年8月24日。
⑤ 王毅：《奋楫扬帆，在共筑高水平中非命运共同体道路上携手前行——写在2024年中非合作论坛峰会召开之际》，外交部官网，https://www.mfa.gov.cn/wjbzhd/202409/t20240902_11483142.shtml，最后访问日期：2024年9月7日。

（二）中非成为推进平等有序的世界多极化的重要力量

1971年，第二十六届联合国大会以压倒性多数通过第2758号决议，恢复中华人民共和国在联合国的合法席位，从此新中国在国际舞台上发挥越来越重要的作用。提案的23个国家中有11个来自非洲，76张赞成票中有26张来自非洲。在当今复杂多变的国际形势下，中非双方共同弘扬多边主义，旗帜鲜明地反对保护主义和单边主义，在涉及彼此核心利益和重大关切的问题上互相支持，维护发展中国家共同利益。中非合作实践和理念为发展中国家在国际事务中合作树立了典范，也为改革全球治理体系提供了重要方案。

新时代以来，中非共同捍卫国际公平正义，成为推动全球治理体系和国际秩序变革的重要合作伙伴。中国与非洲各国依托各级各类合作倡议、国际组织，成为推进平等有序的世界多极化的重要力量。其一，"一带一路"倡议为中国与非洲各国公平发展提供了框架与平台。2013年，习近平主席提出建设"丝绸之路经济带"和"21世纪海上丝绸之路"的合作倡议（以下称"一带一路"倡议）。截至2023年，非洲国家已有52个国家加入"一带一路"倡议之中。① "一带一路"倡议坚持发展优先，并遵循尊重、平等、团结和多边主义的基本原则，直接回应非洲大陆的许多关键需求，正在让非洲大陆变得更好。② 其二，G20峰会为中国与非洲各国影响力的扩大创造了有利条件。2023年，在中国的大力支持下，新德里峰会正式将非盟纳入G20，全球南方占比进一步提升。非盟经济体在全球金融体系中地位受到其他经济体的重视，在全球贸易、金融、经济合作等领域，非洲各国越来越具有主动权和话语权。非盟委员会伙伴关系和资源调动司总干事史蒂夫·帕特里克·拉朗德说："被

---

① 推进"一带一路"建设工作领导小组办公室：《中国—非洲国家共建"一带一路"发展报告》，中国计划出版社，2023，第3页。
② 《国际观察："一带一路"合作让非洲大陆变得更好》，人民网，http://world.people.com.cn/n1/2024/0821/c1002-40303254.html，最后访问日期：2024年8月23日。

接纳为二十国集团正式成员,这有助于非盟在全球层面的政策制定中发出强有力声音,进一步促进世界发展。"① 其三,金砖国家组织扩员为中国与非洲各国改善国际秩序提供了有效载体。2024 年,沙特、埃及、阿联酋、伊朗、埃塞俄比亚成为金砖国家正式成员。至此,金砖国家组织中非洲国家占比进一步上升,话语权进一步加重。中共中央政治局委员、外交部长王毅认为,"金砖扩员是'全球南方'群体性崛起、世界多极化进程加速推进的体现"。② 其四,中非共同捍卫国际公平正义,为世界发展合作树立典范。中非合作是发展中国家间的互帮互助。中国在对非合作中始终践行"四个坚持"和"五不"原则,一以贯之,日积月累,形成了一条特色鲜明的中非合作共赢之路。"四个坚持",即坚持真诚友好、平等相待;坚持义利相兼、以义为先;坚持发展为民、务实高效;坚持开放包容、兼收并蓄。"五不"原则,即中国不干预非洲国家探索符合国情的发展道路,不干涉非洲内政,不把自己的意志强加于人,不在对非援助中附加任何政治条件,不在对非投资融资中谋取政治私利。"这些原则符合中国'己所不欲,勿施于人'的传统理念,契合非洲国家的根本利益和国际关系的基本准则,是中非团结合作的本质特征,对国际对非合作具有重要借鉴意义。"③

(三)中非遭遇不公正对待的相似处境

在国际社会中,中国与非洲各国遭遇不公正对待。其一是中国与非洲各国均遭受非法制裁。美国拜登政府唯恐中国在产业链中占据更多主导地位,实现技术赶超,威胁美国霸权,而试图通过对华滥施非法单边制裁和"长臂管辖",以"卡脖子"的方式阻遏中国科技发展,剥夺中国的发展权

---

① 冯启迪、吴夏:《非盟受邀成为二十国集团正式成员》,新华网,http://www.news.cn/2023-09/09/c_1129854838.htm,最后访问日期:2024 年 10 月 31 日。
② 《王毅:共同点亮全球治理的"南方时刻"》,央视网,https://news.cctv.com/2024/03/07/ARTIun8LKeXvDbLpKjSBHW8S240307.shtml,最后访问日期:2024 年 11 月 20 日。
③ 中华人民共和国国务院新闻办公室:《新时代的中非合作》,中华人民共和国中央人民政府网,https://www.gov.cn/zhengce/2021-11-26/content_5653540.htm,最后访问日期:2024 年 8 月 27 日。

利。① 长期以来，美国等部分西方国家和组织通过非法制裁等方式破坏非洲发展，还对别国帮助非洲的行动大肆干扰，是非洲实现独立自主发展的"绊脚石"。② 其二是中国与非洲国家内政经常遭到无理干预。"过去十年，美国和法国打着'反恐'旗号在非洲萨赫勒地区驻军，但当地恐怖主义威胁却愈演愈烈。美法两国以'反恐'为名在非洲国家驻军，却导致当地滋生更多战乱冲突，其干涉内政的行径更是引发相关国家民众强烈不满。"③ 针对美国对台军售，中国外交部发言人毛宁指出："台湾是中国的台湾，不是美国干涉中国内政的棋子。美国对台军售违反一个中国原则和中美三个联合公报，中方坚决反对。"④ 其三是中国与非洲各国的文明与文化遭到恶意贬低。"西方殖民主义建构了包括非西方世界在内的世界历史图景，但是抹杀了非西方世界的伟大成就和贡献，制造出了西方主导的西方中心论这套霸权话语体系，并企图以此钳制亚非拉的独立自主发展。"⑤ 按照西方理性主义和近现代资本扩张的逻辑，中国与非洲各国的文明与文化都应该被安置在"落后"的地方。"中非之间有相似的历史遭遇、共同的奋斗历程、一致的发展任务，必将携手捍卫发展中国家发展空间和共同利益，为世界注入更多正能量和确定性"。⑥

二 "公平发展"共识的基本内涵

"我们呼吁公平发展，推进平等有序的世界多极化"在国际政治范畴下

---

① 章思远：《美国对华滥施非法单边制裁必然失败》，新华网，http://www.news.cn/world/20240425/665fd1acf21f438b89be9e3cb4698d3d/c.html，最后访问日期：2024年11月20日。
② 郭言：《"反制裁日"凸显美滥施制裁不得人心》，《经济日报》2023年10月27日，第3版。
③ 王泽：《非洲国家为何要求西方驻军撤离》，新华网，，https://www.news.cn/world/20240428/6bccccf2118146c58602ca07c403da6d/c.html，最后访问日期：2024年12月17日。
④ 马卓言：《外交部：美国对台军售做的是赚取台湾民众血汗钱的生意》，新华网，http://www.news.cn/tw/20240723/2ebb97c11f86403c9facdcb09f18dca4/c.html，最后访问日期：2024年11月20日。
⑤ 邢媛媛：《从咖啡历史透视"西方中心论"的话语操纵》，中国社会科学网，https://www.cssn.cn/skgz/bwyc/202403/t20240311_5737636.shtml，最后访问日期：2024年11月20日。
⑥ 《中非合作论坛—北京行动计划（2025—2027）》，外交部官网，https://www.fmprc.gov.cn/zyxw/202409/t20240905_11485697.shtml，最后访问日期：2024年9月5日。

具有多维度、多层次的内涵。"公平发展"是中国与非洲各国在国际社会中生存的基本条件，也是确证自身国格的重要依据。一方面，稳定而良序的国际社会必须承认和尊重中国与非洲各国对公平发展机会的诉求。另一方面，"公平发展"也是解决国际冲突、维持国际良序，以及促进世界和谐的有效路径。"公平"作为"发展"的修饰限定语——它意味着"发展"始终存在一种优先的价值设定。"公平"，既有"公道"与"平衡"相结合之义，亦有"公正"与"平等"相结合之义。① 以"公平"修饰"发展"，顾名思义，就是要落实公正的原则，尊重中国与非洲各国的平等地位，继而实现发展的公道性和平衡性。"世界多极化"则是一种尚未定型的趋势，会随着中国与非洲各国综合实力的变化而变化。当然，中国与非洲各国综合实力的提升在某种程度上还是要依靠或争取在国际社会中获得公平发展的机会。因此，以"平等有序"修饰"世界多极化"，就是要以公正合理的秩序来维护中国与非洲各国在国际社会中的平等地位，保证"推动世界多极化"拥有稳定而充分、有效且持续的建设性力量。

（一）推进国际关系民主化

"共识"中"加快推进国际关系民主化，切实提升发展中国家在国际体系中的代表性和话语权，及时纠正非洲遭受的历史不公"存在三个子议题。

其一，加快推进国际关系民主化。国际关系民主化具有基础性和过程性，不可能一蹴而就，尤其是需要中国与非洲各国做出典范与表率。"加快推进"则表明了在世界范围内国际关系民主化的急切性与紧迫性。"中非双方在反帝反殖的斗争中结下了牢不可破的兄弟情谊，在发展振兴的征程上走出了特色鲜明的合作之路，在纷繁复杂的变局中谱写了守望相助的精彩篇章，为构建新型国际关系树立了光辉典范。"② 中国与非洲各国推动共商、共建、共享的全

---

① 刘向：《战国策（全二册）》，中华书局，2012，第60页。
② 习近平：《同舟共济，继往开来，携手构建新时代中非命运共同体——在中非合作论坛第八届部长级会议开幕式上的主旨演讲》，中华人民共和国中央人民政府网，https://www.gov.cn/xinwen/2021-11/29/content_5654846.htm，最后访问时间：2024年11月20日。

球治理，践行全人类共同价值，推动构建新型国际关系，共同迈向和平、安全、繁荣、进步的光明前景。①"中非将进一步加强战略沟通，密切国际事务协调，旗帜鲜明地维护国际关系民主化的大方向，齐心协力应对疫情、减贫、反恐、气候变化等全人类共同挑战，坚定捍卫真正的多边主义和发展中国家共同利益，共同维护以联合国为核心的国际体系、以国际法为基础的国际秩序、以联合国宪章宗旨和原则为基础的国际关系基本准则，推动全球治理体系朝着更加公正合理的方向发展。"②

其二，切实提升发展中国家在国际体系中的代表性和话语权。"切实提升发展中国家在国际体系中的代表性和话语权"有利于扩大发展中国家的影响力，弘扬全人类的共同价值。"中方支持非洲国家在全球治理特别是在解决全球性问题的包容性框架中发挥更大影响和作用"，"将继续支持二十国集团事务中涉及非洲的优先事项，赞赏并欢迎更多非洲国家加入金砖大家庭，欢迎喀麦隆籍人士担任第79届联合国大会主席"。③中国与非洲各国作为发展中国家的重要组成部分，要加强团结，增进共识，始终坚持在平等和相互尊重基础上开展对话与合作。"切实提升"要求包括中国与其他国家在内的发展中国家能够在国际社会中得到"民主实权"。"民主不是哪个国家的专利，而是各国人民的权利。"④"中国将继续同广大发展中国家站在一起，坚定支持增加发展中国家特别是非洲国家在国际治理体系中的代表性和发言权"，"中国在

---

① 《关于共筑新时代全天候中非命运共同体的北京宣言（全文）》，外交部官网，https://www.mfa.gov.cn/web/ziliao_674904/1179_674909/202409/t20240905_11485966.shtml，最后访问日期：2024年9月6日。

② 中华人民共和国国务院新闻办公室：《新时代的中非合作》，中华人民共和国中央人民政府网，https://www.gov.cn/zhengce/2021-11/26/content_5653540.htm，最后访问日期：2024年8月27日。

③ 《关于共筑新时代全天候中非命运共同体的北京宣言（全文）》，外交部官网，https://www.mfa.gov.cn/web/ziliao_674904/1179_674909/202409/t20240905_11485966.shtml，最后访问日期：2024年9月6日。

④ 《习近平：民主不是哪个国家的专利，而是各国人民的权利》，中华人民共和国中央人民政府网，https://www.gov.cn/xinwen/2021-09/22/content_5638603.htm，最后访问日期：2024年8月26日。

联合国的一票永远属于发展中国家"。①

其三，及时纠正非洲遭受的历史不公。"及时纠正非洲遭受的历史不公"涉及中国与非洲各国关于国际关系民主化的意识与推动国际关系民主化的能力。"及时纠正"则表明非洲遭受的历史不公问题尚未得到国际层面的有效解决。"2024年2月举行的第37届非盟峰会发布《关于建立推动公正事业和对非赔偿支付的统一战线的声明》，该声明反对贩奴、殖民主义、种族隔离等历史罪行，呼吁通过赔偿还非洲以公正。"②中国也愿同国际伙伴携手合作，真心实意帮助非洲发展振兴，以实际行动支持非洲纠正历史不公，推动构建更加公正合理的国际政治经济新秩序，真正提升非洲在多边治理体系中的代表性、发言权和决策权。③"（联合国）要致力于稳定国际秩序，提升广大发展中国家在国际事务中的代表性和发言权，在推动国际关系民主化和法治化方面走在前列。"④"中方在安理会改革问题上支持就优先解决非洲诉求作出特殊安排。"⑤

这三个议题事实上包括一个总议题和两个子议题，两个子议题具有递进关系。一方面，国际关系民主化表现为发展中国家在国际体系中代表性与话语权的提升，以及非洲遭受的历史不公得到及时纠正。另一方面，发展中国

---

① 习近平：《携手构建合作共赢新伙伴 同心打造人类命运共同体——在第七十届联合国大会一般性辩论时的讲话》，外交部官网，https://www.mfa.gov.cn/web/ziliao_674904/zyjh_674906/201509/t20150929_9869654.shtml，最后访问日期：2024年11月20日。
② 《关于共筑新时代全天候中非命运共同体的北京宣言（全文）》，外交部官网，https://www.mfa.gov.cn/web/ziliao_674904/1179_674909/202409/t20240905_11485966.shtml，最后访问日期：2024年9月6日。
③ 潘云召：《中国代表敦促西方国家承担历史责任纠正非洲历史不公》，新华网，http://www.news.cn/20240813/75730424029940b1bb91cf072cd4d940/c.html，最后访问日期：2024年11月20日。
④ 习近平：《坚定信心 共克时艰 共建更加美好的世界——在第七十六届联合国大会一般性辩论上的讲话》，外交部官网，https://www.mfa.gov.cn/web/ziliao_674904/zyjh_674906/202109/t20210922_9585660.shtml，最后访问日期：2024年11月20日。
⑤ 《关于共筑新时代全天候中非命运共同体的北京宣言（全文）》，外交部官网，https://www.mfa.gov.cn/web/ziliao_674904/1179_674909/202409/t20240905_11485966.shtml，最后访问日期：2024年9月6日。

家在国际体系中的代表性与话语权提升有助于及时纠正非洲所遭遇的历史不公，为非洲争取公平发展的机会。

（二）捍卫各国主权信念

"共识"中"捍卫各国主权、领土完整和发展权利"同样蕴含三个子议题。其一，捍卫各国主权。早在《威斯特伐利亚和约》中就已经确立主权原则，万隆会议则明确提出"互相尊重主权"的基本国际关系准则。国与国之间的平等在本质上是主权平等，公平发展必须以主权平等为基础。"主权平等，真谛在于国家不分大小、强弱、贫富，主权和尊严必须得到尊重，内政不容干涉，都有权自主选择社会制度和发展道路。"① "中国坚定支持非洲国家捍卫国家主权、维护民族独立，呼吁国际社会帮助非洲国家实现生存权和发展权，反对一切形式种族主义和种族歧视，积极推动解除针对非洲国家不合理的单边制裁。"② "厄立特里亚、南苏丹、苏丹、津巴布韦有权决定自己国家的命运，继续推进经济和社会发展，要求美西方结束对以上国家长期制裁和不公正待遇。"③ 中国与非洲各国应始终在主权优先的前提下展开各种交流与合作，防范美西方打着"人权大于主权"幌子干涉中非的内政外交。

其二，捍卫各国领土完整。国与国之间的有界性需要依靠地理意义上所占据的空间进行定义。一个现代国家必须拥有完整的领土，然而"国家分裂"成为领土完整的重要障碍。例如，持续至今的苏丹武装冲突成为破坏苏丹领土完整的重大隐患。④ 中国与非洲各国在捍卫领土完整议题上都存在诉求，这

---

① 习近平：《习近平著作选读》（第一卷），人民出版社，2023，第563页。
② 中华人民共和国国务院新闻办公室：《新时代的中非合作》，中华人民共和国中央人民政府网，https://www.gov.cn/zhengce/2021-11/26/content_5653540.htm，最后访问日期：2024年8月27日。
③ 《关于共筑新时代全天候中非命运共同体的北京宣言（全文）》，外交部官网，https://www.mfa.gov.cn/web/ziliao_674904/1179_674909/202409/t20240905_11485966.shtml，最后访问日期：2024年9月6日。
④ 《苏丹武装冲突双方继续在多地交火 平民伤亡严重》，央广网，https://news.cnr.cn/sq/20241027/t20241027_526954411.shtml，最后访问时间：2024年11月20日。

需要我们在国际社会上互相尊重彼此重大关切，维护彼此核心利益。《中国对非政策文件》指出，"进一步加强中非在联合国等国际机构和其他国际场合的交流与合作，就重大国际和地区问题保持沟通与协调，在涉及各自国家主权、领土完整、民族尊严和发展利益等重大问题上相互理解和支持，维护双方和发展中国家的共同利益"。①《关于共筑新时代全天候中非命运共同体的北京宣言》指出，"我们始终同其他发展中国家同呼吸、共命运，坚持独立、尊重主权和领土完整、不干涉内政、自主、团结、发展，反对意识形态划线和阵营对抗，在新一轮全球治理体系变革中维护好'全球南方'国家共同利益"。②

其三，捍卫各国发展权利。"发展是解决一切问题的总钥匙。"③"发展权"是一个主权国家的基本权利，关乎一个国家的存亡兴衰。在国际社会中，主权国家需要积极为本国争取、为他国创造公平发展的机会，以解决人类共同的根本性、生存性问题。中国致力于推动中非共同发展，从坦赞铁路到"一带一路"，向非洲各国提供力所能及的帮助，不断以中国发展为非洲各国提供新机遇。中国与非洲各国应尊重各自发展道路和基本制度，发挥好在中非合作中的相对优势，构建以合作共赢为核心的新型国际关系。"中国发展经验、适用技术、资金、市场等相对优势，有助于非洲破除基础设施不足和人才不足两大制约发展的瓶颈，有助于非洲把丰富的自然、人力资源优势和潜能转化为发展动力和惠及民生的成果，加速工业化和农业现代化进程，更好地实现经济独立和自主可持续发展，更好地实现持久和平与稳定。"④

---

① 《中国对非政策文件》，外交部官网，https://www.mfa.gov.cn/ziliao_674904/zt_674979/ywzt_675099/2015nzt/xzxffgcxqhbh_684980/zxxx_684982/201512/t20151205_9281983.shtml，最后访问日期：2024 年 8 月 27 日。
② 《关于共筑新时代全天候中非命运共同体的北京宣言（全文）》，外交部官网，https://www.mfa.gov.cn/web/ziliao_674904/1179_674909/202409/t20240905_11485966.shtml，最后访问日期：2024 年 9 月 6 日。
③ 习近平：《习近平著作选读》（第一卷），人民出版社，2023，第 593 页。
④ 《中国对非政策文件》，外交部官网，https://www.mfa.gov.cn/ziliao_674904/zt_674979/ywzt_675099/2015nzt/xzxffgcxqhbh_684980/zxxx_684982/201512/t20151205_9281983.shtml，最后访问日期：2024 年 8 月 27 日。

因此，这三个议题事实上包括一个基础议题和两个衍生议题，两个衍生议题之间是互补关系。一方面，是否拥有主权决定着是否有领土以及领土是否完整，也决定着在国际社会中有没有发展的权利。另一方面，任何发展都需要领土作为依托，而领土存在的最大价值就是被开发和利用，使本国人民得以繁衍生息，文明得以绵延传承。

（三）优化全球资源配置

"共识"中"推动全球资源优化配置，破解国家间和各国内部发展失衡问题，使国家不论大小、强弱、贫富，都享有平等的发展机会"内含三个子议题。

其一，推动全球资源优化配置。中国与非洲各国在全球资源配置格局中占据着相对的优势地位。中非是发展振兴道路上的好伙伴，是现代化道路的同行者。"追求实效是中非合作的鲜明特点，求'质'向'新'是中非合作的不懈追求，授人以渔是中非合作的作为担当。"[1] 中国常驻联合国副代表戴兵认为，非洲大陆自然资源丰富，发展潜力巨大，国际社会要帮助非洲国家政府加强管理自然资源的能力，推动建立更加公平合理的全球资源价值体系。[2] "中方支持非洲发展制造业，创造'非洲制造'品牌，鼓励中小微企业发展，充分发挥自然资源和人力资源优势，在全球价值链中提升到更高水平。"[3] 几内亚前总统阿尔法·孔戴表示，构建非洲能源互联网，将有力推动非洲清洁能源大规模开发利用和电网互联互通，带动矿产资源开发和深加工产业发展，加快非洲清洁化、工业化、电气化和区域一体化发展，促进非盟

---

[1] 和音：《坚定做非洲现代化道路的同行者——携手共建高水平中非命运共同体》，《人民日报》2024年8月26日，第3版。
[2] 《中方呼吁帮助非洲国家政府加强管理自然资源能力》，新华网，http://www.news.cn/world/2022-10/07/c_1129053735.htm，最后访问日期：2024年8月25日。
[3] 《中非合作论坛—北京行动计划（2025—2027）》，外交部官网，https://www.fmprc.gov.cn/zyxw/202409/t20240905_11485697.shtml，最后访问日期：2024年9月5日。

《2063年议程》和联合国《2030年可持续发展议程》落实，是造福非洲和全人类的伟大事业。①非洲联盟驻华代表拉赫玛特·奥斯曼指出，中国提出要充分利用国内国际两个市场、两种资源，积极推动进出口、外商投资、对外投资协调发展，将会对全球经济和社会格局产生重大影响。②

其二，破解国家间和各国内部发展失衡问题。中国始终坚持致力于提升非洲各国的发展水平。长期以来，中国秉持"授人以鱼，不如授人以渔"的原则，依托"一带一路"倡议，在交通、能源、电力、住房等领域实施了一批标志性工程和"小而美"项目，帮助弥合非洲各国基础设施赤字；通过资金支持、技术援助和人才培训，助推非洲工业化进程和农业转型升级；充分发挥自身超大规模的市场优势，拓宽非洲产品进入中国市场的渠道，为非洲企业提供发展机遇。③中国常驻联合国代表傅聪指出，在中非合作论坛框架下，中非双方开展全方位、多领域的务实合作，涉及基础设施、贸易、能源、卫生健康、数字经济、人文交流等各领域，成果遍及整个非洲大陆。④坦桑尼亚达累斯萨拉姆大学中国研究中心主任汉弗莱·莫西认为，非洲是世界上不发达国家集中的大陆，中非合作极大改变了非洲大陆的面貌，助力非洲国家解决发展不平衡和贫困等问题。⑤

其三，使国家不论大小、强弱、贫富，都享有平等的发展机会。中国与非洲各国始终坚持在平等的基础上展开各种合作。"公正合理的现代化"被置

---

① 《加快非洲能源转型与可持续发展推动全球能源互联网"中国倡议"在非洲落地》，中国江苏网，https://baijiahao.baidu.com/s?id=1610674210222826748&wfr=spider&for=pc，最后访问日期：2024年8月25日。
② 《加强中非经贸合作有助全球经济增长》，搜狐网，https://www.sohu.com/a/439305033_828358，最后访问日期：2024年8月25日。
③ 《从绝望到崛起，非洲发生了什么？》，新浪财经网，https://finance.sina.com.cn/jjxw/2024-08-22/doc-inckpefp9033317.shtml，最后访问日期：2024年8月27日。
④ 《常驻联合国代表傅聪大使在安理会关于纠正非洲历史不公高级别会议上的发言》，外交部官网，https://www.mfa.gov.cn/wjdt_674879/zwbd_674895/202408/t20240813_11471658.shtml，最后访问日期：2024年8月25日。
⑤ 《从绝望到崛起，非洲发生了什么？》，新浪财经网，https://finance.sina.com.cn/jjxw/2024-08-22/doc-inckpefp9033317.shtml，最后访问日期：2024年8月27日。

于中非要携手推进"六个现代化"之首项。①推进国家现代化建设，既要遵循现代化一般规律，更要符合本国实际。"中方愿同非方加强治国理政经验交流，支持各国探索适合本国国情的现代化道路，确保各国权利平等、机会平等。"②肯尼亚经济学家汉娜·赖德指出，与西方国家和机构对非合作不同，中国充分考虑非洲国家的需求和能力，对非合作的鲜明特点是以非洲的需求为驱动。③在双边国别合作领域，非洲54国与中国都存在经贸活动，双方达成了大量的合作框架，包括贷款协议、融资协议、框架协议、项目协议，以及谅解备忘录、发展规划、合作纲要、行动计划等，推动广泛的双边发展合作。④尼日利亚和平与冲突解决研究所研究员奥拉莱坎·奥克斯丁·巴巴图恩德认为，得益于中国的技术和创新援助，非洲的生产生活方式显著改善，信息、通信、交通、电力、农业、国防等领域在中国强有力的助推下蓬勃发展。⑤

因此，这三个议题从逻辑上看，分别指涉总要求、主要任务，以及最终效果。"推动全球资源优化配置"，一是要破除全球资源配置的垄断问题，二是要解决全球资源配置的低效问题。"破解国家间和各国内部发展失衡问题"则分别指向"国际"和"国内"两个方面。在经济全球化的时代，"国际"与"国内"又具有高度的关联，二者相互作用、彼此影响。"使国家不论大小、强弱、贫富，都享有平等的发展机会"，承认各国在发展水平上存在的客观差距并不妨碍各国获得实现公平发展的机会。

---

① 《习近平出席中非合作论坛北京峰会开幕式并发表主旨讲话》，中华人民共和国中央人民政府网，https://www.gov.cn/yaowen/liebiao/202409/content_6972519.htm，最后访问日期：2024年11月21日。
② 《携手推进现代化，共筑命运共同体》，新华网，http://www.xinhuanet.com/20240905/7d17dc1ee510460daf25d380f3866439/c.html，最后访问日期：2024年9月5日。
③ 金悦磊：《专访：以非洲需求为驱动是非中合作鲜明特点——访肯尼亚经济学家汉娜·赖德》，新华网，http://www.news.cn/world/20240826/5668a08cb843410eb376192b1ef02fe4/c.html。
④ 李因才：《中非合作为南南发展合作树立了典范》，文汇网，https://www.whb.cn/commonDetail/536598，最后访问日期：2024年10月31日。
⑤ 《构建人类命运共同体理念在非洲获得了更广泛、更深层次的内涵》，国际在线，https://news.cri.cn/20240416/853b9173-18ff-5cf7-744e-74c56abcf88a.html，最后访问日期：2024年8月25日。

（四）恪守全球治理原则

"共识"中"以共商、共建、共享为原则，推动全球治理朝着更加公正合理的方向发展"内含两个子议题。

其一，共商、共建、共享原则。中国与非洲各国始终坚持"共商、共建、共享"原则，不断推进中非合作走深走实。从"十大合作计划"到"八大行动"再到"九项工程"，中非在实现经济发展和民族振兴的道路上互帮互助，不断拓展合作新领域，为引领国际对非合作正确方向发挥了积极作用。[①] 中非合作论坛成立24年来，特别是新时代以来，始终秉持共商共建共享原则，论坛建设成绩喜人，已经成为中非合作的"金字招牌"和引领国际对非合作、深化"全球南方"合作的一面旗帜。[②] 新一届中非合作论坛提出"六个现代化"和"十大伙伴行动"，必将掀起全球南方现代化热潮，谱写构建人类命运共同体的崭新篇章。[③] 自共建"一带一路"倡议提出以来，中国与非洲合作之花在非洲广袤大地上绽放。从乌干达到埃及，从塞内加尔到尼日利亚，中国企业建设、运营的工业园区和经济特区如雨后春笋般涌现，成为推动非洲融入全球产业链、助力非洲打造新兴品牌的强劲引擎。[④] 加纳非中政策咨询中心执行主任保罗·弗林蓬表示，"非洲国家正在努力实现工业化、农业现代化，非洲大陆自贸区建设也正在逐步完善中，这些领域都是非中的重点合作方向，将为非中人民带来更多福祉"。[⑤]

[①] 《携手推进现代化，共筑高水平中非命运共同体》，央视网，https://news.cctv.com/2024/08/25/ARTIuxBDKt8cM43ex0yOLpL6240825.shtml，最后访问日期：2024年8月27日。

[②] 《外交部就习近平主席出席2024年中非合作论坛峰会开幕式并举行相关活动向中外媒体吹风》，中华人民共和国中央人民政府网，https://www.gov.cn/lianbo/fabu/202408/content_6970264.htm，最后访问日期：2024年8月27日。

[③] 《携手推进现代化，共筑命运共同体》，新华网，http://www.xinhuanet.com/20240905/7d17dc1ee510460daf25d380f3866439/c.html，最后访问日期：2024年9月5日。

[④] 《共建"一带一路"激发"非洲制造"新活力》，中华人民共和国中央人民政府网，https://www.gov.cn/yaowen/liebiao/202408/content_6970596.htm，最后访问日期：2024年8月27日。

[⑤] 《深化友好合作，共创美好未来》，人民网，http://world.people.com.cn/n1/2023/0822/c1002-40061223.html，最后访问日期：2024年10月31日。

其二，公正合理的全球治理。中国与非洲各国在既有倡议、框架、组织下，推动全球治理朝着更加公正合理的方向发展。中方将同非方共同努力，推动高质量共建"一带一路"、全球发展倡议、全球安全倡议、全球文明倡议同非盟《2063年议程》和非洲各国的发展战略进一步紧密对接，深化治国理政经验交流，推出契合新时代中非发展需要的合作举措，推动中非合作迈上新台阶、取得新成果。①"中方赞赏乌干达成功举办不结盟运动第19次峰会和第三届南方首脑会议，支持非洲国家深度参与全球治理并在国际事务中发挥更大作用，支持非洲人士担任国际组织和机构负责人。"②肯尼亚非洲政策研究所中国—非洲中心执行主任丹尼斯·穆内内表示："中国始终坚定维护发展中国家利益，支持非洲在国际事务中以一个声音说话，不断扩大非洲国家在国际事务中的代表性和发言权。非中将在中非合作论坛、共建'一带一路'倡议、全球发展倡议、全球安全倡议、全球文明倡议等框架下继续加强合作，共促经济发展和文明交流互鉴。"③南非国民议会事务主席弗罗里克强调，"加强金砖国家合作和非中合作顺应国际社会的期待，将推动全球治理朝着更加公正合理的方向发展"。④因此，这两个子议题在理论上存在一定的共同所指（公平发展与良序世界），但共商、共建、共享原则具有实践优先性。共商、共建、共享原则中的"共"，蕴含着共同或平等的意义，能够体现出全球治理的公正合理属性，而公正合理的全球治理要依靠共商、共建、共享原则的落实。一方面，共商、共建、共享原则需要一定的全球治理实践来支撑，否则要落实公平发展就会沦为空洞的口号。另一方面，"公正合理的全球治理"隐含各国之间公平发展的应然评判，所以亟须进一步落实共商、共建、共享原

---

① 《坚定做非洲现代化道路的同行者（和音）》，人民网，http://cpc.people.com.cn/n1/2024/0826/c64387-40306038.html，最后访问日期：2024年8月27日。
② 《中非合作论坛—北京行动计划（2025—2027）》，外交部官网，https://www.fmprc.gov.cn/zyxw/202409/t20240905_11485697.shtml，最后访问日期：2024年9月5日。
③ 龚鸣、管克江、肖新新等：《加强团结合作，完善全球治理》，《人民日报》2023年9月25日，第3版。
④ 曲颂、李欣怡、杨迅等：《"推动全球治理朝着更加公正合理的方向发展"（互利共赢 团结合作）》，《人民日报》2023年8月27日，第3版。

则，推进平等有序的世界多极化。

三 落实"公平发展"共识的建议

习近平主席指出，"实现现代化是世界各国不可剥夺的权利。西方现代化进程曾给广大发展中国家带来了深重苦难。第二次世界大战结束后，以中国和非洲为代表的第三世界国家相继实现独立和发展，不断纠正现代化进程中的历史不公"。[①] "考虑到非洲曾经遭受的殖民掠夺，发达国家尤其要承担起责任，加强南北合作，为非洲发展加大投入。"[②]《新时代的中非合作》白皮书也明确指出，中非要密切国际协作，推动建设更加公正合理的国际秩序。中非是维护发展中国家共同利益、促进世界和平发展的重要力量。"呼吁公平发展，推进平等有序的世界多极化"是构筑中非命运共同体的必然选择。中国与非洲各国要珍惜公平发展的机会，携手共创公平发展的国际空间。要推进这条共识走深走实，双方需要进一步加强战略沟通，密切国际事务协调，旗帜鲜明地维护国际关系民主化的大方向，齐心协力应对全人类共同挑战，坚定捍卫真正的多边主义和发展中国家共同利益，共同维护以联合国为核心的国际体系、以国际法为基础的国际秩序、以联合国宪章宗旨和原则为基础的国际关系基本准则，推动全球治理体系朝着更加公正合理的方向发展，为建设持久和平、共同繁荣的世界，构建人类命运共同体作出新的更大贡献。

（一）增进中非多边互动，优化公平发展机制

中国与非洲各国有着悠久的多边互动传统，增进多边互动是有效解决中非合作难题，化解分歧、增进共识的重要方式，也是提升中国与非洲各国全

[①] 习近平：《携手推进现代化，共筑命运共同体——在中非合作论坛北京峰会开幕式上的主旨讲话》，新华网，http://www.xinhuanet.com/20240905/7d17dc1ee510460daf25d380f3866439/c.html，最后访问日期：2024年9月5日。

[②] 《王毅谈中非合作的宝贵特色和国际对非合作应形成的共识》，外交部官网，https://www.mfa.gov.cn/wjbzhd/202409/t20240906_11486165.shtml，最后访问日期：2024年9月7日。

球治理能力，完善全球治理体系的重要途径。中国与非洲各国在全球治理格局中越来越具有重要地位，并逐渐扮演着具有全球影响力的角色。因此，中国与非洲各国要以多边互动为手段，不断优化公平发展机制。一是要凝练传统议题的理论共识，深化多边互动的互信互惠。中国与非洲各国要加强传统议题回顾与分析，在原有的基础上认真总结成败得失。以史为鉴，照亮中非合作前进的道路。正确对待中非合作的历史与现实，认真分析中非合作中的问题，才能找到解决中非合作的方法与出路。习近平主席指出，"理念引领行动，方向决定出路"。[①] 中国与非洲各国的友谊凝结在"真实亲诚"理念之中，也是深化互信互惠的总要求。理念与要求要落到具体的中非合作项目之中，并经得起历史和实践的检验。二是要生成时代议题的行动方略，优化公平发展的体制机制。中国与非洲各国要把握好"变"与"不变"的关系。所有的"变"都是围绕着中国与非洲各国的发展而展开，要在发展中解决问题。随着中国与非洲各国在各领域、各行业合作程度的加深，新的矛盾、新的问题也会随之而来。体制机制的价值在于坚守公平道义，化解矛盾与冲突，解决中非合作中的实际问题。中国与非洲各国原有的体制机制也要因事所需，应时而变，要及时评估和优化公平发展的体制机制。三是要以中非合作为基点，扩大公平发展的参与范围。当前，美西方时常诬蔑或贬低中非合作，给中非与其他国家的多边互动带来严重困扰。在人类命运共同体理念下，中国与非洲各国坚决不搞"小圈子"，也不搞所谓的"阵营对抗"。中国与非洲各国要进一步开放合作，吸纳全球其他国家参与公平发展。中非合作产生的基本理念也可以适用到与全球其他国家的多边互动之中，最终改善全球治理，推动平等有序的世界多极化。

（二）防范中非内外风险，扩大公平发展机会

中非合作经历了诸多考验，随着中非合作进一步发展，未来也会有更多、

[①] 习近平：《习近平著作选读》（第一卷），人民出版社，2023，第563页。

更复杂、更艰险的考验。中国与非洲各国要主动争取、创造和保护公平发展的机会，最大限度地在全球范围内扩大公平发展的机会。为此，中非要继续加强深度对话，防范合作的内外风险，加强同其他国家之间的合作。一是要实现中非合作项目的精准对接，构建风险评估体系。在中非合作的大背景下，部分项目投入过于急躁，缺乏必要的风险评估，必然会带来一定的资源浪费和损失。长久下去，也必然会挫伤中非双方合作的积极性和实效性。中国要加强与非洲国别层面项目的对接，照顾好彼此的具体国情，提升项目落地的精准度。中非双方要切实做好合作项目的优先度排序，并做好发展规划对接，真正做到激发中非人民的积极性，把中非合作的实惠给到中非人民。二是要有力回击美西方恶意抹黑，巩固中非公平发展的成果。中非合作是全球合作的重要组成部分，不可能回避全球层面的冲击。美西方依靠不公平、不平衡、不合法的途径大肆攫取全球发展红利，给中非乃至全球其他国家带来了深重的灾难。中非应同其他国家携手维护公正的国际秩序，坚持道义优先，坚定不移地走公平发展的道路。中国与非洲各国应切实建立起共同应对霸权主义的体制机制，呼吁全球其他国家争取和保护公平发展的机会。三是要利用好全球治理框架，逐步扩大公平发展的机会。当前，中国与非洲各国的合作已经形成了"联合国—'一带一路'—G20—中非合作论坛—金砖国家组织"的核心架构。中非未来还会随着与其他国家在不同领域的交往而建立新的架构。中国与非洲各国要扮演好在这些架构中的角色，要充分利用好这些架构在不同领域的作用，为扩大公平发展机会而贡献力量。"多重架构、多层身份、多种利益"的现实表明各个国家正在形成命运与共的关系，平等有序的世界多极化趋势不可逆转。

（三）加强中非人文交流，深化公平发展理念

中国与非洲各国在国际格局中的位置不同，而且政治、经济、文化也不同，受外部冲击的韧性也有差异。这也就意味着，尽管我们提出了"公平发展"的共识，依然可能存在"歧见"。因此，中国与非洲各国在全球治理中

要尽可能地消除"歧见",把"公平发展"理念作为国际领域的根本诉求和核心关切。一是针对重点议题进行深度交流,防范美西方的扭曲和误读。在"公平发展"共识之下有四组议题群,每一个议题群又包含几个子议题。中国与非洲各国的专家学者应该围绕"共识"中各议题的学理、逻辑、价值等进行深度对话与交流,以形成高度凝练、自洽有效的思想体系。这也是回击美西方舆论抹黑的重要武器。二是要对"共识"的受众进行分析,采取有区别的传播路径。目前"共识"的传播更多地集中在政界和学界,大众对"共识"还不太了解。"公平发展"要努力争取中国与非洲各国的群众基础,让群众成为"公平发展"的主动传播者。因此,"公平发展"需要鲜活的例证和生动的叙事,以及更可及的媒介传播。"公平发展"的受惠者更应该主动参与到"共识"的建构与传播中来。三是要突破"共识"的前置设定,扩大全球范围内的影响。"公平发展"虽然只是"共识"的一部分,但却是有机组成部分。"公平发展"与其他几条共识应该相互支撑、相互激活,为共筑人类命运共同体提供思想支持。另外,"公平发展"不能被"中非"所局限。"公平发展"应该"立足中非,展望世界"。"公平发展"虽然是中国与非洲各国所提出,但对全球南方、全球其他国家同样适用。那么,要让其他国家主动认同公平发展"共识",就需要让中非在与其他国家的竞合中证实:"公平发展"不仅对中非合作、全球治理有效,而且具有强大的生命力和实践品性。

当今世界面临百年未有之大变局,中非要形成更加高水平的命运共同体,以应对新的机遇和挑战,推进各自的现代化进程,造福中非人民。"中非关系在真实亲诚理念和正确义利观的指引下,坚持开放包容、兼收并蓄,进入共筑高水平中非命运共同体的新时代。"① 当前,中国正在大力推进中国式现代化,向着第二个百年奋斗目标迈进。非洲各国一体化进程加快,非盟《2063年议程》的美好愿景正在逐渐成为现实。非洲各国在全球治理中扮演更加积极的角色,在国际事务中发挥着越来越重要的作用。中国与非洲各国的发展

---

① 《中非合作论坛—北京行动计划(2025—2027)》,外交部官网,https://www.fmprc.gov.cn/zyxw/202409/t20240905_11485697.shtml,最后访问日期:2024年9月5日。

为彼此带来新的机遇，为中非进一步合作扩大空间。中国与非洲各国的发展规划衔接更加紧密，各项重大发展议题纷纷落地，给中非人民带来了看得见的实惠，受到国际社会的广泛关注。"双方始终同其他发展中国家同呼吸、共命运，坚持独立自主，积极开展南南合作，反对以意识形态划线和阵营对抗，在新一轮全球治理体系变革中维护好'全球南方'国家共同利益。"①中非成为完善全球治理、维护国际公平正义的重要力量，在联合国安理会等场合加强沟通协调，在国际社会中的影响力与话语权进一步得到提升，全球南方综合实力进一步加强。中国与非洲广泛展开多边合作，防范中非合作风险，提高全球治理能力，完善全球治理体系，有利于把公平发展的机遇带给全球其他国家，推进平等有序的世界多极化。

---

① 《中非合作论坛—北京行动计划（2025—2027）》，外交部官网，https://www.fmprc.gov.cn/zyxw/202409/t20240905_11485697.shtml，最后访问日期：2024年9月5日。

第五章　开放发展：中非推动普惠包容的经济全球化

经济全球化促进了贸易繁荣、投资便利、人员流动、技术发展，推动了世界经济蓬勃发展，但在保护主义和单边主义甚嚣尘上的今天，全球化进程也遭遇了停滞乃至倒退的挑战。"共识"呼吁开放发展，推动普惠包容的经济全球化，为应对当前世界经济发展的重大复杂问题贡献了中非智慧。中非合作推动普惠包容的经济全球化具有全球化利益的公平分配、全球经济治理的多元化参与、全球化模式的可持续发展三个方面的内涵指向和事实特征。包括中国和非洲在内的全球南方可从塑造南南合作新范式、推动全球经济治理改革、构建包容性发展新格局等方面践行共识。

"共识"第三条提出，"我们呼吁开放发展，推动普惠包容的经济全球化。支持发展中国家发挥比较优势，更好参与国际产业分工，重构全球价值链，建立更具韧性和包容性、畅通高效的全球产供链。共同维护非歧视、开放、包容、透明的多边贸易体系。根据兼顾平衡原则，在国际货币基金组织提高新兴市场和发展中国家股权和投票权，为非洲国家增设执行董事席位，并在特别提款权分配上充分照顾欠发达国家。探讨在中非合作论坛、'金砖'等合作机制框架下设立客观中立的国际信用评级机构"。这与2024年中非合作论坛北京峰会（以下简称"本届峰会"）提出的"携手推进开放共赢和公正合理现代化"的主张高度契合，为维护开放型世界经济提供新理念，丰富了命运共同体的理论内涵。

一 "开放发展"共识的时代背景

随着科技进步、信息流通加速以及国际合作的不断深化，各国经济相互依存、利益交融的程度前所未有。但是当前全球经济仍面临诸多挑战，如贸易成本过高、全球产供链存在"断链"风险、金融体系失衡等。这些挑战不仅影响了中非双方的经济利益，也对全球经济稳定和发展带来了负面影响。携手合作，共同推进经济全球化朝着更加普惠包容的方向发展，才能确保发展的成果惠及全球每一个角落，这不仅是时代的要求，更是全人类的共同期盼。

（一）经济全球化与普惠包容的发展态势

全球化作为推动世界经济发展的主要动力，其起源可以追溯到18世纪工业革命时期，当时的技术进步和资本积累为全球商品和劳动力市场的扩展提供了条件。全球化的现代形式在20世纪后期迅速发展，特别是二战后的全球经济重建期，全球化进程进入了制度化阶段。1944年布雷顿森林体系的建立，1945年世界银行、国际货币基金组织等国际经济组织的成立，奠定了全球经济治理和贸易自由化的框架。这一阶段，国际贸易、资本和技术的自由流动成为全球经济增长的重要引擎。全球化的快速扩展还得益于20世纪90年代的信息技术革命，尤其是互联网技术的普及，使全球市场更加紧密地联系在一起。经济全球化不仅体现在商品和资本的流动上，还包括信息、技术和人员的跨国流动。这一多维度的全球联系，促进了全球经济的加速扩张。

经济全球化是世界各国相互之间经济联系越来越密切，进而形成经济各方面逐渐趋向一体化的"命运共同体"的经济发展趋势。[1] 然而，全球化的发展也呈现出显著的不对称性，即全球化的红利并未在全球范围内公平分配。

---

[1] 刘伟、王文:《新时代中国特色社会主义政治经济学视阈下的"人类命运共同体"》，《管理世界》2019年第3期。

发达国家通过全球化获得了技术和资本优势，但许多发展中国家由于基础设施、技术和资本积累不足，难以充分融入全球高附加值的产业链。这种不平衡的发展路径在依附理论的解释框架下得到诠释，即发展中国家在全球价值链中的角色主要是供应初级产品和低技术劳动力，而发达国家掌握技术和资本，处于全球经济的核心位置，控制高附加值环节。这一结构性问题进一步加剧了全球贫富差距，导致全球经济的失衡发展。

（二）经济全球化进程中的不平衡与风险

首先，地缘政治风险上升，贸易壁垒升级。随着全球权力格局的转变，国家间竞争加剧，如中美贸易摩擦、英国脱欧等事件，显著影响了全球贸易自由化的步伐。这些事件不仅削弱了多边贸易体系的稳定性，还加剧了各国在经济领域的对立，导致全球市场的合作模式发生深刻变化。贸易壁垒的增加和保护主义政策的广泛实施，打破了全球化背景下各国长期协同发展的模式，阻碍了跨境贸易和投资的顺畅运行，增加了全球经济的不确定性。多个国家加大贸易保护措施的实施力度，采取包括提高关税、设置非关税壁垒在内的多种限制性政策。例如，2024年5月，美国对中国出口"新三样"加征关税，电动汽车关税税率从25%提高到100%，电动汽车锂电池、非电动汽车锂电池、电池零部件关税税率从7.5%提高到25%，太阳能电池关税税率从25%增加至50%。① 这种加征关税的举措无疑加剧了中美之间的贸易紧张局势，并对全球供应链造成了冲击，对非歧视、包容的全球贸易体系构成了直接挑战。又如，2023年所有进口商采取的最终生效的反倾销、反补贴措施的数量分别为1987项和294项，相比于2018年分别增加了178项和116项，② 侧面反映了非关税措施在全球贸易中的广泛使用。贸易壁垒对全球化

---

① 庄键、马悦然、高菁：《税率最高升至100% 美国对中国出口"新三样"加征关税》，界面新闻网，https://www.qingdaonews.com/app/content/2024-05/15/content_23570023.htm，最后访问日期：2024年8月27日。
② "World Tariff Profiles 2024", https://www.wto.org/english/res_e/publications_e/world_tariff_profiles24_e.htm, accessed August 27, 2024.

中的商品、服务、资本自由流动造成了严重阻碍，加剧了全球经济的不平衡和分化。

其次，供应链脆弱性凸显，全球产业承压。尽管新冠疫情已基本结束，但疫情防控期间暴露出的全球供应链问题仍然存在，并对全球产业产生深远影响。疫情防控期间的生产停滞、物流中断、原材料短缺和运输延迟等问题揭示了全球供应链的脆弱性，特别是对少数关键节点和区域的过度依赖。这种集中化的风险不仅对各国的贸易和经济活动产生了深刻影响，也使高度依赖全球化生产模式的行业（如汽车、电子产品和医疗器械）受到了显著冲击。很多国家和企业开始重新审视供应链的集中化问题。2020年4月，日本政府推出了2400亿日元（约22亿美元）的补贴计划，鼓励日本企业将生产从中国转移到东南亚或回流国内，以减少对单一地区的过度依赖。① 与此同时，欧美国家也在推动"供应链回流"政策，旨在将部分生产环节带回本土，增强供应链的弹性。其中，美国于2022年8月9日出台《芯片与科学法案》，提供2800亿美元投资促进新兴技术发展。② 同年8月16日出台《通胀削减法案》，提供3690亿美元于能源安全等项目的税收抵免政策，两项法案的出台激励美国半导体、芯片相关产业供应链回流。③

最后，金融体系失衡加剧，经济分化加深。现行的国际金融体系主要由发达国家主导，发展中国家和新兴市场在全球经济治理中的代表性和话语权不足。发展中国家和新兴市场经济体目前占全球经济份额的约60%，④ 但它们

---

① 陈倚群：《疫情影响产业链，日本拟拨款143亿资助日企将生产线迁回国》，澎湃新闻网，https://www.thepaper.cn/newsDetail_forward_6886039，最后访问日期：2024年8月27日。
② 《美国国会通过〈2022年芯片和科学法案〉》，中国科学院科技战略咨询研究院，http://www.casisd.cas.cn/zkcg/ydkb/kjzcyzxkb/2022/zczxkb202209/202301/t20230109_6597746.html，最后访问日期：2024年11月20日。
③ 《美国〈2022年通胀削减法案〉文本梳理汇总（上）》，清华五道口国际金融与经济研究中心，https://cifer.pbcsf.tsinghua.edu.cn/info/1109/2539.htm，最后访问日期：2024年11月20日。
④ "Global Economic Prospects", https://www.imf.org/en/Publications/WEO/Issues/2024/04/16/world-economic-outlook-april-2024, accessed August 22, 2024.

在国际货币基金组织中的投票权仅占约40%，[①]这一比例严重低于它们在全球经济中的实际贡献。这种治理结构的不平衡无法充分反映其经济规模和发展需求，限制了这些国家在全球经济决策中的实际参与，加剧了全球经济的分化和不平等。此外，近年来以美元为中心的国际金融体系也对发展中国家构成了额外的经济压力。2022年，由于美联储连续加息引发全球市场的波动，多数发展中国家承受了巨大的金融压力，加剧了它们的经济脆弱性。而现有的国际信用评级机构主要由发达国家主导，其评级标准和过程往往受到地缘政治、经济利益等多重因素的影响，难以确保完全的客观性和中立性。特别是在新兴市场和发展中国家，尤其是非洲国家，其信用评级往往受到不公正待遇，难以获得与自身经济实力相匹配的融资条件，限制了它们在国际金融市场上的融资能力，进一步加剧了全球经济的不平等和分化。

（三）非洲在经济全球化中的角色与困境

随着全球化的深入，非洲国家的角色变得愈加重要，但它们在全球经济体系中的位置依然相对脆弱。尽管一些国家，如尼日利亚和南非，在区域经济中具有一定影响力，但非洲整体的工业化水平依旧较低。相比之下，东亚和南亚的许多新兴经济体通过全球化抓住了产业升级的机会，实现了工业化和现代化，而非洲大多数国家却因为基础设施薄弱、技术积累不足而未能获得同样的收益。根据《中国企业投资非洲报告（2023）》，2008年以来非洲制造业在非洲经济中的比重基本保持在10%左右的低水平；2022年撒哈拉以南非洲地区制造业占GDP比重为11.2%，远低于16.5%的世界平均水平。[②]这反映了非洲国家在全球价值链中的低端位置，导致其难以通过全球贸易积累足够的技术、资本和发展机会。正是因为其经济结构高度依赖原材料出口，非洲国家在应对全球性危机时韧性不足。新冠疫情防控期间，全球大宗商品

---

① "IMF Members' Quotas and Voting Power, and IMF Board of Governors", https://www.imf.org/en/About/executive-board/members-quotas，accessed August 22，2024.
② 《中国企业投资非洲报告2023》，中非民间商会官网，https://www.cabc.org.cn/report_china_2023_wm.pdf，最后访问日期：2024年8月27日。

价格暴跌，非洲国家依赖的石油、矿产和农产品出口收入骤降，严重打击了这些国家的财政收入和经济增长。而2021年全球经济回弹，平均增速达到6%，撒哈拉以南非洲地区则仅有4.7%。①

非洲的战略地位和资源潜力为其在全球化中提供了新的机遇。非洲拥有全球约30%的已探明矿产资源，②包括黄金、铂、钴、铀、稀土等关键资源，是全球技术密集型产业所依赖的重要原材料来源。例如，钴是电动汽车电池和电子设备的重要材料，全球约76%的钴供应来自刚果（金）。③非洲在新兴技术产业链中的重要角色使全球大国对非洲的关注不断增加，非洲成为技术、资源和地缘政治竞争的一个新"战场"。同时，非洲是全球人口增长最快的区域之一，预计到2050年，非洲人口将达到24亿，④成为全球最大的年轻劳动力市场和消费市场，吸引了越来越多的国际企业来到非洲。但是非洲要想在全球化中更好地发挥作用，仍面临着巨大的挑战。首先是如何通过政策改革和投资，提升工业化和基础设施建设水平，摆脱对初级产品出口的依赖。其次，非洲国家需要加强区域经济一体化，通过非洲大陆自由贸易区的建设，扩大区域内贸易和投资，推动产业链的内部循环，增强应对全球市场波动的能力。只有通过加强自身经济结构的多样化，提升产业链附加值，非洲才能在全球化进程中获得更多长期发展的机遇，并减少风险敞口。

二 "开放发展"共识的内涵特征

普惠包容的经济全球化的核心是确保所有国家都能在全球经济中找到自

---

① "World Economic Outlook"，https://www.imf.org/zh/Publications/WEO/Issues/2022/10/11/world-economic-outlook-october-2022，accessed November 20, 2024.
② 张高胜、李晓宇：《国际观察：非洲成为"全球南方"希望之星》，人民网，http://world.people.com.cn/n1/2024/0524/c1002-40242897.html，最后访问日期：2024年5月24日。
③ 《2023年钴市场报告》，国际钴协会官网，https://www.cobaltinstitute.org/wp-content/uploads/2024/05/Cobalt-Market-Report-2023_Mandarin.pdf，最后访问日期：2024年8月27日。
④ 非洲开发银行集团：《非洲经济展望2023》，非洲开发银行集团网，https://afdb-org.cn/wp-content/uploads/2023/01/AEO_2023_CS_web.pdf，最后访问日期：2024年11月20日。

己的角色，并从中受益。这不仅是全球经济增长的需要，也是全球社会公平与正义的体现。因此中非合作在全球化的进程中所展现的普惠包容，不仅关乎经济合作，更关乎全球治理、公平发展和可持续性的深层次改革。

（一）全球化利益的公平分配

全球化发展应关注全球经济体系的公平性，尤其是对发展中国家的影响。在中非合作中，中国通过基础设施建设、技术转移和产业合作，推动非洲国家在全球价值链中提升地位，增强其经济韧性，使非洲国家能够更加公平地分享全球化的红利。正如习近平主席所强调的一样，中非合作要给中非人民带来看得见、摸得着的成果和实惠。

1.基础设施建设与经济增长瓶颈的突破

一个国家经济增长往往受限于基础设施、技术和资本的不足，这些因素被视为"增长瓶颈"。在"一带一路"倡议和中非合作论坛框架下，中国鼓励和支持中国企业采取多种模式参与非洲基础设施建设、投资、运营和管理，成功在非洲国家构建了覆盖交通、能源、通信等多领域的基础设施体系，对非洲经济增长、区域一体化、人员和商品自由流动产生积极影响，为非洲国家融入全球产供链创造了条件。例如，中国企业承建和运营的肯尼亚蒙内铁路是该国百年来第一条现代化铁路，自2017年通车以来，累计运送旅客1286.9万人次、运输268.4万个标箱，为肯尼亚创造超7.4万就业岗位，培养2800余名专业人才。①"中国坚定支持非洲一体化进程，将支持非洲实施30个基础设施联通项目，继续为非盟和非洲大陆自贸区建设提供帮助"，"推动中国企业在非洲建设和运营的交通设施与工业园区联动发展，建设中国中西部地区对非水陆铁海多式联运体系"，"提高中非金融市场联通水平，深化双方在本币结算、金融科技等领域合作，欢迎非洲国

---

① 李佳励：《蒙内铁路建成7年为肯尼亚创造超7.4万就业岗位》，中国新闻网，https://www.chinanews.com.cn/shipin/cns-d/2024/09-02/news998824.shtml，最后访问日期：2024年11月21日。

家在华发行熊猫债"。① 基础设施领域的合作在推动非洲区域一体化进程、激发非洲国家经济内生动力以及增强其参与国际经济合作方面发挥了不可替代的作用。

2.技术转移与全球价值链升级

在全球价值链重构的背景下，各国都在寻求建立更加稳定、高效和可持续的全球产业链和供应链。技术转移作为推动普惠性发展的关键一环，正发挥着替代的作用。通过与中国深度合作，非洲国家利用技术引进与产业合作的契机，充分挖掘并发挥本国的自然资源和人力资源等比较优势，促进产业链上下游紧密协同，不断提升在国际产业链中的竞争力及国际分工地位。中埃·泰达苏伊士经贸合作区就是其中典型案例。截至2024年4月，该合作区已吸引投资超30亿美元，约160家企业入驻，解决就业超9000人，产业带动就业约7万人。入驻企业不断促进埃及技术发展和产业升级，并为埃及培养了一批专业技术工人和企业管理人员。② 其中，巨石埃及公司通过技术转移使埃及玻纤行业实现从无到有，并一举成为世界玻纤生产大国。2024年中非合作论坛北京峰会将产业链合作列为"十大伙伴行动"之一，凸显出全球产业链在当前经济环境中的重要性和复杂性以及中非双方在推动全球价值链重构和升级方面的共同愿景和决心，提出"支持非洲本地价值链建设、制造业发展和关键矿产深加工，在非洲5个区域打造中非产业合作增长圈，援建10个产业园区配套设施项目，举办100期工业化人才研修班。"③ 这种产业合作带动了上下游企业的协同合作，同时配合信息共享、技术交流和人才培养等方式，提升整个产业链的竞争力和创新能力，使产供链更具韧性和包容性。

① 《中非合作论坛—北京行动计划（2025—2027）》，外交部官网，https://www.fmprc.gov.cn/zyxw/202409/t20240905_11485697.shtml，最后访问日期：2024年9月5日。
② 姚兵、董修竹、张健：《泰达合作区助力中埃高质量共建"一带一路"》，新华网，http://www.news.cn/world/20240604/b4033cde6e704e8b95628ab6af920897/c.html，最后访问日期：2024年6月24日。
③ 《中非合作论坛—北京行动计划（2025—2027）》，外交部官网，https://www.fmprc.gov.cn/zyxw/202409/t20240905_11485697.shtml，最后访问日期：2024年9月5日。

（二）全球经济治理的多元化参与

全球化的包容性要求各国在全球经济体系中拥有平等的参与机会。然而，新兴市场和发展中国家在全球治理结构中的代表性长期不足，尤其是非洲国家，在国际货币基金组织等全球金融机构中的声音被边缘化、话语权有限。中非合作不仅意在提升非洲国家在全球经济的参与度，促进其经济的结构化转型，更重要的是，推动其在全球经济治理体系中获得与其经济地位相称的影响力。

1.经济结构转型与广泛参与

在全球化的包容性经济体系构建中，发展中国家的经济结构转型和经济活动的广泛参与是至关重要的环节。非洲作为发展中国家的重要组成部分，其包容性经济发展策略尤为强调经济结构的多样化与经济活动的全面参与。中非合作在这一过程中扮演了重要角色，通过推动非洲的工业化和经济结构转型，使其能够在全球化进程中获得更广阔的参与空间和发展机遇。2024年中非合作论坛北京峰会宣布实施"贸易繁荣伙伴行动"，"中方愿主动单方面扩大市场开放，决定给予包括33个非洲国家在内的所有同中国建交的最不发达国家100%税目产品零关税待遇，成为实施这一举措的首个发展中大国和世界主要经济体，推动中国大市场成为非洲大机遇"。[①] 这不仅体现了中国对构建包容、开放贸易体系的承诺，也有效推动了非洲国家的产业结构转型和升级。中非合作聚焦于非洲国家的工业化进程，通过技术转移、产能合作、基础设施建设等多种方式，同非洲一道打造产业合作增长圈。"随着中非经贸合作的不断深入，中国企业在非洲的投资越来越多元化，不仅促进了非洲的经济增长，也显著推动了非洲的工业化进程"，"中国企业正在通过'市场导向型投资'、'基础设施投资'以及'新领域投资'，完善非洲工业体系，推

---

① 习近平：《携手推进现代化，共筑命运共同体——在中非合作论坛北京峰会开幕式上的主旨讲话》，中华人民共和国中央人民政府官网，https://www.gov.cn/yaowen/liebiao/202409/content_6972495.htm，最后访问日期：2024年11月21日。

动非洲工业化进展和提质升级"。①

2.全球经济治理体系的包容性改革

当前,全球治理体系中非洲国家的代表性严重不足,极大地限制了其在全球经济决策中的话语权。2024年中非合作论坛北京峰会"北京行动计划"呼吁"加快国际金融体系改革,增强发展中国家在全球经济治理中的代表性和发言权"。② 中国通过积极倡导并推动国际货币基金组织等国际金融机构的改革,推动非洲国家获得更多的代表性和投票权,为撒哈拉以南非洲国家增设执行董事席位,增加其在国际货币基金决策层中的代表数量。这一举措有助于提升非洲在国际货币基金组织决策中的声音,使国际货币基金组织的决策更加反映全球经济的实际格局和发展趋势,这也是对非洲等新兴市场和发展中国家经济实力增长和贡献增大的认可,有助于激发其参与全球经济治理的积极性和责任感。同时,"共识"提到在特别提款权(SDR)分配上充分照顾欠发达国家,意味着在分配SDR时,将更多地考虑这些国家的经济状况和实际需求,确保它们能够获得足够的国际流动性支持其经济发展和社会稳定。"中国将提供100亿美元贸易融资额度,用于支持非洲出口,在华建设中非经贸深度合作先行区和'一带一路'中非合作产业园。"③ "多边开发银行应丰富和创新投融资工具,提供更多支持减贫和发展的融资工具,提高发展中国家和新兴市场国家的参与度和投票权,在特别提款权分配上充分照顾发展中国家,使国际货币金融体系更好反映世界经济格局变化。"④ 此外,探讨在中非合作论坛、"金砖"等合作机制框架下设立一个客观中立的国际信用评级机构,

---

① 中非民间商会:《中国企业投资非洲报告(2024)中非投资合作助力非洲工业化》,https://www.cabc.org.cn/report-cn-2024.pdf,中国贸促会商业行业委员会营商环境监测中心网,最后访问日期:2024年11月21日。
② 《中非合作论坛—北京行动计划(2025—2027)》,外交部官网,https://www.fmprc.gov.cn/zyxw/202409/t20240905_11485697.shtml,最后访问日期:2024年9月5日。
③ 《习近平出席中非合作论坛第八届部长级会议开幕式并发表主旨演讲》,中华人民共和国中央人民政府网,https://www.gov.cn/xinwen/2021-11/29/content_5654864.htm,最后访问日期:2024年11月21日。
④ 《中非合作论坛—北京行动计划(2025—2027)》,外交部官网,https://www.fmprc.gov.cn/zyxw/202409/t20240905_11485697.shtml,最后访问日期:2024年9月5日。

为新兴市场和发展中国家提供更加公正、准确的信用评估，进一步拓宽其融资渠道，降低融资成本具有重要意义。对全球治理体系的包容性改革有助于减少全球化进程中的不公平现象，为全球包容性发展创造了新的条件。

（三）全球化模式的可持续发展

全球化的可持续性要求经济增长必须兼顾环境保护与资源的可持续利用。随着全球气候问题日益受到关注，推动绿色经济成为全球化发展的重要方向。中非合作通过推动绿色能源、清洁技术和生态农业合作等产业合作，帮助非洲国家实现可持续的经济增长。

1.清洁能源与绿色发展

非洲大陆拥有丰富的可再生能源资源，然而长期以来由于技术和资金限制，许多非洲国家未能充分开发这些绿色能源，限制了其能源结构的优化以及能源行业产业链的发展。中国在清洁能源技术上的领先地位为非洲国家提供了巨大的合作机会。例如，中国龙源电力集团建设的南非德阿风电项目，每年发电量超过 7.5 亿千瓦时，相当于节约了 20 多万吨标准煤，减排 70 多万吨二氧化碳，提升了南非的绿色能源供应能力的同时，也为南非清洁低碳发展作出积极贡献。① 中非清洁能源合作还涉及太阳能光伏、水能开发等多个领域，这种合作符合全球可持续发展的要求。"新能源作为战略性新兴产业，是未来产业转型和经济发展的关键"，② 不仅补充了当地能源缺口，缩小能源可及性差距，减少碳排放，还推动了技术转移，培养专业人才，为非洲国家自身经济转型升级注入新动力。

2.生态农业与资源保护

农业是非洲经济的基础性产业，其绿色发展对于非洲国家实现可持续发

---

① 《中国风电技术助力南非绿色转型》，新华网，http://www.news.cn/2023-07/27/c_1129772163.htm，最后访问日期：2024 年 11 月 20 日。
② 《中非合作论坛—北京行动计划（2025—2027）》，外交部官网，https://www.fmprc.gov.cn/zyxw/202409/t20240905_11485697.shtml，最后访问日期：2024 年 9 月 5 日。

展具有至关重要的意义。然而，传统的农业模式往往过度依赖自然资源，导致环境退化和资源浪费等问题。中非在生态农业领域的合作，帮助非洲国家推广节水灌溉、绿色农业技术和生态保护措施，推动了非洲国家农业的绿色发展。例如，为解决非洲粮食短缺问题，推动非洲农业绿色、可持续发展，中国农业科学院主导发起"为非洲和亚洲资源贫瘠地区培育绿色超级稻"项目，自2008年启动以来已向非洲9个国家发放绿色超级稻材料，该品质水稻不仅可抗病虫、优质高产，在培育过程中还具备节水抗旱的绿色特性。[1]"中方还将同联合国粮农组织合作，提升水稻价值链、实现粮食系统和土壤健康的可持续转型。"[2]中非生态农业合作通过绿色创新逐步提高了农产品的附加值和市场竞争力，有助于非洲国家在全球农业市场中占据更加有利的位置，实现农业经济的可持续发展。

三　携手推动普惠包容的经济全球化

普惠包容的经济全球化是一种新型的经济全球化理念，它强调各国在经济全球化进程中的平等参与和共享发展成果，体现了更加公正、合理、可持续的发展观。这一理念已经在中国特色大国外交实践中得到体现。然而，推进普惠包容的经济全球化并非易事，它必然会遭遇来自反全球化和霸权逻辑的阻力。因此，在这个过程中，中国和非洲国家更应该守望相助，凝聚全球南方国家的力量，落实好新一届中非合作论坛峰会的成果，共同推动全球经济治理改革，构建包容性发展新格局。

（一）共商共促，塑造南南合作的新范式

中非合作的成功经验为全球南南合作提供了实践范式。南南合作，被视

---

[1] 俞懿春：《中非农业合作，共绘非洲减贫发展蓝图》，《人民日报》2024年8月26日，第3版。
[2] 《中非合作论坛—北京行动计划（2025—2027）》，外交部官网，https://www.fmprc.gov.cn/zyxw/202409/t20240905_11485697.shtml，最后访问日期：2024年9月5日。

为发展中国家之间互利互助、实现共同发展的途径。这一模式挑战了依赖传统"南北关系"的经济发展模式，开辟了南方国家之间通过共享经验、技术和资源，共同应对全球经济不平等的可能性。在中非合作中，中国并非作为"发展援助方"单向提供资源，而是通过多维度的经济和技术合作，如基础设施建设、技术转移和教育培训，帮助非洲国家实现产业转型和经济现代化。理论上，中非合作展示了互补发展模型的现实可行性，即发展中国家之间通过资源、技术和经验的互补合作，能够实现各自的经济现代化和长期发展。非洲国家通过基础设施和技术的改善，深度融入全球价值链的分工，而中国则通过南南合作扩大了全球经济影响力。

展望未来，第一，要加强多层次合作，深化南南合作机制。一是深化技术转移合作。鼓励中国企业与非洲等发展中国家企业建立技术转移合作伙伴关系，通过技术转让、联合研发等形式，提升后者技术创新能力，加速科技成果的应用。二是加强基础设施建设的协同。推动建立跨国基础设施建设联盟，共同规划并实施交通、能源、通信等关键领域的项目，加强项目融资、技术标准和运营管理等方面的合作，提高项目的可持续性和经济效益。三是拓宽教育培训合作领域。设立南南合作教育基金，支持发展中国家间的师生交流互访、联合办学等，特别是在职业教育和技术培训方面，为青年一代提供更多发展空间。

第二，应加强经验分享与共同发展。一是建立信息共享平台。利用大数据、云计算等现代信息技术手段，建立覆盖广泛的南南合作信息共享平台，定期发布合作成果、政策动态、项目案例等信息，为各方提供及时、准确的信息支持。二是定期召开南南合作高层论坛。组织定期的高层论坛、研讨会等活动，邀请政府官员、企业家、学者等各界人士参与，就南南合作的热点问题进行深入研讨，推动经验的国际传播与应用。

（二）共建共治，推动全球经济治理改革

中非合作不仅促进了经济领域的合作，还推动了全球经济治理体系的改

革。现有的治理架构过于偏向发达国家的利益，限制了发展中国家的参与和发声空间。尤其是在国际货币基金组织、世界银行等全球金融机构中，发展中国家的代表性不足、话语权有限，导致全球治理的不公平现象进一步恶化。全球经济不平等和治理缺陷的深层次问题，正是当前全球化面临的最大挑战之一。中非合作通过推动非洲国家积极参与全球经济治理，为全球经济体系的改革注入了新动力。中国通过推动国际货币基金份额和投票权改革、倡导国际经济秩序公平化，提出了新兴市场经济体在全球金融决策中应有更大代表性、话语权。这种行动为弥合经济治理赤字提供了可能性，不仅有助于提升非洲国家等发展中国家在全球治理体系中的地位，还将促进全球经济治理体系的包容性转型。

展望未来，第一要推动全球金融机构改革，提升发展中国家的代表性。一是深化份额与投票权改革。继续推动国际货币基金组织等机构对现有份额和投票权体系进行全面审视和必要调整，确保新兴市场和发展中国家的贡献与其话语权相匹配。二是增加高层管理职位的多样性，推动全球金融机构在高层管理团队中吸纳更多来自发展中国家的优秀人才，并通过设立专门的培训和发展项目，为发展中国家专业人士提供职业晋升的平台。三是提升决策透明度与参与度，优化全球金融机构的决策机制，增强决策过程的透明度，确保所有成员国，特别是发展中国家，能够充分参与并有效影响重大政策的制定和执行。

第二应倡导公平包容的全球治理新秩序。一是推动国际贸易体系改革。积极参与国际贸易规则的谈判与修订，支持发展中国家在谈判中提出的合理诉求，促进贸易自由化和便利化。二是坚决打击贸易保护主义。鼓励各国通过对话和协商解决贸易争端，避免采取单边主义行动破坏全球贸易环境，共同抵制任何形式的贸易保护主义措施。三是消除不合理的国际贸易壁垒。通过技术援助、能力建设等方式推动非洲国家提升出口竞争力，减少贸易障碍；鼓励发达国家承担更多责任，为发展中国家提供更多市场准入机会和优惠待遇。

（三）共赢共享，构建包容性发展新格局

全球化虽然带来了广泛的经济增长，但发展不平等问题依然严峻，许多发展中国家在全球化过程中长期处于边缘地位，未能充分享受到经济发展的好处。包容性发展强调经济增长不仅应关注总量增长，更应关注增长的广泛性和包容性，确保所有社会成员能够从中受益，中非合作正是这种理论的具体实践。全球化的包容性发展不仅仅是经济领域的扩展，还涉及社会公正、环境可持续性和制度创新等多重维度。中非合作通过加强在数字经济、绿色能源和人才培养领域的合作，为全球化的公平性和可持续性提供了新的理论和实践支持。

展望未来，第一，要加强数字经济和绿色发展合作，提升包容性。一是深化数字经济合作。推进非洲国家高速互联网、云计算平台等数字基础设施建设，通过技术转移、联合研发、人才培养等方式，促进非洲国家在电子商务、移动支付、远程医疗、在线教育等新兴领域的创新发展。二是推动绿色能源产业发展。加大在绿色能源领域的合作力度，共同开发清洁、高效、可持续的能源项目；通过技术引进、资金支持和能力建设，推动非洲国家能源结构的优化升级。三是确保创新红利共享。注重公平性和包容性，促进数字经济与绿色发展的红利在非洲大陆广泛传播，确保创新成果惠及非洲社会的各个阶层。

第二，应构建社会公平与环境可持续发展的双重驱动模式。一是加大社会民生领域合作。进一步加强在教育、医疗、公共服务等领域的项目合作，通过援建学校、医院、公共设施及提供相关培训等方式，改善非洲国家的社会福利水平及自主发展能力，促进非洲社会的包容性发展。二是共同推动绿色低碳经济转型。通过联合开展污染治理、生态保护等项目合作，提升非洲国家环境治理能力和水平；通过政策对话、技术交流、项目合作等方式，共同探索适合非洲国情的绿色低碳发展路径。

党的二十届三中全会报告强调了开放作为中国式现代化鲜明标识的重大

意义，并明确将倡导普惠包容的经济全球化作为推动中国式现代化的重要路径与主张。这一主张不仅丰富了中国特色大国外交理论的内涵，更是习近平外交思想在新时代背景下的最新发展与升华。2024年中非合作论坛北京峰会也积极倡导普惠包容的经济全球化，以发展为导向，维护全球产业链供应链稳定畅通，推动各方尊重彼此正当利益和合理关切，增添全球经济增长的活力和动力。"共识"提出的"呼吁开放发展，推动普惠包容的经济全球化"正是习近平外交思想在中非合作领域的生动实践，是中非合作论坛峰会精神的积极体现。它展现了中国作为负责任大国的担当与作为。展望未来，中非双方将继续秉持共商共建共享的原则，共同探索符合各自国情的发展道路，在国际事务中积极沟通协调，共同维护多边主义和国际公平正义，以中非现代化助力全球南方现代化，推动构建人类命运共同体。通过中非双方的共同努力，普惠包容的经济全球化将不断向前发展，为世界的和平与繁荣作出更大贡献。

第六章 融合发展：拓展一体化和多元发展空间

一体化建设是非洲长期致力于实现的发展目标，多年来，中国一直高度重视非洲一体化建设面临的诸多挑战，主动对接非盟、非洲次区域组织及非洲国家的发展规划，通过中非合作论坛、共建"一带一路"、金砖国家合作机制等平台与机制，在推动基础设施互联互通、促进贸易投资便利化、加强人文交流与合作等方面为非洲一体化建设作出了重要贡献。"共识"第四条"呼吁融合发展，拓展一体化和多元发展空间。在联合国《2030年可持续发展议程》、非盟《2063年议程》、中非合作论坛、金砖机制等框架下，积极将共建'一带一路'对接各国发展规划。同步推进工业化、城镇化和农业现代化，辐射带动农村基础设施和公共服务，推广产业扶贫。推动区域资金融通，支持各国开辟稳定畅通的国际结算通道，拓展双边本币结算和多元外汇储备，探索市场化多元融资方式。加快非洲一体化建设，助推非洲全面融入全球市场"。

在全球化浪潮的推动下，非洲一体化建设顺势而生。经过半个多世纪的发展，非洲一体化已经迎来了里程碑时刻——非洲大陆自贸区建设。区域一体化是促进非洲国家经济持续发展的极佳战略选项，更是非洲国家联合自强、提升非洲国际地位的良好出路，兼具经济与政治意义。尽管目前的状况不尽如人意，但未来发展潜力与空间广阔。只要各国、各次区域及整个非洲大陆立足长远，本着真诚、务实、协作的精神，以非洲的现实为出发点，兼顾借鉴其他地区的有益经验，非洲一体化必然会呈现阶段性的量与质的双重提高。事实上，中国已经通过诸多成熟的平台，在推动非洲一体化建设方面取得了积极成效。在"共识"的引领下，中国必将为非洲一体化建设做出更大贡献。

一 践行"融合发展"共识的合作机制

非洲一体化长期以来遵循着"先经后政"的发展逻辑，南部非洲发展共同体、西非国家经济共同体和东非共同体等非洲次区域组织努力推动域内资本、服务和人员的自由流通，以加快共同市场的建设。① 中国一直坚定支持非洲一体化建设，并通过中非合作论坛、共建"一带一路"、金砖国家合作机制等平台与机制，对接非盟、非洲次区域组织及非洲国家的发展战略与远景规划，帮助非洲建设大量互联互通基础设施；援建了非盟会议中心、非洲疾控中心等泛非标志性项目；支持非洲大陆自由贸易区秘书处、泛非支付结算系统、非洲广播联盟等一体化机构同中方建立合作机制等。

（一）中非合作论坛

作为中非合作的重要平台之一，中非合作论坛历次会议成果均把推动非洲一体化建设作为主要合作方向。在第一届部长级会议上通过的《中非经济和社会发展合作纲领》中，部长们一致认为，应在多边贸易自由化以及非洲区域一体化步骤取得进展的情况下，确保相互间更好的市场准入。②

2018年中非合作论坛北京峰会上通过的《中非合作论坛—北京行动计划（2019—2021年）》指出，"中国是最大的发展中国家，正在致力于实现'两

---

① 黎文涛：《当互联互通的"非洲梦"照进现实……》，《世界知识》2014年第16期。
② 《中非经济和社会发展合作纲领》，中华人民共和国中央人民政府网，https://www.gov.cn/ztzl/zflt/content_428691.htm，最后访问日期：2024年8月22日。

个一百年'奋斗目标,实现中华民族伟大复兴的中国梦,非洲是发展中国家最集中的大陆,正在全面推进落实非盟《2063年议程》,致力于建设一体化、繁荣、和平的非洲,双方发展理念相通,发展战略契合,发展优势互补"。① 为了帮助非洲解决一体化建设面临的基础设施阻碍,双方愿根据非洲跨国跨地区基础设施建设规划,在兼顾国家发展实际需求和项目经济社会效益基础上,探讨并推进非洲大陆、地区和次区域互联互通项目的建设合作。"中国决定和非洲联盟启动编制《中非基础设施合作规划》","支持中国企业以投建营一体化等模式参与非洲基础设施建设,重点加强能源、交通、信息通信、跨境水资源等合作,同非方一道实施一批互联互通重点项目"。②

在2021年中非合作论坛第八届部长级会议上通过的《中非合作论坛—达喀尔行动计划(2022—2024)》中,中国做出了更多帮助非洲解决基础设施互联互通问题的承诺:"双方将秉持集约发展理念,以项目经济社会效益为导向,进一步加强基础设施规划、设计、建设、运营、维护和良好治理等领域互利合作,保持非洲有关国家债务可持续性。中方支持中国企业利用先进的装备、技术、标准、服务等帮助非洲改善基础设施条件,促进互联互通","鼓励和支持各自企业合作参与非洲国家光缆骨干网、跨境互联互通、国际海缆、新一代移动通信网络、数据中心等通信基础设施建设,并在相关基础设施建设、运营、服务等方面开展互利合作"。③

2024年中非合作论坛峰会(以下简称"2024年峰会")通过的《中非合作论坛—北京行动计划(2025—2027)》提出,"中国坚定支持非洲一体化进程,将支持非洲实施30个基础设施联通项目,继续为非盟和非洲大陆自贸区建设提供帮助","推动中国企业在非洲建设和运营的交通设施与工业园区联

---

① 《中非合作论坛—北京行动计划(2019—2021年)》,国家国际发展合作署官网,http://www.cidca.gov.cn/2018-09/07/c_129949203.htm,最后访问日期:2024年11月21日。
② 《携手共命运 同心促发展——习近平在2018年中非合作论坛北京峰会开幕式上的主旨讲话》,中华人民共和国中央人民政府网,https://www.gov.cn/xinwen/2018-09/03/content_5318979.htm,最后访问日期:2024年8月22日。
③ 《中非合作论坛—北京行动计划(2019—2021年)》,国家国际发展合作署官网,http://www.cidca.gov.cn/2018-09/07/c_129949203.htm,最后访问日期:2024年11月21日。

动发展，建设中国中西部地区对非水陆铁海多式联运体系"，"提高中非金融市场联通水平，深化双方在本币结算、金融科技等领域合作，欢迎非洲国家在华发行熊猫债"。①

（二）共建"一带一路"

基础设施建设历来是非洲国家和地区组织分步实现一体化的必要选项，但囿于资金短缺和地区形势安全，许多跨国跨区域的基础设施建设规划方案被搁置。②共建"一带一路"的核心内容是促进基础设施建设和互联互通，因此受到了致力于一体化建设的非洲国家的普遍欢迎，截至2023年，中国已与52个非洲国家签署了共建"一带一路"合作文件。③2020年12月，中国国家发展和改革委员会同非盟委员会共同签署了《中华人民共和国政府与非洲联盟关于共同推进"一带一路"建设的合作规划》。该"合作规划"是中国和区域性国际组织签署的第一个共建"一带一路"规划类合作文件，围绕政策沟通、设施联通、贸易畅通、资金融通、民心相通等领域，明确了合作内容和重点合作项目，提出了时间表、路线图。"合作规划"的签署，有效推动"一带一路"倡议同非盟《2063年议程》对接，促进双方优势互补，推进共建"一带一路"高质量发展，为全球合作创造新机遇，为共同发展增添新动力。

在设施联通领域，双方基础设施合作不断深化，为非洲经济社会发展补足短板。"《2063年议程》的第一个十年计划以建设一体化高铁网络作为落实重点，并以此作为连接非洲所有国家首都和主要商业中心城市的纽带。"④

---

① 《中非合作论坛—北京行动计划（2019—2021年）》，国家国际发展合作署官网，http://www.cidca.gov.cn/20240905/8762dd120fd44285b55facf0a9783883/c.html，最后访问日期：2024年9月6日。
② 姚桂梅：《从一体化视角看非洲工业化的新动力》，《西亚非洲》2016年第4期。
③ 推进"一带一路"建设工作领导小组办公室：《中国—非洲国家共建"一带一路"发展报告》，中国计划出版社，2023，第3页。
④ 《"一带一路"走进非盟"2063年议程"》，广东省商务厅官网，https://com.gd.gov.cn/zcqggfwpt/jjydyl/content/post_4182523.html，最后访问日期：2024年8月22日。

（三）金砖国家合作机制

金砖国家合作机制是新兴市场和发展中国家在经济、金融和发展领域交流与对话的重要平台，也是中非合作的另一重要框架。自2006年诞生以来，金砖机制两次扩容，2010年接受南非成为新成员，2023年金砖大家庭又迎来六位新成员，包括埃及与埃塞俄比亚两个非洲国家。中国在金砖机制"扩员"尤其是接受越来越多非洲国家加入方面发挥了重要推动作用，充分显示了中国对于在金砖机制下与非洲国家携手推动全球南方团结合作的信心。"继金砖合作机制'扩员'后，G20吸纳非盟加入，是'全球南方'力量发展壮大的又一标志性事件"，[1] 也成为中非合力提升"全球南方"团结合作水平的又一重要平台。

2023年8月24日，金砖国家领导人第十五次会晤期间，中非领导人对话会举办。会后，中方发布《支持非洲工业化倡议》《中国助力非洲农业现代化计划》《中非人才培养合作计划》，支持非洲一体化和现代化建设。

《支持非洲工业化倡议》指出，"非洲具有实现工业化的巨大潜力，非洲国家和非盟致力于推进包容和可持续的工业化"，"中国愿支持非洲发展制造业、数字产业和可再生能源开发建设，加强对非知识共享和技术转移，优化对非贸易便利化措施，扩大非洲优质工业制成品进口，呼吁加快全球金融体系改革并为非洲工业化提供金融支持，形成共助非洲工业化发展强大合力"，该倡议强调，"中方将结合落实中非合作论坛'九项工程'、共建'一带一路'和全球发展倡议，将有关合作资源向支持非洲工业化项目倾斜，同非洲国家共同推动建设有特色、有产品、有政策保障的区域中心示范园区，支持非洲早日实现绿色、协调和可持续的工业化"。[2]

---

[1] 贾平凡：《非盟正式成为二十国集团成员——发出"非洲声音"，推动多边主义发展》，习近平外交思想和新时代中国外交网，http://cn.chinadiplomacy.org.cn/2023-09/17/content_116690232.shtml，最后访问日期：2024年8月22日。

[2] 《支持非洲工业化倡议》，中华人民共和国中央人民政府网，https://www.gov.cn/yaowen/liebiao/202308/content_6900010.htm，最后访问日期：2024年8月22日。

《中国助力非洲农业现代化计划》指出，"中国愿在中非合作论坛框架内，同非方进一步探索合作新路径，全面推进中非农业务实合作"，"中方将深化中非农业发展战略对接和政策磋商，加强可持续农业、数字农业、蓝色经济等领域的交流合作，帮助非洲培育拓展农业产业链、提升农产品附加值。中方将同非方成立中非农业科技创新联盟，加大农业技术合作和联合研究，帮助非洲培养更多本土专业性人才；充实完善非洲农产品输华'绿色通道'，持续扩大非洲农产品输华规模"，"计划强调，中非农业合作旨在帮助非洲实现粮食自给自足和自主可持续发展，带动非洲粮食本土化生产，有效提升非洲粮食安全自主保障能力，帮助非洲实现发展现代农业的有关目标"。[1]

《中非人才培养合作计划》强调，"中国和非洲发展振兴的关键在于将规模巨大的人口转化为丰富的人力资源，以人才红利助力本国现代化发展"，"中国将同非洲继续加强技术转移、教育培训等能力建设合作，包括实施'中非高校百校合作计划'和'一带一路'教师成长计划，每年为非洲职业院校培训500名校长和骨干师资，培养1000名非洲本土中文教师；通过开展'中文＋职业技能'教育，培训1万名本土复合型人才；开展非洲青年科学家来华工作计划，未来三年支持300名非洲青年科学家来华"，"中非将共同培养面向治理能力现代化、面向经济社会发展、面向科技创新增效、面向民生福祉改善的各类人才，助力非盟《2063年议程》第一个十年计划人力资本开发等目标"。[2]

二 中国推动非洲一体化建设的成效

非洲一体化进程始终受困于没有连接沿海国家与内陆国家及岛国的高效

---

[1]《中国助力非洲农业现代化计划》，中华人民共和国中央人民政府网，https://www.gov.cn/yaowen/liebiao/202308/content_6900010.htm，最后访问日期：2024年8月22日。
[2]《中非人才培养合作计划》，中华人民共和国中央人民政府网，https://www.gov.cn/yaowen/liebiao/202308/content_6900010.htm，最后访问日期：2024年8月22日。

综合性基础设施网络，而通过经济走廊模式建设区域性基础设施成为非洲各国互联互通和加强交往最有效的方法，形成不可小觑的发展势头。[1]中国大力投资于非洲区域性基础设施项目，中非合作在推动非洲一体化建设方面发挥了重要作用，主要体现在以下几个方面。

（一）提升基础设施互联互通水平

"近年来，在'一带一路'合作的带动下，中非互联互通加速发展"，"亚的斯亚贝巴—吉布提铁路、肯尼亚蒙巴萨—内罗毕铁路、刚果（布）国家1号公路、塞内加尔捷斯—图巴高速公路、加蓬让蒂尔港—翁布埃沿海路及博韦大桥、尼日利亚铁路现代化一期二期项目相继完工通车，吉布提多哈雷多功能港、多哥洛美集装箱码头等有效提升当地转口贸易能力，为地区互联互通和一体化进程发挥了重要作用"。[2]

1. 交通建设

中国帮助非洲建设了大量公路、铁路和港口项目。例如，"中国企业承建和运营的肯尼亚蒙内铁路是该国百年来第一条现代化铁路，全部采用中国标准、中国技术、中国装备，被誉为新时期中非'友谊之路''合作之路''共赢之路'，累计运送旅客541.5万人次、发送集装箱130.8万个标准箱，对肯经济增长贡献率达到1.5%，累计直接和间接创造就业4.6万个"。[3]蒙内铁路不仅加强了肯尼亚国内的互联互通，也为东非共同体乃至整个非洲的一体化建设提供了重要的交通支撑。中国资助非洲所有区域经济共同体的跨领域基础设施建设，大幅度推动非洲大陆实际上的一体化进程。

---

[1] 克雷顿·哈兹维内·胡木布奴、孙成功：《坦赞铁路后的非洲：回顾中国参与区域基础设施开发而深化和拓展非洲一体化的经验》，《非洲研究》2016年第1卷。
[2] 中华人民共和国国务院新闻办公室：《新时代的中非合作》，中华人民共和国中央人民政府网，https://www.gov.cn/zhengce/2021-11/26/content_5653540.htm，最后访问日期：2024年8月28日。
[3] 中华人民共和国国务院新闻办公室：《新时代的中非合作》，中华人民共和国中央人民政府网，https://www.gov.cn/zhengce/2021-11/26/content_5653540.htm，最后访问日期：2024年8月28日。

2.能源建设

在绿色发展、数字创新等工程带动下，中国企业在非洲实施了一大批清洁能源项目。中国协助非洲建设了不少电力设施，包括水电站、火电站和太阳能电站等；对非出口锂电池、光伏产品等显著增加；中非卫星遥感应用合作中心在北京揭牌成立；中非数字合作论坛成功举办。[①] 稳定的能源供应对于非洲国家的工业发展至关重要，也为非洲一体化建设中的产业合作和区域经济发展提供了动力保障。例如，中国在埃塞俄比亚等国建设的水电站项目，为当地及周边地区提供了充足的电力，促进了地区的经济发展和一体化进程。

3.通信建设

中国企业积极参与非洲的通信基础设施建设，铺设光缆、建设基站，提高了非洲的通信网络覆盖范围和通信质量。高效的通信网络有助于非洲各国之间的信息交流和经济合作，推动非洲一体化建设。2022年12月13日，华为将基站建到了非洲第一高峰乞力马扎罗，海拔高达5985米的乌呼鲁峰及海拔3795米以上的休息营地，首次实现高速网络覆盖。[②] 还有中兴、中国电信、阿里巴巴等中国企业在非洲多个国家开展通信项目，[③] 为非洲的数字化发展和一体化进程提供了技术支持。

（二）促进贸易投资便利化

1.贸易合作

中非合作论坛通过一系列举措，降低贸易壁垒，促进中非贸易的发展。中国主动扩大自非洲非资源类产品进口，对非洲33个最不发达国家100%税

[①] 洪剑儒：《"九项工程"对非援助和发展合作项目已全部落实》，《国际商报》2024年8月21日，第1版。

[②] 孙妍、沈毅斌：《地球村里"失联"的27亿人》，《IT时报》2023年5月19日，第2版。

[③] 姜璐、刘春吾：《新形势下中非数字合作：重要意义、重点领域与实践路径》，《海外投资与出口信贷》2024年第4期，第4页。

目输华产品提供零关税待遇，①帮助更多非洲农业、制造业产品进入中国市场。同时，中国积极组织各类贸易促进活动，为非洲企业提供展示和交流的平台。例如，中国国际进口博览会为非洲国家的农产品、手工艺品等特色产品进入中国市场提供了机遇，促进了非洲国家的贸易发展和经济增长。

2.投资合作

中国鼓励企业加大对非洲的投资，涉及农业、制造业、能源、基础设施等多个领域。中国企业在非洲的投资不仅为当地创造了就业机会，还带来了先进的技术和管理经验，促进了非洲国家的产业升级和经济发展。例如，中国在埃塞俄比亚投资建设的东方工业园，吸引了众多企业入驻，形成了产业集聚效应，为埃塞俄比亚的工业化和区域经济一体化做出了贡献。②

3.金融支持

基础设施建设需要巨额资金。中方除了提供政府无偿援助和无息贷款外，还通过中国进出口银行提供优惠贷款和优惠买方信贷。此外，中国企业还承担了世界银行、非洲开发银行等国际金融机构和部分发达国家在非洲援建和投资的部分基础设施项目。③"中方将同非洲国家扩大人民币结算和本币互换业务规模，鼓励中国金融机构赴非洲设立更多分支机构，以多种方式扩大对非投融资合作，为非洲工业化和现代化提供金融支持和服务。"④这些金融机构为非洲一体化建设中的重大项目提供融资服务，帮助非洲国家解决资金短缺问题。"中方将同非洲国家扩大人民币结算和本币互换业务规模，鼓励中国金融机构赴非洲设立更多分支机构，以多种方式扩大对非投融资合作，为非洲

---

① 《国务院关税税则委员会发布公告给予最不发达国家100%税目产品零关税待遇》，中国政府网，2024年9月12日，https://www.gov.cn/lianbo/bumen/202409/content_6974165.htm，最后访问日期：2024年10月16日。
② 周楚昀、刘方强：《东方工业园助力"非洲屋脊"工业化进程》，新华网，http://www.news.cn/silkroad/20240320/ead1e13e405c436b883adf7eae9e009b/c.html，最后访问日期：2024年11月21日。
③ 金锐：《非洲基础设施建设与工程承包市场》，《国际经济合作》2013年第5期。
④ 王琳：《独家专访央行国际司司长朱隽：中非金融合作重点在创新投融资模式》，第一财经网，https://www.yicai.com/news/100022196.html，最后访问日期：2024年8月22日。

工业化和现代化提供金融支持和服务。"①

三 中非推动一体化发展的路径成效

尽管非洲为推进一体化建设付出了不懈努力，但是受政治局势长期动荡不安、生产能力低下、基础设施落后等因素的共同作用，非洲一体化建设一直较为缓慢。中国与非洲的经贸合作长期以来主要是在中国与各成员国之间开展的，随着非洲一体化进程的不断推进，有必要对这种合作方式进行调整，即不论是投资还是贸易合作，均应从非洲整体利益出发，以促进各国的经济及非洲整体发展为重要参照，加强中国与该地区的合作。这种方式不但可以降低彼此的合作成本，更有助于双方合作水平的提高。

（一）支持非盟推动非洲的安全与稳定

稳定的地区局势是非洲一体化建设的重要保障，习近平主席在2024年中非合作论坛北京峰会开幕式上的主旨讲话中强调，"中方愿帮助非洲提升自主维护和平稳定的能力，推动全球安全倡议率先在非洲落地，促进高质量发展和高水平安全良性互动，共同维护世界和平稳定"。②"共识"也呼吁安全发展，实现改革发展稳定相互促进。非盟是全非最大的地区性国际组织，它的宗旨和目标就是要维护地区和平与稳定，促进经济与一体化进程的发展。非盟成立后以欧盟为榜样，正在努力推动非洲一体化进程。一体化的主要动力来自区域内部，但也不可否认国际社会发挥了积极作用。③同时继承

---

① 马汉智：《非洲的这个"大动作"，让人民币国际化迎来新机遇》，中国日报网，https://cn.chinadaily.com.cn/a/202104/07/WS606daeb8a3101e7ce9748066.html，最后访问日期：2024年11月21日。
② 《习近平出席中非合作论坛北京峰会开幕式并发表主旨讲话》，中华人民共和国中央人民政府网，https://www.gov.cn/yaowen/liebiao/202409/content_6972519.htm，最后访问日期：2024年9月6日。
③ 张忠祥：《中国在非洲一体化进程中的作用》，《上海师范大学学报（哲学社会科学版）》2012年第5期。

了其前身非统组织解决非洲冲突、维护非洲和平的历史使命。非盟和平与安全理事会的成立，标志着非盟解决冲突的机制进一步完善。它更加明确了非盟在解决地区冲突中的职责，并赋予其更大的权力。① 此外，非洲联盟（非盟）《2063年议程》专门将建设"和平与安全的非洲"作为七大长期愿景之一，并在第一个十年（2013~2023年）执行计划中提出"2020年消弭枪声"的倡议，为实现"必须结束所有的战争、内部冲突、基于性别的暴力、暴力冲突并防止种族灭绝"的目标，非盟在解决冲突的实践中也更加积极主动，成功控制和解决了一系列的地区冲突。② 其中，非盟参与苏丹达尔富危机的解决、调停斡旋刚果（金）武装冲突、成立专门部队打击乌干达反政府武装"圣灵抵抗军"，都是其维护大湖地区安全的典型案例。虽然非盟自成立以来在解决冲突中取得了一系列成绩，非洲的战乱与冲突的形势进入一个相对缓和的新时期，但不容回避的是，由于非洲冲突根源难消、非盟自身的困难以及外部国际环境一些不利因素的影响，非盟解决地区冲突仍存在许多制约因素。解决这些问题，既需要非盟自身努力，也需要国际社会的外部支持。"中国重视并坚定支持非盟在推进非洲联合自强和一体化进程中发挥领导作用、在维护非洲和平安全中发挥主导作用、在地区和国际事务中发挥更大作用，支持非盟通过《2063年议程》及实施第一个十年规划。"③ 未来，中国可以通过驻非盟使团加强与非盟的联系，为其提供资金、技术等多种支持。

（二）促进产业合作，提高非洲的生产能力

生产能力低下，尤其是工业生产力落后是导致非洲一体化水平较低的一

---

① 《非盟特别首脑会议探讨解决非洲地区冲突问题》，新浪网，https://news.sina.com.cn/o/2009-09-01/102916220693s.shtml，最后访问日期：2024年8月23日。
② 张凯：《非洲地区安全问题及其治理机制》，《现代国际关系》2022年第10期。
③ 中华人民共和国国务院新闻办公室：《新时代的中非合作》，中华人民共和国中央人民政府网，https://www.gov.cn/zhengce/2021-11/26/content_5653540.htm，最后访问日期：2024年8月29日。

个重要原因。因此，促进中国与非洲的产业合作，提高其生产能力，对于促进非洲一体化的发展将大有裨益。"共识"对这一问题高度重视，呼吁"统筹发展，实现有效市场和有为政府的有机结合"，同时强调"以国家发展规划为战略导向，以财政政策和货币政策为主要手段，紧密结合就业、产业、投资、消费、环保、区域等政策，增强经济发展韧性"。

就中国与非洲国家开展产业合作而言，大多数非洲国家的工业化进程尚处于起步阶段，经验与资金均不足，非常希望借鉴其他国家的发展经验，尤其重视学习中国的发展模式，期望通过借鉴中国经济建设的经验实现自身发展。[1] 值得指出的是，非洲各国的工业化水平、资源状况、对外来投资的政策及投资风险等不尽相同，因此在开展对非产业合作时，中国政府在积极鼓励的同时，应正确引导。而企业更应在赴非投资之前做好充分的调查研究工作，详细了解我国对企业"走出去"及非洲国家对外来投资的政策，规避风险，唯此才能实现双方产业合作的顺利开展。[2] 就合作重点而言，中国应帮助非洲避免走先污染、后治理的老路，所以绿色增长同样重要。[3] 因此，在与非洲国家进行产业合作过程中，中国应帮助它们更多地发展劳动密集型企业，适度发展重工业。这样，既能够为日益增加的各国人民创造大量的就业岗位，又不以牺牲环境为代价。

（三）加强对非洲区域性基础设施投资

提高非洲国家之间的互联互通，是目前中国对非基础设施投资的一大重点。中国企业一直十分重视对非洲基础设施建设的投资，非洲是中国第二大海外承包工程市场，十年来，中国企业累计在非洲签订承包工程合同额超过7000亿美元，完成营业额超过4000亿美元，在交通、能源、电力、住房、民

---

[1] 《非洲工业化，中非合作新契机（国际视野）》，人民网，http://world.people.com.cn/n1/2016/1212/c1002-28940775.html，最后访问日期：2024年8月23日。
[2] 李雪冬：《中非产业合作的潜力与困境——以乌干达为例》，《现代管理科学》2016年第4期。
[3] 卢朵宝、金正：《综述：中国技术助推非洲绿色发展潜力巨大》，新华网，http://www.xinhuanet.com/world/2017-12/23/.htm，最后访问日期：2024年8月23日。

生等领域实施了一批标志性工程和"小而美"项目。① 尽管取得了很大的成绩,但是在该地区积极推进一体化建设的背景下,仍需未雨绸缪,牢牢把握市场战略机遇,着眼于从单一项目开发向一揽子规模式相关产业转型,推动功能的整体发挥和相关产业的进一步提升;着眼从一个国家的项目开发向相邻国家的共同开发、共同受益转型,推动非洲内部市场流动,带动区域经济的发展。②

首先,强化政府间的沟通,切实增进战略互信,加强政策协调,完善双边、多边框架下的沟通机制,对互联互通项目的规划特别是建设方案达成一致意向,为项目实施创造条件。同时也需要非盟和次区域组织的有力推动。单独的企业行为很难推动这些工作。互联互通规划信息应适时向企业公布,便于各企业能够早期跟进并提供专门的融资和规划解决方案。

其次,拓宽投资领域,加强对非洲公路网建设的投资。目前,中国对非洲交通基础设施的投资主要将铁路建设作为重点,这对于主要以陆地相连的非洲各国之间加强互联互通无疑十分重要。但是同时应该看到的是,在覆盖水平、灵活度等方面,公路运输具有铁路运输无法比拟的优势,对于非洲国家之间开展贸易十分重要。

最后,必须创新合作方式和商业模式实现互利共赢。一是要加强与非洲各国本土上下游企业的合作,让投资目的国的金融机构和企业积极参与进来,增强其自我发展能力,实现互利共赢。③ 二是通过多种方式(联营体、联合体等)加强与全球同行的合作,发挥各自在技术、管理、行业、资金等方面的优势,全面深入地推动和做好非洲跨国、跨区域基础设施互联互通建设,造福当地人民,服务当地经济发展。

---

① 张凡:《中非合作论坛:深化中非产业链供应链合作》,《中国贸易报》2024 年 8 月 22 日,第 1 版。
② 李雪冬:《推进中国与非洲次区域组织合作》,《中国社会科学报》2021 年 12 月 31 日。
③ 张煜:《大变局下推动国有企业"走出去"的路径选择》,中国经济新闻网,https://www.cet.com.cn/wzsy/ycxw/3310027.shtml,最后访问日期:2024 年 8 月 23 日。

（四）推进与非洲次区域组织合作

非洲一体化建设主要以非盟承认的八个次区域组织①为重要基础，这些组织纷纷表示希望加强与我国的合作关系，建立正式的合作机制。中国如何以促进各组织的一体化建设为出发点，利用自身优势、结合各组织的需要，实现双方相关政策的有效对接，应成为进一步深化双方合作的新思路。

其一，加强双方的战略规划对接。尽管中国与非洲各次区域组织的合作取得了很多成绩，但总体看来，仍缺乏紧密、成熟的战略对接。就中方而言，党的十八届三中全会提出的"一带一路"建设倡议将是未来很长一段时间内我国构建对外开放新格局的核心战略，非洲是共建"一带一路"的重要伙伴。因此，"一带一路"顺利落地非洲的关键在于与非方各种战略规划的对接。非洲国家、非盟、非洲次区域一体化组织均有各自的经济社会发展战略乃至数十年远景规划，"一带一路"倡议能否得到非方认同与支持，关键在于这些倡议能否与包括各次区域组织在内的非方现有战略规划实现有机对接。②

其二，加强与次区域组织中主导型国家与支点性国家的合作。在各次区域组织中，这两种类型的国家一般都对经济一体化建设充满期待与热心。其中，主导型国家主要在资金、经验和话语方面在一体化组织中具有领导优势，同时，为树立负责任的地区性大国形象，此类国家也是次区域组织制度性建设的推动者和支持者。而支点性国家多地处次区域组织"心脏"，与其他成员国尤其是邻国的安全与经济联系十分密切，堪称成员国之间利益共同体、命运共同体的"纽带"。加强与这两种类型国家的政治对话、文化交流、安全与经贸合作，不仅有利于深化两国关系，更可以为推动中国与其所属次区域组织创造有利条件与环境。

---

① 非盟承认的八个次区域组织包括：阿拉伯马格里布联盟、萨赫勒-撒哈拉国家共同体、东部和南部非洲共同市场、东非共同体、中部非洲国家经济共同体、西非国家经济共同体、东非政府间发展组织、南部非洲发展共同体。
② 李雪冬：《推进中国与非洲次区域组织合作》，《中国社会科学报》2021年12月31日，第10版。

（五）加强人文交流，为中国助力非洲一体化建设贡献智慧力量

中非各领域合作都离不开人才与智力支持，习近平主席在2024年中非合作论坛北京峰会开幕式上的主旨讲话中承诺："中方愿同非方积极开展人才培养、减贫、就业等领域合作，提升人民在现代化进程中的获得感、幸福感、安全感，共同推动现代化惠及全体人民。"[①]"共识"也呼吁"文明发展，深化文明交流互鉴"，同时强调"加强教育投入，提升教育质量，促进教育普及、均衡、可持续发展。促进在智库媒体、教育科技、医疗卫生、文体艺术等领域的交流与合作，落实中非人才培养合作计划，为世界现代化建设事业贡献全球南方力量"。

就非洲一体化建设而言，一方面，通过中非智库媒体的交流，及时追踪非洲一体化建设进展及面临的挑战，据以开展课题研究或向有关部门提交咨政报告，为合力解决相关问题贡献智慧。另一方面，加强中非教育科技合作，为非洲一体化建设输送人才。就此而言，可以结合在非中资企业的用工需求，整合中国在非洲的孔子学院与职业教育资源，打造"语言教育＋职业培训＋市场需求"的人才培养模式，为非洲一体化建设培养实用型人才。

"共识"是全方位指引中非未来合作的智慧集成和战略举措，涵盖了政治、经济、安全、文化等诸多方面。非洲一体化建设是一项系统工程，所涉及的合作领域同样十分宽广，其阻碍因素亦是多元的。因此，以"共识"为指引，以提升非洲一体化水平为中非合作的重要目标，不仅可以解决非洲一体化建设面临的诸多挑战，也有利于实现中非高水平全面合作，中国应该抓住这一机遇，以非洲一体化为新契机，开拓新的合作领域，进一步促进中非关系可持续发展。

---

① 《习近平出席中非合作论坛北京峰会开幕式并发表主旨讲话》，中华人民共和国中央人民政府网，https://www.gov.cn/yaowen/liebiao/202409/content_6972519.htm，最后访问日期：2024年9月6日。

第七章　统筹发展：结合有效市场和有为政府

　　"共识"第五条提出，"我们呼吁统筹发展，实现有效市场和有为政府的有机结合。加强国家间经济政策协调和法规标准对接，积极扩大有效投资，增强市场透明度，强化市场监管，促进市场公平竞争，保护企业合法权益，帮助企业降本减负，激发市场主体活力。完善国家宏观经济治理体系，加强公共服务能力，建设高效、廉洁、法治政府。以国家发展规划为战略导向，以财政政策和货币政策为主要手段，紧密结合就业、产业、投资、消费、环保、区域等政策，增强经济发展韧性"。

　　"共识"第五条在全球经济一体化和中非合作新机遇的背景下提出，具有多维度的内涵，包括市场与政府的和谐共生、政策协调与法规对接、公平竞争与权益保护、宏观经济治理与公共服务等，将有效推动中非经贸合作迈向新高度和增强双方经济韧性。共识实施过程中可能面临多重挑战，如执行难度和如何创新监管，对此，应把握中非合作在全球层面的战略意义和在南南合作中的典范作用，利用全球化新趋势、参与全球治理体系改革，深化中非合作、协同推进共建"一带一路"和现代化，构建命运共同体。

一 "统筹发展"共识的时代背景

"共识"第五条是在全球发展面临挑战与机遇、中非合作不断深化、非洲国家发展需求迫切等多重背景下提出的,具有深远意义。这一共识体现了中非双方对自主发展道路的坚定追求,对有效市场和有为政府结合的深刻认识,以及对未来合作发展的美好愿景。

(一)全球发展面临的挑战与机遇

一是全球治理体系失序。当前,全球治理体系面临挑战,多边主义受到冲击,国际秩序的不稳定性和不确定性增加。这要求各国在发展过程中,既要依靠市场机制,又要强化政府作用,以实现更加稳健和可持续的发展。

二是全球经济发展失衡。全球经济发展不平衡现象日益严重,发达国家与发展中国家之间的差距扩大。非洲国家作为发展中国家的重要组成部分,面临着工业化、农业现代化等多重任务,需要有效市场和有为政府的有机结合来推动经济发展。

三是全球文明文化交流互鉴失范。在全球文明交流互鉴的过程中,存在西方中心主义的话语体系和近代发展的历史偏见,遮蔽了真实的现代化发展经验。这要求中国和非洲国家等在发展过程中,既要吸收借鉴国际先进经验,又要立足自身国情,探索适合自身的发展道路。

(二)中非合作的深化与发展

一是中非关系源远流长。中非关系历史悠久,新中国成立以来,中国与非洲国家在政治、经济、文化等领域开展了广泛而深入的合作。这种合作传统为"共识"的提出奠定了坚实的基础。

二是中非合作论坛的推动。中非合作论坛作为中非合作的重要平台,为双方深化合作提供了重要机遇。在论坛的推动下,中非双方在各个领域开展了务实合作，取得了显著成果。这为"共识"中关于有效市场和有为政府有机结合的呼吁提供了实践基础。

三是南南合作的典范。中非关系被视为南南合作的典范，展示了推动共同增长和发展的战略联盟。这种合作模式强调共同发展目标和合作共赢原则的重要性，为"共识"的提出提供了理论支撑和实践经验。

（三）非洲国家的发展需求

一是工业化和农业现代化任务艰巨。非洲国家在实现工业化和农业现代化的过程中，面临着资金、技术、人才等多方面的挑战。有效市场和有为政府的有机结合，有助于激发市场活力，优化资源配置，推动非洲国家实现工业化和农业现代化。

二是经济金融安全合作需求迫切。在全球化背景下，非洲国家需要加强经济金融安全合作，以应对国际金融市场波动等风险。有效市场和有为政府的有机结合，可以开辟稳定畅通的国际结算通道，拓展双边本币结算和多元外汇储备，提高资金流动性和使用效益。

三是发展知识共享和教育合作需求增加。非洲国家在实现现代化的过程中，需要借鉴国际先进经验，提升自身发展能力。通过加强发展知识共享和教育合作，可以帮助非洲国家培养更多高素质人才，推动经济社会发展。

二 "统筹发展"共识的多维解析

"共识"第五条深刻体现了中非双方在经济合作与社会发展方面的共同理念和追求。

（一）市场与政府的和谐共生：探索最优经济治理模式

在经济发展过程中，市场与政府的关系一直是一个核心议题。"共识"第五条强调市场与政府的和谐共生，这既是对传统经济治理模式的反思，也是对现代经济治理模式的探索。

一是有效市场的核心作用。市场机制在资源配置、价格发现、激励创新等方面具有决定性作用。首先，市场机制能够通过供求关系有效地配置资源，使得资源从低效率部门流向高效率部门，从而实现资源的优化配置。这种优化配置不仅提高了资源的使用效率，还促进了经济的持续增长。其次，市场机制能够真实反映商品和服务的稀缺程度，通过价格信号引导生产和消费行为，实现价格发现。价格发现机制是市场经济的重要特征，它使得消费者和生产者能够根据市场价格信号做出合理的决策。最后，市场机制通过竞争和利润驱动，激励企业进行技术创新和产品升级，推动经济持续发展。这种激励机制是市场经济活力的重要来源，也是经济持续增长的重要动力。

二是有为政府的适度干预。政府在维护市场秩序、提供公共服务、保障社会公平等方面发挥着关键职能。首先，政府需要制定和执行法律法规，维护市场秩序，防止不正当竞争和垄断行为。政府通过制定反垄断法、反不正当竞争法等法律法规，维护市场的公平竞争环境，保护消费者和生产者的合法权益。其次，政府需要提供公共服务，如基础设施、教育、医疗等，以满足人民基本生活需求。政府通过投资基础设施建设、发展教育事业、提高医疗保障水平等措施，为人民提供基本的公共服务，保障人民的基本生活需求。此外，政府还需要通过税收、社会保障等手段保障社会公平，防止贫富差距过大。政府通过制定税收政策、社会保障政策等措施，调节收入分配，保障社会公平和稳定。

综上所述，市场与政府两者之间是一种互补关系。市场机制在微观层面发挥资源配置作用，而政府在宏观层面进行调控和保障。二者相互协调、相互配合，共同推动经济发展。在现代经济治理模式中，市场与政府需要形成合力，共同应对经济挑战。政府需要尊重市场规律，发挥市场机制的决定性作用，同时加强宏观调控和监管力度，确保经济的稳定和可持续发展。

（二）政策协调与法规对接：构建跨国治理新框架

在国家间经济合作中，政策协调与法规对接是基石。"共识"第五条强调政策协调与法规对接的重要性，以促进国际合作、降低交易成本。这既是对传统国际经济合作模式的挑战，也是对跨国治理新框架的开拓。

一是跨国治理的基石。国家间经济政策协调与法规标准对接是跨国治理的基石。在全球经济一体化背景下，各国经济政策相互影响、相互制约。通过政策协调，可以减少政策冲突和摩擦，增强政策协同效应。政策协调包括货币政策、财政政策、贸易政策等多个方面的协调。通过政策协调，各国可以共同应对经济挑战，促进经济的稳定增长。同时，法规标准对接可以降低跨国交易成本，促进贸易和投资便利化。法规标准对接包括产品质量标准、环保标准、知识产权保护等多个方面的对接。通过法规标准对接，可以减少因标准不一致而产生的贸易障碍，促进贸易和投资的自由化和便利化。

二是减少贸易壁垒的具体路径。政策协调与法规对接可以通过多种方式减少贸易壁垒。首先，通过双边或多边贸易协定，降低关税和非关税壁垒，推动贸易自由化。双边或多边贸易协定是国际贸易合作的重要形式，通过签订贸易协定，各国可以相互开放市场，降低关税和非关税壁垒，促进贸易的自由化和便利化。其次，加强海关合作和边境管理，提高通关效率，降低跨境交易成本。海关合作和边境管理是跨国贸易的重要环节，通过加强海关合作和边境管理，可以提高通关效率，降低跨境交易成本，促进贸易的便利化。此外，还可以推动相互认证和标准化合作，减少因标准不一致而产生的贸易障碍。相互认证和标准化合作是跨国贸易中的重要合作形式，通过相互认证和标准化合作，可以减少因标准不一致而产生的贸易障碍，促进贸易的自由化和便利化。

（三）公平竞争与权益保护：营造良好市场环境

公平竞争和权益保护是市场经济的基础。"共识"第五条强调市场监管在促进公平竞争、打击不正当竞争行为、保护消费者权益等方面的作用，同时关注企业权益的保障机制。这既是对市场经济基本原则的坚守，也是对现代市场经济环境的优化。

一是市场环境的优化策略。优化市场环境是保障公平竞争和消费者权益的关键。首先，加强市场监管力度，打击不正当竞争行为和欺诈行为，维护市场秩序。市场监管是保障市场公平竞争的重要手段，通过加强市场监管力度，可以打击不正当竞争行为和欺诈行为，维护市场秩序和消费者权益。其次，建立健全消费者权益保护机制，提高消费者维权意识和能力。消费者权益保护是市场经济的重要组成部分，通过建立健全消费者权益保护机制，可以提高消费者的维权意识和能力，保障消费者的合法权益。此外，还可以推动行业自律和诚信体系建设，营造公平竞争的市场环境。行业自律和诚信体系建设是市场经济环境优化的重要内容，通过推动行业自律和诚信体系建设，可以营造公平竞争的市场环境，促进经济的健康发展。

二是企业权益的保障机制。保护跨国企业合法权益是国际合作的重要内容。首先，完善法律法规体系，明确企业权益保护的具体条款和措施。法律法规体系是企业权益保护的重要保障，通过完善法律法规体系，可以明确企业权益保护的具体条款和措施，为企业提供有力的法律保障。其次，加强投资保护协定和争端解决机制建设，为企业提供有效的法律保障。投资保护协定和争端解决机制是企业权益保护的重要机制，通过加强投资保护协定和争端解决机制建设，可以为企业提供有效的法律保障和争端解决途径。此外，还可以推动建立跨国企业权益保护组织或机构，为企业提供更加全面和专业的服务。跨国企业权益保护组织或机构是企业权益保护的重要力量，通过推动建立跨国企业权益保护组织或机构，可以为企业提供更加全面和专业的服务和支持。

（四）宏观经济治理与公共服务：实现经济社会双赢

宏观经济治理和公共服务是国家经济发展的重要支撑。"共识"第五条强调完善国家宏观经济治理体系对增强经济发展韧性的意义，以及提升公共服务能力的重要性。这既是对传统经济发展模式的重塑，也是对现代经济发展模式的再造。

一是治理体系的现代化路径。完善国家宏观经济治理体系是增强经济发展韧性的关键。首先，加强宏观经济政策协调和监管力度，确保政策的有效性和稳定性。宏观经济政策协调和监管是宏观经济治理的重要内容，通过加强宏观经济政策协调和监管力度，可以确保政策的有效性和稳定性，促进经济的稳定增长。其次，推动金融、财政等关键领域的改革和创新，提高经济运行效率和抗风险能力。金融、财政等关键领域的改革和创新是宏观经济治理的重要方向，通过推动这些领域的改革和创新，可以提高经济运行效率和抗风险能力，增强经济发展的韧性。此外，还可以加强与国际组织的合作和交流，借鉴国际先进经验和实践。与国际组织的合作和交流是宏观经济治理的重要途径，通过加强与国际组织的合作和交流，可以借鉴国际先进经验和实践，提高宏观经济治理的水平和能力。

实现治理体系现代化的具体路径包括：推动数字化转型和智能化应用，提高治理效率和精准度；加强人才培养和引进，提高治理能力和水平；推动法治建设和依法行政，确保治理的公正性和透明度。数字化转型和智能化应用是现代化治理的重要手段，通过推动数字化转型和智能化应用，可以提高治理效率和精准度。人才培养和引进是现代化治理的重要保障，通过加强人才培养和引进，可以提高治理能力和水平。法治建设和依法行政是现代化治理的重要基础，通过推动法治建设和依法行政，可以确保治理的公正性和透明度。

二是公共服务的强化与创新。提升公共服务能力是满足人民美好生活需要的重要保障。首先，加大教育、医疗、社会保障等领域的投入力度，提高公共服务水平和覆盖面。教育、医疗、社会保障等领域是公共服务的重要内容，通过加大这些领域的投入力度，可以提高公共服务水平和覆盖面，满足人民的基本生活需求。其次，推动公共服务的创新和发展，如发展远程教育、智慧医疗等新型服务模式。公共服务的创新和发展是提升公共服务能力的重要方向，通过推动公共服务的创新和发展，可以发展远程教育、智慧医疗等新型服务模式，提高公共服务的效率和质量。此外，还可以加强与社会力量的合作和共建共治共享机制建设，提高公共服务的多元化和可持续性。与社会力量的合作和共建共治共享机制建设是提升公共服务能力的重要途径，通过加强与社会力量的合作和共建共治共享机制建设，可以提高公共服务的多元化和可持续性，促进公共服务的长期发展。

三 "统筹发展"共识的未来愿景

"共识"第五条具有广阔的成效展望，但也面临诸多挑战。需要各方共同努力，加强合作与沟通，推动"共识"的落地与执行，为中非乃至全球南方的可持续发展贡献力量。

（一）成效展望

一是激活内生性发展动力。通过结合有效市场和有为政府，可以激发市场主体的活力，同时利用政府的引导和调控作用，优化资源配置，推动经济内生性增长。这有助于非洲国家实现工业化和农业现代化，提升整体经济发展水平。

二是优化政府治理。该共识强调建设高效、廉洁、法治政府，这将提升政府的公共服务能力和宏观调控水平，为经济发展创造更加稳定和公平的环境。高效、廉洁、法治的政府能够减少腐败和资源浪费，提高政策执行效率，从而增强经济发展的可持续性。

三是促进贸易投资便利化。加强经济政策协调和法规标准对接，有助于提高贸易投资的自由化便利化水平，保护企业合法权益。这将促进中非之间的经贸合作，推动双方经济的共同繁荣。

四是创新融资模式。该共识倡导公私合营、投建营一体、贷投协同等新融资模式，这将提高资金流动性和使用效益，为经济发展提供更多的资金支持。这些创新融资模式有助于缓解非洲国家资金短缺的问题，推动基础设施建设和产业升级。

（二）挑战应对

一是政策协调与执行难度。实现有效市场和有为政府的有机结合需要各国政府之间的紧密协调与合作。然而，由于各国政治、经济、文化等方面的差异，政策协调与执行可能会面临一定的难度。需要建立更加完善的合作机制，加强沟通与交流，确保政策顺利落地和执行。

二是市场与政府角色的平衡。在实际操作中，如何准确界定市场和政府的角色，实现二者的有机结合是一个复杂的问题。过度干预或放任自流都可能导致不良后果。需要根据各国实际情况，灵活调整市场与政府的关系，找到最佳的平衡点。

三是法规标准对接的挑战。不同国家之间的法规标准存在差异，实现对接需要付出较大的努力。这涉及法律、技术、文化等多个层面的沟通与协调。需要加强国际合作，推动法规标准的统一和互认，降低贸易投资的壁垒。

四是创新融资模式的风险。新融资模式虽然具有诸多优势，但也伴随一定的风险。如公私合营模式可能引发利益冲突和道德风险等问题。需要建立健全的风险防控机制，加强监管和评估，确保新融资模式的安全和有效运行。

四 "统筹发展"共识的推进策略

"共识"第五条深刻阐述了一个核心议题，即实现有效市场和有为政府的有机结合，促进中非乃至全球南方国家的可持续发展。

（一）建设高效、廉洁、法治政府

一是加强政府治理能力建设。不仅限于专业技能和管理水平的提升，还应注重培养公务员的创新思维、问题解决能力和跨文化交流能力。除了国内外优秀人才外，还应特别关注具有国际视野和跨文化背景的人才，以促进政府治理的国际化。利用大数据、云计算、人工智能等技术，提高政府决策的科学性和效率，同时推动政府服务的数字化和智能化。

二是推进法治化建设。除了经济、社会、文化等领域的法律法规外，还应加强环境保护、数据安全等新兴领域的立法工作。加强司法人员的培训和教育，提高司法判决的质量和效率，同时加强司法监督，确保司法公正。通过媒体、学校、社区等多种渠道，普及法律知识，提高公民的法治意识和法律素养。

三是强化监督与问责机制。建立健全审计署、监察委员会等内部监督机构，加强对政府行为的审计和评估，确保政府行为的合法性和合规性。鼓励媒体和公众对政府行为进行监督，对违规行为进行曝光和问责，形成有效的外部监督机制。建立健全问责制度，对违法违规的政府行为进行严肃处理，追究相关责任人的责任，同时加强问责结果的公开和透明。

（二）优化宏观调控和公共服务

一是完善宏观调控体系。根据国内外经济形势的变化，灵活调整财政政策和货币政策，保持经济稳定增长。同时，加强政策的前瞻性和预见性，防范和化解经济风险。加强货币政策、财政政策、产业政策等之间的协调配合，形成政策合力，提高宏观调控的效果。

二是提升公共服务质量。加大在教育、医疗、社保等领域的投入，提高公共服务设施的覆盖率和质量。特别关注农村和偏远地区，缩小城乡差距。推动公共服务均等化，确保所有公民都能享受到基本公共服务。同时，根据不同地区、不同群体的需求差异，提供个性化的公共服务。鼓励公共服务创新，如利用互联网技术提供在线教育、远程医疗等新型公共服务。

三是推动基础设施建设。加快交通、通信、能源等基础设施的建设和升级，提高基础设施的现代化水平和运行效率。注重基础设施的可持续性和环保性，推动绿色基础设施建设。加强与非洲国家全球南方国家之间的基础设施合作，共同推动跨国基础设施项目的建设和运营。

（三）激发市场活力

一是深化市场化改革。进一步放宽市场准入条件，打破行业垄断和壁垒，促进公平竞争。加强市场监管，维护市场秩序和消费者权益。推动国有企业改革和混合所有制经济发展，增强国有企业的活力和竞争力。同时，鼓励民营企业发展，支持其参与市场竞争和国际化经营。

二是保护企业合法权益。建立健全知识产权保护体系，打击侵犯知识产权和不正当竞争行为。为企业提供良好的法治环境和营商环境，降低企业运营成本。建立健全企业权益保护机制，为企业提供法律咨询、援助和维权服务。加强企业信用体系建设，提高企业的诚信意识和信用水平。

三是鼓励创新。通过税收优惠、资金扶持、人才引进等措施，鼓励企业加大研发投入，提升自主创新能力。加强产学研合作，推动科技成果转化和应用。构建创新生态系统，包括创新孵化器、加速器、科技园区等，为创新提供全方位的支持和服务。

（四）加强经济政策协调和法规标准对接

一是建立多边协调机制。加强中非及全球南方国家之间的经济政策对话和协调，共同应对全球经济挑战。推动建立多边经济合作机制，促进贸易和投资自由化便利化。加强与国际经济组织的合作与交流，借鉴其先进经验和管理模式，提升中非及全球南方国家的经济治理能力和水平。

二是推动法规标准互认。通过谈判和协商，推动各国在贸易、投资、技术等领域的法规标准实现互认和对接。降低交易成本，提高贸易和投资效率。鼓励非洲及全球南方国家参与国际标准的制定和修订工作，提升其在国际经济体系中的地位和影响力。

三是加强信息共享。建立信息共享平台，及时发布经济政策、市场动态、法规标准等信息。为企业提供及时、准确的信息支持，帮助企业更好地把握市场机遇和应对风险。利用大数据和人工智能技术，对经济政策、市场动态等数据进行深入分析和预测，为政府和企业提供决策支持。

（五）引导鼓励新融资模式

一是推广公私合营模式（PPP）。在基础设施建设等领域推广公私合营模式，吸引社会资本参与项目投资和运营。通过政府与社会资本的合作，实现风险共担和利益共享。建立健全PPP项目的监管和评估机制，确保其合规性和可持续性。加强与社会资本的沟通与协调，形成良好的合作关系。

二是发展投建营一体化模式。鼓励企业参与项目投资、建设和运营的全过程，实现项目全生命周期的效益最大化。通过一体化运营，提高项目的整体效率和盈利能力。建立健全投建营一体化项目的风险管理和控制机制，确保项目的稳健运行和可持续发展。

三是创新金融产品和服务。鼓励金融机构开发适合非洲国家等全球南方国家市场的金融产品和服务，如小额贷款、农业保险、绿色金融等。支持当地经济发展，促进金融资源合理配置。利用金融科技手段，如区块链、数字货币等，提高金融服务的效率和安全性。同时，加强金融监管和风险防范工作，确保金融市场的稳定和健康发展。

（六）完善监测和评估机制

一是制定明确的绩效指标。根据共识的目标和要求，制定具体的绩效指标和评估体系。对各项政策和措施的实施效果进行量化评估，确保政策目标的实现。建立健全绩效指标的监测和报告机制，及时跟踪和掌握政策实施的进展情况。加强绩效数据的收集和分析工作，为政策调整和优化提供依据。

二是建立定期审查机制。定期对共识的实施情况进行审查和总结，及时发现问题并采取措施加以解决。对政策执行过程中出现的偏差进行纠正和调整，确保政策的正确性和有效性。建立健全政策评估机制，对政策的实施效果进行全面、客观、公正的评估。加强政策评估结果的反馈和应用工作，为政策制定和调整提供参考和依据。

三是加强社会监督与反馈。鼓励社会各界参与共识实施过程的监督，包括媒体、非政府组织、公民团体等。通过社会监督，确保各项政策和措施能够真正惠及人民，提高政策的透明度和公信力。同时，建立健全反馈机制，及时收集和处理社会各界的意见和建议。加强与社会各界的沟通与协调，形成良好的互动关系。通过不断改进和完善政策实施过程，推动中非及全球南方国家的可持续发展。同时，加强政策宣传和解释工作，提高公众对政策的理解和认同度。

第八章　共享发展：构建开放共赢的现代化

"共识"第六条提出，"我们呼吁共享发展，兼顾效率与公平。鼓励世界银行等多边开发银行提供更多支持减贫和发展的融资工具。完善国家公共财政制度，完善社会分配政策与保障体系，合理调整国家、企业、个人分配关系，促进社会资源的合理配置，缩小社会贫富差距，让发展成果惠及全体人民。推动协商民主制度化发展，拓宽利益表达和沟通渠道，汇聚各社会团体和民众利益诉求。推动青年、妇女等重点群体实现充分就业创业"。"共享发展"共识是公平与效率的统一，是以"人民"为共享发展的主体、以"人民为中心"发展理念的体现，对于推动全球南方妇女青年就业创业、促进协商民主制度化发展、保障人民集体利益具有重要价值和现实意义。

"共识"第六条呼吁在包括减贫、人才培育、推动协商民主制度化以及推动经济发展等多个领域促进中国与非洲之间的经验共享，为推动非洲快速发展和实现现代化目标提供支持。为践行共识，中方与非洲各国需进一步深化经济合作，优化资金配置，确保投资有效促进非洲的经济发展；保障人民利益，关注民生改善，完善分配制度，让合作成果惠及更广泛民众；推动协商民主，确保合作项目的决策过程公开透明，充分倾听并回应民众诉求；加强人才培养，为非洲提供教育援助和技能培训，推动就业创业，支持全球南方妇女和青年就业创业，共同促进中非关系的持续发展和繁荣。

一 "共享发展"共识的提出背景

中非"共享发展"共识是在全球南方力量崛起并深刻影响"新全球化"背景下应运而生的。在全球多极化加速推进和国际力量对比深刻调整的大环境中，以全球南方力量为主要驱动的"新全球化"逐渐显现，要求人类社会在相互依存和休戚与共的基础上，创造更多智慧，达成更广泛的共识。[①] 中非"共享发展"共识正是这种背景下的产物，旨在强调中非之间的相互依存与合作，推动中非及全球南方国家的共同发展。该共识反映了南方国家在发展诉求上的相似性，作为"全球南方"的代表，中国与非洲国家肩负着推动南方国家团结和发展的责任。[②] 中非"共享发展"共识以进一步深化中非合作为目的，积极探索更加有效的合作模式和路径；以中国式现代化为参考，为非洲现代化发展找到正确道路提供中国智慧和力量；以加大中国对非援助为主，为非洲发展争取更多国际社会的支持和资源。"共识"秉持相互尊重、开放共赢、共同繁荣、共促发展的原则，为建立更公平公正的世界经济秩序和中非全面合作伙伴关系的提质升级贡献智慧与力量。

（一）"共识"来自中国实践的宝贵经验

党的十九大报告指出，"必须坚定不移贯彻创新、协调、绿色、开放、共享的发展理念"。其中共享发展是一切发展的出发点以及落脚点，[③] 是以

[①] 李东升、郭未来、王珩：《习主席提到的"中非达累斯萨拉姆共识"说的是啥？》，聚焦中国 China Focus 微信公众号，https://mp.weixin.qq.com/s/-_qMoRjKXBYhEwod-VUFwg，最后访问日期：2024 年 9 月 18 日。

[②] 《回答历史之问 共创历史伟业——中非为推动构建人类命运共同体树立典范》，新华网，http://www.news.cn/world/20240904/a634778b6b5b49229012799d260f31bc/c.html，最后访问日期：2024 年 11 月 21 日。

[③] 张魁、宋严：《马克思共享发展理念原典探究及当代启示》，《思想政治教育研究》2018 年第 34 卷第 3 期，第 58—62 页。

习近平同志为核心的党中央在新时代背景下对马克思关于未来社会中财富应由全社会共同享有这一理念的深入创新与继续发展，也是"一带一路"倡议秉持的重要原则。党的二十大报告进一步强调"构建人类命运共同体是世界各国人民前途所在"，"坚持共建共享，推动建设一个普遍安全的世界"，"坚持合作共赢，推动建设一个共同繁荣的世界"。[①] 中国"共享发展"的理论经验和实践成果为全球南方发展提供了宝贵的经验。中非"共享发展"共识的达成，不仅有助于促进双方在经济、科技、文化等领域的交流与合作，更能推动构建人类命运共同体，[②] 实现共同繁荣与发展的目标。因此，我们应珍视并继续深化中非"共享发展"的实践成果，让更多人从中受益，共同书写人类命运共同体的辉煌篇章。

（二）"共识"符合非洲发展的客观需求

非洲国家目前面临经济转型实现非洲现代化的关键时期，寻求更为有效的发展路径，以实现经济的持续增长和社会的全面进步。在此背景下，区域经济合作成为推动非洲经济发展的重要动力。中非之间在资源、技术、市场等方面存在显著的互补性，"共享发展"共识有助于促进双方在贸易、投资及技术合作等领域深化合作，从而推动非洲经济的多元化和可持续发展。中非合作注重改善非洲民生，通过教育、医疗、农业等领域的合作，提升非洲人民的生活水平。"共享发展"共识体现了以人民为中心的发展理念，符合非洲国家增加人民福祉的迫切需求。中国在减贫及通过制定合理政策完善分配制度等方面取得了显著成就，积累了宝贵经验。"共享发展"共识鼓励中非双方分享发展经验，帮助非洲国家少走弯路，实现更快发展。

[①] 习近平：《高举中国特色社会主义伟大旗帜为全面建设社会主义现代化国家而团结奋斗——在中国共产党第二十次全国代表大会上的报告》，人民出版社，2022，第62—63、69页。

[②] 张力：《教育科技人才奠基社会主义现代化国家建设》，《中国教育报》2022年10月22日，第6版。

（三）"共识"践行并顺应中非合作的发展趋势

中非有着相似的历史遭遇和共同的历史使命，一个是世界上最大的发展中国家，一个是发展中国家最集中的大陆，相似的历史遭遇、共同的历史使命使得双方始终紧密相连。新时代的中非关系在真实亲诚对非政策理念和正确义利观的引领下，驶入了"快车道"。① 广大发展中国家在国际事务中的独立自主性和战略重要性不断上升，中非合作成为推动世界多极化和国际关系民主化的重要力量。在 2018 年中非合作论坛北京峰会上，中非双方就携手打造"责任共担、合作共赢、幸福共享、文化共兴、安全共筑、和谐共生"的中非命运共同体达成战略共识。② 这六大方面明确了构建更加紧密的中非命运共同体的时代内涵、发展方向和前进路径，其中"合作共赢、幸福共享"蕴含着"共享发展"共识中"人民至上，让发展成果惠及全体人民"的核心理念，指引中非在合作共赢、共同发展的道路上结伴前行。中非双方都面临促进经济增长、改善民生、维护地区稳定的课题。"共享发展"共识符合双方的共同利益，是推动全球治理体系变革、促进世界和平与发展的重要力量。

二 "共享发展"共识的基本内涵

发展不仅是提升国家和地区自身福祉的关键，也对全球社会的繁荣与稳定具有深远的影响。"共享发展"共识从五个方面出发助推非洲地区的发展。第一，强调推动公平与效率的统一，在推动经济增长和发展的过程中，必须兼顾公平与效率的双重目标，实现资源的合理配置以及利益的公平分配。第二，倡导全球合作，呼吁世界银行和国际社会增加对非洲地区发展的资金及

---

① 俞懿春、周輖、黄炜鑫：《携手共命运 同心促发展》，《人民日报》2023 年 8 月 20 日，第 2 版。
② 习近平：《携手共命运同心促发展——在 2018 年中非合作论坛北京峰会开幕式上的主旨讲话》，中华人民共和国中央人民政府网，https://www.gov.cn/xinwen/2018-09/03/content_5318979.htm，最后访问日期：2024 年 9 月 18 日。

技术援助，以促进非洲地区的可持续发展实现共同繁荣。第三，主张发展应以"人民为中心"，通过激发个体的积极性和主观能动性，促进人的全面发展和社会的全面进步。第四，强调通过制度化的协商民主机制，促进人民集体利益的实现，确保广泛参与和科学决策，从而提高政策的有效性和社会的凝聚力。第五，强调加大对妇女、青年等重点群体的支持，通过推动他们的就业和经济参与以实现社会的全面包容和公平发展。

（一）共享发展是公平与效率的统一

党的十八大提出"初次分配和再分配都要兼顾效率和公平，再分配更加注重公平"。① 习近平总书记在党的二十大报告中也强调了要持续完善分配制度，推动公平与效率的统一，指出要"扎实推进共同富裕，完善分配制度，构建初次分配、再分配、第三次分配协调配套的制度体系"。②

公平与效率的矛盾在经济与社会政策的讨论中常常显现出复杂的冲突。二者既相互制约，又相互促进。公平通常关注社会公共资源和机会的公正分配，特别是在职业、收入以及社会福利等方面。在追求更高的公平标准时，政府通常会采取如高税收、教育补贴、医疗援助、社会保障体系以及福利再分配等措施。然而，若在追求公平的过程中忽视效率，可能会适得其反，甚至导致广泛贫困和国家长期陷入低端发展的困境。例如，尼日利亚政府曾实施粮食补贴政策，旨在降低基本食品价格以减轻贫困和改善低收入家庭的生活条件。然而，由于补贴管理不善和腐败问题，该政策未能有效降低食品价格，反而导致市场扭曲，进一步影响了农业生产和食品供应链的效率，减少了整体资源的有效利用。③ 这一实例表明，单纯追

---

① 胡锦涛:《坚定不移沿着中国特色社会主义道路前进 为全面建成小康社会而奋斗——中国共产党第十八次全国代表大会报告》，人民出版社，2012，第36页。
② 习近平:《高举中国特色社会主义伟大旗帜 为全面建设社会主义现代化国家而团结奋斗——在中国共产党第二十次全国代表大会上的报告》，人民出版社，2022，第47页。
③ 迈克尔·奥卢博德、薛俊奇、曹安驰:《尼日利亚农业的机遇与挑战》，《中国投资(中英文)》2023年第Z6期。

求公平而忽视效率可能导致资源浪费和经济增长受阻。在市场经济中，追求效率意味着将资源配置到最具回报的领域。然而，这种追求效率的过程可能会导致资源集中于少数人手中，从而加剧贫富差距、收入分化和社会矛盾，损害社会公平。南非在推行公共服务私有化改革时，将水务和电力行业私有化，尽管这一政策提升了服务的效率和质量，但也使水电收费更加昂贵，低收入家庭面临更大的经济负担，从而加剧了服务获取上的不平等。① 因此，"共享发展"共识强调公平与效率的统一。真正贯彻共享发展需要深刻理解公平与效率的辩证关系，并针对不同的发展阶段采取科学合理的政策措施。

（二）呼吁外部力量加大对非洲的支持

非洲大陆作为全球发展潜力最大、资源最丰富的区域之一，正处于经济转型和现代化发展的关键阶段。据联合国统计，在全球最不发达的 47 个国家中，非洲有 33 个国家，占比高达 75%。② 这一比例反映出非洲国家在经济发展水平上的相对滞后，减贫仍然是非洲大陆发展的主旋律。在全球经济格局不断变化的背景下，外部支持成为推动非洲国家经济和社会发展的重要力量。

时任中国常驻联合国副代表王民在第 66 届联合国关于非洲发展问题的会议上呼吁国际社会加大对非支持，帮助非洲在执行方面取得更大进展，促进非洲持续稳定与繁荣。③ 近年来，国际社会对非洲的官方发展援助总额有所增加，尽管与承诺的目标及非洲实际需要还有差距。根据经济合作与发展组织（OECD）的统计数据，国际社会自 2019 年起对非经济援助呈增长趋势，

---

① 邓剑伟、陆京澜、杨添安等：《英国、美国与南非公共服务标准化建设的比较》，《北京理工大学学报》(社会科学版)2018 年第 1 期。
② 管克江：《为最不发达国家创造一个繁荣的未来》，《人民日报》2023 年 3 月 24 日，第 15 版。
③ 《中国呼吁国际社会加大对非援助促进非洲稳定繁荣》，中华人民共和国中央人民政府网，https://www.gov.cn/jrzg/2011-10/12/content_1966675.htm，最后访问日期：2024 年 9 月 18 日。

其中，联合国机构和世界银行的援助额涨幅占据前列。① 在"非洲优先"倡议下，联合国教科文组织等国际组织持续对非洲开展教育援助，关注女童教育、职业与技术教育、扫盲教育、教育数字化转型等议题，推动非洲教育融资水平与教育发展能效。② 中非"共享发展"共识呼吁外部力量，尤其呼吁世界银行等多边开发银行加大对非洲的支持力度。《中非关于在全球发展倡议框架内深化合作的联合声明》指出，当今世界正值百年未有之大变局，全球发展事业进入关键期，发展中国家实现联合国 2030 年可持续发展目标面临严峻挑战。为此，"各方呼吁，国际社会要把发展置于国际议程中心位置并展示政治诚意，优先支持解决发展中国家、特别是非洲最不发达国家实现可持续发展面临的困难和挑战"，"敦促发达国家切实兑现对发展中国家特别是非洲国家的援助承诺"。③ 通过这些措施促进非洲及全球其他发展中国家的可持续发展。

（三）共享发展体现"以人民为中心"

党的十八届五中全会提出，"坚持共享发展，必须坚持发展为了人民、发展依靠人民、发展成果由人民共享，作出更有效的制度安排，使全体人民在共建共享发展中有更多获得感，增强发展动力，增进人民团结，朝着共同富裕方向稳步前进"。④ 这一表述充分体现了以人民为中心的发展理念。人民不仅是共享发展的主体，也是推动共享发展的根本动力，更是共享发展的最终目标。中非合作致力于促进中非双方的共同发展，关注人民的生活水平和

---

① 张宏明：《非洲发展报告（2020—2021）》，社会科学文献出版，2021，第 316-319 页。
② Malancha Chakrabarty, "India-Africa Education Partnership Holds the Key to a Prosperous Future", https://www.orfonline.org/expert-speak/india-africa-education-partnership-holds-the-key-to-a-prosperous-future, accessed November 11,2024.
③ 《中非关于在全球发展倡议框架内深化合作的联合声明》，中华人民共和国中央人民政府网，https://www.gov.cn/yaowen/liebiao/202409/content_6972791.htm，最后访问日期：2024 年 9 月 18 日。
④ 《中国共产党第十八届中央委员会第五次全体会议公报》，中共中央纪律检查委员会网，https://www.ccdi.gov.cn/special/wzqh/vedio_wzqh/201510/t20151029_64206.html，最后访问日期：2024 年 11 月 21 日。

福祉。双方在各自发展的过程中始终将人民利益置于首位，例如：中国对非通过加强基建、教育、卫生等领域的合作以改善民生，提高人民的生活质量。共享发展从公平、包容和可持续发展的角度出发，通过完善财政制度、合理分配社会资源、建立健全社会保障机制、调整税收等措施保障人民的基本权益。通过鼓励和支持社会各阶层、各地区的人们积极参与经济社会活动，增强人民的参与感、获得感和幸福感。通过制定合理的经济政策，注重经济、社会和环境的协调发展，避免过度开发和资源浪费，保证人民赖以生存的生活环境以实现长期的共享和发展。以上综合性措施的最终目的是通过推动共享发展，实现发展成果的普遍惠及，推动全体人民的共同富裕，提升全体人民的生活质量，推动社会的全面进步与可持续发展。

（四）推动协商民主制度化发展，实现人民集体利益

在全球化和区域一体化的背景下，协商民主与共享发展成为推动国家和地区共同进步的重要方略。协商民主的核心在于通过讨论和协商充分整合不同利益和意见，依赖理性讨论和集体智慧来制定政策和决策。这种模式在现代治理中具有重要意义，因为它能够平衡和整合各方利益，进而实现更加公正、有效和可持续的治理目标。共享发展则是一种推动社会公平、包容性和可持续发展的战略，与协商民主的核心理念高度契合。共享发展不仅促进了协商民主的制度化，还进一步推动了协商民主在实践中的深化。协商民主通过系统的对话和讨论，使各方利益在政策制定中得到全面考虑，形成更符合共享发展目标的政策，确保政策能够更好地满足不同群体的需求，提高政策的实施效果。此外，协商民主汇聚了社会团体和民众的利益诉求，可以增强政策的社会认同和接受度。同时，协商民主还能通过确保广泛参与和科学决策，从而提高政策的有效性和社会的凝聚力。

在中非合作框架下，共享发展与协商民主之间展现了显著的相互促进效应。中国在协商民主制度化方面积累的经验，为非洲国家提供了有价值的借鉴。在浙江省金华市金东区东叶村的民建会员之家举行的"民生议事堂"活

动吸引了来自28个非洲国家的专家学者现场观摩。政协委员和村民代表提出的问题小而切中要害，涉及面广泛，并与群众的切身利益紧密相连。相关部门和乡镇负责人积极回应问题，态度认真，措施得力。这种充满活力的协商民主模式引发了外籍专家的高度赞赏，让在场的外籍专家赞叹，"这种在家门口就能解决问题的方式很好，我想把这种方法带回我的国家"。① 中非智库合作也在推动民主协商和科学决策方面发挥了积极作用。中非智库论坛等平台为双方学者提供了交流与合作的机会，双方在多个层面共同探讨重要议题并提供科学的政策建议，推动了民主协商的进程。

（五）青年、妇女是共享发展的重要力量

青年是未来发展的希望所在，在创新创业中具有强大实力，妇女是推动社会发展的重要成员，推进妇女与青年等重点群体就业是中非合作的重要议题。习近平主席在2018年中非合作论坛北京峰会指出，"青年是中非关系的希望所在"，"只要中非友好的接力棒能够在青年一代手中不断相传，中非命运共同体就一定会更具生机活力"。② 中非"八大行动"倡议中的许多措施都着眼青年、培养青年、扶助青年，致力于为他们提供更多就业机会、更好发展空间。③ 党的十八大以来，为推动中非妇女共同发展，全国妇联统筹资源，加大对非洲国家女性能力建设培训的支持力度，先后举办了29期"非洲政党与妇女干部研修班"和妇女能力建设研修班，共有来自非洲30多个国家的近500名妇女代表参加培训。④

---

① 鲍蔓华、商夏晶：《非洲专家学者走进"民生议事堂"见证基层协商民主魅力"我想把这种方法带回我的国家"》，《人民政协报》2023年5月31日，第1版。
② 习近平：《携手共命运 同心促发展——在2018年中非合作论坛北京峰会开幕式上的主旨讲话》，新华网，http://www.xinhuanet.com/world/2018-09/03/c_1123373881.htm，最后访问日期：2024年9月20日。
③ 习近平：《携手共命运 同心促发展——在2018年中非合作论坛北京峰会开幕式上的主旨讲话》，中华人民共和国中央人民政府网，https://www.gov.cn/xinwen/2018-09/03/content_5318979.htm，最后访问日期：2024年9月18日。
④ 中共全国妇联党组：《促进新时代妇女权益更有保障》，《求是》2022年第12期。

三 深化"共享发展"共识的路径

深化中非共享发展合作是全球化背景下推动南南合作的重要议题。2024年"北京行动计划"提出,"双方将在各自国家发展振兴的基础上,共同探索和平发展的现代化、互利合作的现代化、共同繁荣的现代化,打造互信、互惠、互助、互鉴的中非合作伙伴关系,更好造福中非人民"。①"共识"呼吁包括中国和非洲在内的全球南方,肩负起发展振兴、造福人民、繁荣世界的历史使命。"面对未来的挑战,汇聚共筑繁荣的动力"。② 在经济全球化时代,架起沟通的桥梁,铺就合作的坦途,倡导普惠包容的经济全球化,推进高质量共建"一带一路",践行全球发展倡议,让各国人民共享发展成果,让"地球村"里的国家共谋发展繁荣,让共赢的理念成为共识。③

(一)保障人民利益,完善体制机制

共享发展的核心在于以"人民"为主体,要实现发展为了人民、发展成果由人民共享。"以人民为中心"要充分发挥人的主观能动性,通过激发个体的积极性和主观能动性,促进人的全面发展和社会的全面进步。

一是要深化政治互信与战略对接。政治互信是深化战略对接和保障人民利益的基础,只有在坚实的政治互信基础上,国家间才能有效开展合作,共同应对挑战,实现共赢发展。战略对接则是深化政治互信和保障人民利益的重要桥梁。通过战略对接,各国能够共同制定发展规划,推进务实合作,达到资源共享和优势互补,从而带来更多的福祉。无论是深化政治互信还是推

---

① 《中非合作论坛—北京行动计划(2025—2027)》,外交部官网,https://www.fmprc.gov.cn/web/ziliao_674904/1179_674909/202409/t20240905_11485697.shtml,最后访问日期:2024年9月18日。
② 俞懿春等:《汇聚促进共同发展繁荣的磅礴力量》,《人民日报》2023年6月24日,第2版。
③ 习近平:《弘扬和平共处五项原则 携手构建人类命运共同体——在和平共处五项原则发表70周年纪念大会上的讲话》,人民出版社,2024,第8页。

进战略对接，其最终目标均是保障人民的利益。中非合作始终以人民为中心，致力于提升人民生活水平。因此，双方应继续坚持真诚友好、平等相待的原则，深化政治互信，推动"一带一路"倡议与非盟发展议程的紧密对接。这样的合作不仅有助于促进国际合作，也为全球经济增长作出积极贡献。①

二是建立完善的制度体系。首先，合理的激励机制能提升个体的工作积极性，推动个人和集体目标的实现；坚持按劳分配为主体、多种分配方式并存，促进机会公平，增加低收入群体收入，扩大中等收入群体，规范收入分配秩序和财富积累机制，以增进民生福祉。非洲国家可以借鉴中国在资源分配方面的经验，政府可鼓励和支持个体创业，激发其创业精神，实现个人价值，推动经济增长和社会进步。其次，鼓励个体参与自主创新，推动技术进步和社会变革，从而促进社会发展。在大型基础设施和资源开发项目中，采用公开透明的招标和采购制度，进行公开招标、竞争性谈判，规范合同管理，以保障资源的公平分配和使用，减少腐败风险，提高资源使用的公平性。

三是强化合作项目的社会影响评估。在中非合作项目实施前，应对项目进行全面而详尽的社会影响评估。这些评估应涵盖环境影响、社会影响以及当地经济的潜在收益。通过社会影响评估，可以确保合作项目在提升当地人民生活质量的同时，避免对他们正常生活造成负面影响，促进社会和谐。评估过程应基于科学数据和社会反馈，以确保评估结果的全面性和准确性。

（二）深化经济合作，优化资金配置

中非深化经济合作，优化资金配置，是推动双方关系不断升级的重要一环。可以通过以下几点进一步推动中非经济发展。

一是扩大基建投资。基础设施投资是中非经济合作的基石。2024 年中非

---

① 逯新红：《共筑新时代全天候中非命运共同体》，《经济日报》2024 年 9 月 12 日，第 4 版。

合作论坛明确表示："中非双方在基础设施项目上合作，特别是铁路、道路、港口和机场建设，显著改变非洲大陆面貌，对非洲经济增长、区域一体化、人员和商品自由流动产生积极影响。"①

二是促进贸易便利化。在"数字丝绸之路"倡议的背景下，提升中非之间的互联互通水平，推动自贸区合作，构建高质量的中非跨境电商合作体系。"中方愿与非洲加强数字贸易务实合作和规则对接，支持本国企业在非洲拓展5G网络、智慧城市、电子商务等合作，促进非洲数字贸易发展。"② 跨境电商作为一种新兴的贸易方式，有助于降低贸易壁垒，提高贸易效率，促进双方贸易往来。通过签订自贸协定，简化关税和非关税壁垒，降低贸易成本，为中非企业提供更多的机会和便利。继续举办非洲好物电商促销活动和旅游电商推广活动，深化服务贸易、数字贸易、电子商务等领域合作。

三是加强金融合作。中非应加强中非银行和投资机构之间的合作，推动建立相互认可的投资评估标准，提升金融服务的针对性。鼓励利用债券、股权融资、众筹等多元化渠道来优化资金配置，减轻对传统融资方式的依赖。

（三）推动协商民主，倾听民众诉求

"政党、立法机关、协商机构和地方间的交流合作是中非合作的重要组成部分，对深化双方治国理政经验交流互鉴、增进相互了解和互信、巩固中非关系的政治基础具有重要意义。"③ 政治制度的核心是服务社会的全面发展和提

---

① 《中非合作论坛—北京行动计划（2025—2027）》，外交部官网，https://www.fmprc.gov.cn/web/ziliao_674904/1179_674909/202409/t20240905_11485697.shtml，最后访问日期：2024年9月18日。

② 《中非合作论坛—北京行动计划（2025—2027）》，外交部官网，https://www.fmprc.gov.cn/web/ziliao_674904/1179_674909/202409/t20240905_11485697.shtml，最后访问日期：2024年9月18日。

③ 《中非合作论坛—北京行动计划（2025—2027）》，外交部官网，https://www.fmprc.gov.cn/web/ziliao_674904/1179_674909/202409/t20240905_11485697.shtml，最后访问日期：2024年9月18日。

升民众的生活水平。① 协商民主制度作为中国长期探索形成的中国特色社会主义民主政治制度，为世界各国提供了可借鉴的模式。

首先，非洲国家可以设立专门的民情意见反馈渠道，例如民情意见邮箱、匿名谏言箱以及民众监督意见投递箱，使政府能够及时听取民众的声音，了解其需求和诉求，从而优化政策和服务，提升治理效果。同时让民众对各级政府机构的工作进行监督，加强政府与民众之间的联系，增强民众的参与程度，提升政府工作的透明度。

其次，建立有效的反馈机制，以增强政府与民众的联系，提高治理效率。中非双方可进一步密切中国人民政治协商会议全国委员会及其各专门委员会、中非友好小组等同非洲各国及区域性组织、各界人士的交流与合作。建立有效的反馈机制，从最基层的社区管理机构开始，逐级处理和解决问题，确保民众的诉求得到切实回应。如果基层机构无法解决问题，可以向上一级机构反映，形成自下而上的问题解决链条，从而提高治理效率和响应速度。

再次，推动协商民主制度建设，注重法律和制度的配套完善，为中非共享发展提供稳定的环境。"加强立法等领域交流互鉴"，"推动中国最高人民法院和非盟法院以及其他中非司法机构开展交流合作"。②

（四）加强人才培养，推动就业创业

发展教育是各国培养人才最直接有效的方式，中国和非洲发展振兴的关键在于将人才红利转化为助力本国现代化发展的动能。

一是鼓励创新与科技合作。科技创新能够提升技术水平和产业竞争力。中非双方应共同构建以共商、共建、共享为核心原则的科技创新合作网络，

---

① 王晨：《推进中国特色社会主义政治制度自我完善和发展（学习贯彻党的十九届五中全会精神）》，人民网，http://npc.people.com.cn/n1/2020/1124/c14576-31943006.html，最后访问日期：2024年9月18日。
② 《中非合作论坛—北京行动计划（2025—2027）》，外交部官网，https://www.fmprc.gov.cn/web/ziliao_674904/1179_674909/202409/t20240905_11485697.shtml，最后访问日期：2024年9月18日。

实施"一带一路"科技创新行动计划和中非科技伙伴计划2.0。进一步加强在科技人员交流、联合实验室建设、技术转移以及科技园区方面的合作，推动可持续发展、创新创业、空间信息科技和科技减贫等专项合作计划。

二是推进教育交流与合作。进一步增加对非洲农村教育设施的投入，均衡教育资源，缩小城乡教育差距，提升教育公平，推动地区整体发展。人才是第一资源，对于促进经济发展和改善民生至关重要。进一步加强高等教育领域的人才培养合作，响应时代发展的需求，培养具有创新性的新型生产力，以适应不断变化的全球环境。[①]加强中非职业教育合作，提升非洲青年职业技能，将人口红利转化为发展优势。职业教育机构与企业、行业协会、地方政府等建立长期合作关系，了解行业需求，制订针对性的培训计划，合作开发课程，组织行业研讨会、职业技能大赛、技术交流会等活动，促进行业与教育界的互动。

三是推进中非青年、妇女领域交流与合作。根据非盟《2063年议程》和《性别平等和妇女赋权战略（2018—2028）》，在尊重不同传统和文化的基础上，促进性别平等和妇女赋权等方面合作，特别是在就业、领导力、体面劳动、创业、教育学习、农业、健康、融资、预防和应对性别暴力等领域。实施专门的妇女与青年培训计划，推出"非洲女性创业者教育赋能计划"，提供金融支持、培训和辅导计划；开设青少年教育、技能训练和创业课程，支持青年主导的创新中心、孵化器和创业加速器，推动应对地方和全球挑战的创新解决方案，提升青年和妇女的创业竞争力。

非洲有句谚语"同路人才是真朋友"。发展是人类社会的永恒主题。共享发展是建设美好世界的重要路径。2024年7月，中国共产党第二十届三中全会成功召开，对进一步全面深化改革、推进中国式现代化作出系统部署。这将进一步深刻改变中国，也必将为非洲国家、为中非共逐现代化之梦提供新机遇、注入新动能。未来，中国愿与全球各国共同顺应经济全球化的潮流，

---

① 苑大勇、徐墨：《中非高等教育合作：搭建文明深度对话的桥梁》，《光明日报》2024年9月5日，第14版。

共享机遇、共商合作、共促发展,让更多国家、更多民众共享发展成果。① 中国将进一步加强高质量共建"一带一路"合作,加大对全球发展合作的资源投入,持续推进全球发展倡议,为如期实现联合国 2030 年可持续发展目标、推动构建人类命运共同体作出新贡献。

---

① 《习近平向全球共享发展行动论坛首届高级别会议致贺信》,中华人民共和国中央人民政府网,https://www.gov.cn/yaowen/liebiao/202307/content_6890874.htm,最后访问日期:2024 年 9 月 18 日。

第九章 创新发展：强化科技产业引领作用

"共识"的发布，标志着中国与非洲对未来合作方向的共同探索，特别是在全球科技创新格局变革的背景下，中非双方基于各自的发展需求，在科技产业、数字经济、蓝色经济等领域开展广泛合作。中非创新发展合作不仅促进双方的经济社会发展，也为全球南南合作提供新的模式和动力。尽管中非创新发展合作中存在结构性制约、资源配置和可持续性问题，以及制度协调与文化适应性挑战等难题，但中非双方深刻明确在创新发展进程中优势互补和互利共赢的重要性。通过加强数字治理、技术标准协同、产学研结合以及创新生态系统建设等，中非将通过合作路径创新，将"共识"转化为实际成果，构建更加紧密的中非命运共同体，推动形成全球南方合作新格局。

在全球化深入发展、科技革命加速推进的21世纪，中非合作已成为南南合作的典范，展现了巨大的发展潜力和战略意义。"共识"凝聚了中非学者的智慧和共识，是在新的国际形势下，中非双方对未来合作方向的共同探索。其中第七条提出，"我们呼吁创新发展，强化科技产业引领作用。拓展科创合作平台，把握新一轮科技革命和产业革命机遇期，梯次提升新能源、信息技术、航空航天等高科技产业发展。落实全球数据安全倡议和全球人工智能治理倡议，提升发展中国家的网络空间国际治理话语权。推动发展蓝色经济，积极构建蓝色伙伴关系。强化企业在技术创新中的主体地位，引导资金、人才、技术等创新资源向企业聚集，推进产学研协同发展"。

当前，新一轮科技革命和产业革命方兴未艾，数字经济、人工智能、新能源等新兴产业蓬勃发展，正在重塑全球产业格局和国际竞争态势，并为全球经济增长注入新动能。中非合作正处于历史性机遇期，都面临转型发展的迫切需求，为深化科技创新合作提供了强劲动力。加强中非创新发展合作，不仅有利于双方实现优势互补、互利共赢，还将为全球科技发展和产业变革注入新的动力。

一 "创新发展"共识形成的历程与背景

"共识"第七条的产生是全球科技创新格局变革、中非关系深化、非洲科技创新需求增长以及中国科技创新实力提升等多重因素共同作用的结果。它标志着中非科技创新合作进入了一个新的历史阶段，为全球南方在新技术革命浪潮中实现互利共赢创造了有利条件。"共识"的达成，不仅体现了中非学者对科技创新合作的高度重视，也反映了中非在面对全球挑战时携手共进的信心和决心。

（一）创新导向的时代背景

21世纪以来，全球科技创新格局正经历着深刻变革。以人工智能、大数据、量子信息、生物技术为代表的新一轮科技革命和产业变革正在重塑全球创新版图和经济结构。传统的线性创新模式正在被网络化、开放式创新所取代，跨学科、跨领域、跨国界的协同创新已然成为主流。发展中国家在全球科技创新中的地位也在悄然改变，中国等新兴经济体的创新能力显著提升，在某些前沿领域已经跻身全球领先行列。与此同时，非洲等长期处于科技创新边缘的地区也开始展现出巨大的创新潜力。全球创新格局的变化为南南合作，尤其是中非创新发展合作创造了前所未有的有利条件。

受全球科技创新格局变革的影响，中非科技创新合作不断向新兴领域拓展。从最初的农业技术合作，到后来的信息通信技术合作，再到近年来的高新技术产业合作，科技创新逐渐成为中非合作的重点领域之一。在中非合作论坛框架下，中非创新发展合作的地位不断提升。同时，国际科技合作格局也在发生深刻变化，加强中非科技创新合作不仅有利于双方发展，也有助于维护全球科技创新的开放包容环境。

（二）中非发展的现实需求

对中国而言，创新驱动发展战略是国家发展的核心战略之一。"'十四五'规划和2035年远景目标纲要"明确提出要"坚持创新驱动发展"和"加快数字化发展"。[1]在进入高质量发展阶段的背景下，需要不断拓展对外合作的新领域和新模式。因此，中非合作论坛第八届部长级会议上，习近平主席宣布中非将共同实施"九项工程"，其中第五项就是数字创新工程，"中国将为非洲援助实施10个数字经济项目，建设中非卫星遥感应用合作中心，支持建设中非联合实验室、伙伴研究所、科技创新合作基地"。[2]《中非合作2035年愿景》更是明确指出"科技创新合作提供发展新动力""蓝色经济合作成为新增长点""数字合作驱动非洲加速转型"等，对共建转型发展格局进行细化安排。[3]中国强化创新合作的需求在中非合作实践中得以落地，例如，华为与南非运营商Rain合作，发布非洲首个5G独立组网商用网络，不仅推动了非洲国家的数字化转型，也为中国企业开拓了新的市场。[4]自上而下的创新发展合作需求为中国与包括非洲在内的发展中国家开展科技创新合作提供了政策基

---

[1] 《中华人民共和国国民经济和社会发展第十四个五年规划和2035年远景目标纲要》，新华网，http://www.xinhuanet.com/2021-03/13/c_1127205564.htm，最后访问日期：2023年8月21日。

[2] 习近平：《同舟共济，继往开来，携手构建新时代中非命运共同体——在中非合作论坛第八届部长级会议开幕式上的主旨演讲》，中华人民共和国中央人民政府网，https://www.gov.cn/xinwen/2021-11/29/content_5654846.htm，最后访问日期：2023年8月21日。

[3] 《中非合作2035年愿景》，中非合作论坛官网，http://www.focac.org/zywx/zywj/202112/t20211208_10464357.htm，最后访问日期：2024年8月25日。

[4] 《rain联合华为发布非洲首个5G独立组网商用网络》，华为官网，https://www.huawei.com/cn/news/2020/7/rain-huawei-africa-first-standalone-5g-network.，最后访问日期：2023年8月21日。

础和实践指南。

对非洲国家而言，科技创新被视为实现跨越式发展的关键。许多非洲国家已将发展数字经济、推动工业化列为国家战略重点，非洲自身的科技创新发展也为中非合作提供了广阔空间。近年来，非洲各国普遍认识到科技创新对经济社会发展的关键作用，纷纷制定了相关政策和战略，如肯尼亚的"2030年远景规划"、南非的"国家发展计划2030"、埃塞俄比亚的"增长与转型计划"等，都将科技创新作为核心内容。非洲科技创新的优势主要体现在移动互联网应用、清洁能源、农业技术等领域。例如，肯尼亚的移动支付系统在全球范围内都具有引领性；南非在氢燃料电池技术方面的研究处于世界前列；埃塞俄比亚在改良小麦品种方面取得了显著成果。然而，非洲科技创新也面临诸多挑战，研发投入不足、科技基础设施薄弱、高层次人才短缺等问题仍然制约着非洲自主科技创新水平，因而迫切需要国际合作。非洲既有创新潜力又有创新需求的现状，为中非科技创新合作提供了基础和机遇。

（三）"创新发展"共识的理论及实践

"共识"第七条的核心内涵主要包括四个方面：一是强调科技产业的引领作用，二是呼吁加强国际科技治理，三是推动构建蓝色伙伴关系，四是强调产学研协同。这四点具备坚实的理论基础，并且与中非创新合作实践一一对应。

"共识"第七条开篇即强调"强化科技产业引领作用"，反映了中非双方对科技创新在推动经济社会发展中的关键作用的共同认识。这种认识基于"创新驱动发展理论"，该理论认为科技创新是经济增长的主要动力。[1] 在实践中，中国企业参与建设的肯尼亚蒙内铁路项目就是一个典型案例。该项目不仅引入了先进的铁路技术，还带动了当地物流、旅游等相关产业的发展，充分展示了科技创新对产业发展的引领作用。

"梯次提升新能源、信息技术、航空航天等高科技产业发展"这一表述反

---

[1] Joseph Alois Schumpeter, *The Theory of Economic Development: An Inquiry into Profits, Capital, Credit, Interest, and the Business Cycle*, New Brunswick: Transaction Publishers, 1983, pp.38–46.

映了中非科技创新合作正在向高新技术领域拓展，同时也体现了合作的阶段性和渐进性。这种观点与"产业升级理论"相一致，该理论强调发展中国家应通过逐步提升技术能力来实现产业升级。① 中国企业参与建设的摩洛哥努奥光热电站项目就是一个很好的例证。该项目不仅是非洲最大的光热发电项目，还促进了当地新能源产业的发展，推动了摩洛哥在可再生能源领域的技术进步。

第七条还提及"落实全球数据安全倡议和全球人工智能治理倡议"，以及"提升发展中国家的网络空间国际治理话语权"，反映了中非双方对数字经济时代新兴问题的关注，体现了合作从技术层面延伸到全球治理领域的趋势。这种趋势与"全球治理理论"相呼应，该理论强调在全球化背景下，国际治理的重要性日益凸显。② 中国与埃及、南非等国在国际电信联盟等国际组织中的协调合作，有助于提升发展中国家在网络空间国际治理中的话语权。

蓝色经济作为新的经济增长点，日益受到国际社会的广泛关注。"推动发展蓝色经济，积极构建蓝色伙伴关系"表明中非双方认识到了海洋经济的重要性。这与"蓝色经济理论"相契合，该理论强调海洋资源的可持续利用对经济发展的重要性。③ 中国与毛里求斯等离岸国家在海洋科技领域的合作，包括海洋生态保护、海洋资源开发等，就是构建蓝色伙伴关系的具体实践。

第七条最后强调了"强化企业在技术创新中的主体地位"，"引导创新资源向企业聚集"，以及"推进产学研协同发展"，反映了中非双方对市场在推动技术创新中的作用的重视，以及对产学研结合重要性的认识。华为公司在南非建立的联合创新中心就是一个典型案例，该中心与当地高校和研究机构

---

① Gary Gereffi, "International Trade and Industrial Upgrading in the Apparel Commodity Chain", *Journal of International Economics* 48(1),1999, p.37-70

② James N. Rosenau eds., *Governance without Government: Order and Change in World Politics*, London: Cambridge University Press, 1992, pp.30-57.

③ Gunter A. Pauli, *The Blue Economy: 10 Years, 100 Innovations, 100 Million Jobs*, New Mexico: Paradigm Publications, 2010, pp.13-28.

合作，开展 5G、人工智能等领域的研究，体现了中非创新发展合作中产学研协同发展的模式。

二 践行"创新发展"共识的现状与成效

近年来，中非创新发展合作呈现出蓬勃发展的态势，成为双方关系中最具活力和潜力的领域之一。从中非创新合作中心的成立，到中非创新合作与发展论坛、中非青年创新创业大赛，再到中非联合发布"加强中非带路科技创新，促进非洲可持续发展"倡议，这种合作不仅体现了中非关系的全面性和战略性，也反映了双方在应对全球挑战、把握发展机遇方面的共同诉求。2024 年中非合作论坛北京峰会提出，创新合作是中非面向未来共筑新时代全天候中非命运共同体的重要一环，"为抓住新一轮科技革命和产业变革的历史性机遇，中方愿与非洲携手加快发展新质生产力，共同强化科技创新和成果转化，推进数字经济和实体经济深度融合"。① 这种对创新的重视同样体现在《中非合作论坛—北京行动计划（2025—2027）》中，其多个重要章节都围绕中非如何深化科技创新合作进行详密的部署，将"中非创新合作中心""科技创新合作网络"等创新发展实践成果写入行动计划中，② 进一步推动了中非科技创新协同发展体系的系统化、合作长效机制化。

中非创新发展合作的整体格局呈现以下特征。首先，合作模式日趋多元化，从传统的技术转让和人才培养，逐步拓展到联合研发、创新孵化等高层次合作。其次，参与主体不断扩大，除政府间合作外，企业、高校、科研机构等多元主体的参与度显著提升。最后，合作领域不断拓展，从传统的农业、医疗等领域，扩展到数字经济、航空航天等新兴领域。这些特征共同构成了

---

① 《关于共筑新时代全天候中非命运共同体的北京宣言（全文）》，外交部官网，https://www.mfa.gov.cn/web/ziliao_674904/1179_674909/202409/t20240905_11485966.shtml，最后访问日期：2024 年 9 月 7 日。

② 《中非合作论坛—北京行动计划（2025—2027）》，外交部官网，https://www.mfa.gov.cn/web/zyxw/202409/t20240905_11485697.shtml，最后访问日期：2024 年 9 月 7 日。

中非创新合作的基本面貌，为双方关系注入了新的动力。

（一）科技产业合作的主要领域与成果

目前中非合作领域涵盖人工智能、生物技术、新能源等前沿科技领域，中国科技公司竞相布局非洲。在南非的 150 多家中资企业中，科技企业占了近三分之一，如华为、中兴、海康威视、大华、华大基因、四达时代、金风、龙源等。[1] 中非创新合作对非洲国家的技术进步和产业升级起到了显著的推动作用。

在科技产业合作方面，中非双方取得了一系列显著成果。"北京行动计划"提出，要"共同建设共商共建共享的科技创新合作网络，实施'一带一路'科技创新行动计划和中非科技伙伴计划 2.0，在科技人员交流、共建联合实验室、技术转移和科技园区方面加强合作，实施可持续发展、创新创业、空间信息科技、科技减贫等专项合作计划"。[2] 以新能源领域为例，清洁能源合作是中非能源创新合作加速器项目的实践基础，中国已在非洲实施数百个清洁能源发电和电网项目，许多已成为当地发展清洁能源的标志性项目，包括南非德阿风电站、肯尼亚加里萨光伏电站、卢旺达那巴龙格河二号水电站等。[3] 同时，中国企业积极为非洲区域组织、政府和企业提供咨询服务，开展能源电力、产业园区发展规划研究，培养相关领域人才，增强非洲国家清洁能源发展的基础能力。

在航空航天领域，中非合作也取得了突破性进展。在中非合作论坛框架下，中非发布了《中非航天合作白皮书》，逐步建立航天合作机制。中方不仅向包括非洲国家在内的国际社会开放"可持续发展科学卫星 1 号"共享数据，

---

[1] 王磊、韦冬泽：《科技创新合作正在成为中非关系发展的新亮点》，人民网，http://world.people.com.cn/n1/2021/0426/c1002-32088716.html，最后访问日期：2024 年 8 月 22 日。
[2] 《中非合作论坛—北京行动计划（2025—2027）》，外交部官网，https://www.mfa.gov.cn/web/zyxw/202409/t20240905_11485697.shtml，最后访问日期：2024 年 9 月 7 日。
[3] 徐令缘、赵婧姝：《中非绿色能源合作走深走实》，人民网，http://world.people.com.cn/n1/2024/0328/c1002-40204930.html，最后访问日期：2024 年 8 月 22 日。

向非洲提供卫星测绘成套数据产品，还与非洲多国合作建立了航天技术培训中心，为非洲培养航天人才，并助其开发基于卫星数据的各种应用，如农业监测、城市规划等，提高了卫星的实际效益。2019年，中国应对气候变化"南南合作"项目——赠埃塞俄比亚微小卫星（ETRSS—1）成功入轨，实现了该国在航空航天领域零的突破，至2024年，埃塞俄比亚已开始通过中国援建的地面站接收卫星数据，在付费基础上为各种组织和国家处理和分析这些数据来创收。① 这一合作不仅提升了非洲国家的航天技术水平，也为中国航天技术的国际化应用开辟了新的空间。

（二）数字经济与创新治理合作

在数字经济领域，中非合作呈现快速发展的态势。电子商务、移动支付等新业态在非洲的普及，很大程度上得益于中国企业的技术支持和经验分享。自中非合作论坛第八届部长级会议以来，中国为非洲援助实施18个数字经济重点项目，助力非洲国家数字化转型，并在中非数字合作论坛上与26个非洲国家提出"中非数字合作发展行动计划"。"北京行动计划"同样针对推动中非数字经济合作做出了规划，在尊重非洲《数字贸易议定书》的基础上，"中方愿与非洲加强数字贸易务实合作和规则对接，支持本国企业在非洲拓展5G网络、智慧城市、电子商务等合作，促进非洲数字贸易发展"。② 以阿里巴巴集团为例，其通过与卢旺达政府合作建立的电子世界贸易平台（eWTP），为卢旺达中小企业提供了直接面向全球市场的渠道，显著提升了当地企业的国际竞争力。华为则是另一个在非洲数字化转型进程中发挥重要作用的企业，通过积极与非洲各国政府合作，参与制定5G发展规划和相关政策，为在非5G网络的顺利部署创造了有利的政策环境。华为也是在非洲移动支付

---

① Liu Fangqiang, "Interview: Ethiopia Launches Innovative Satellite Data Service in Partnership with China", https://english.news.cn/20240305/789f723693eb4069a47caa375d2d9ec0/c.html, accessed August 22,2024.

② 《中非合作论坛—北京行动计划（2025—2027）》，外交部官网，https://www.mfa.gov.cn/web/zyxw/202409/t20240905_11485697.shtml，最后访问日期：2024年9月7日。

领域的首个"吃螃蟹"的中资企业，与推出肯尼亚移动支付钱包 **M-Pesa** 的 **Safaricom** 公司长期合作，不仅协助后者解决移动钱包系统扩容难题，还在参考中国的移动支付经验的基础上共同开发更适应非洲当地市场诉求的功能，例如非洲版"花呗"——Fuliza 等，受到非洲用户广泛青睐。①

在人工智能治理方面，中非双方正在探索建立合作机制。2023 年，中国发起的《全球人工智能治理倡议》得到了非洲国家的积极响应，并在次年共同发布《2024 年中非互联网发展与合作论坛关于中非人工智能合作的主席声明》，呼吁"加强政策对话与沟通""推动技术研发与应用""促进产业合作与发展""开展人才交流与能力建设""筑牢网络和数据安全屏障""携手构建更加紧密的中非网络空间命运共同体，促进中非共同发展、共同繁荣"。② 这一声明不仅体现了中非在新兴技术治理领域的共同立场，也为提升发展中国家在全球科技治理中的话语权做出重要贡献。

（三）蓝色经济合作的实践与启示

蓝色经济作为中非创新合作的新兴领域，近年来取得了显著进展。中非签署多份合作文件，结成蓝色伙伴关系；共建海洋观测站和实验室，开展海洋卫星遥感技术应用合作，加强应对气候和生态环境变化研究；实施联合调查项目，共同研究大陆架科学问题；开展海洋空间和经济规划合作，助力蓝色经济发展；加强能力建设，共同培养青年学子，提升海洋科研能力。③ 2023 年，中非海洋科学与蓝色经济合作中心成立，标志着中非将在海洋生态保护、海洋资源开发、海洋气候变化研究等方面开展进一步深入

---

① "Safaricom, Huawei Scoop Prestigious Awards for 'Fuliza' Service"，https://www.the-star.co.ke/business/2019-11-14-safaricom-huawei-scoop-prestigious-awards-for-fuliza-service/，accessed August 22，2024.

② 《2024 年中非互联网发展与合作论坛关于中非人工智能合作的主席声明》，中华人民共和国国家互联网信息办公室官网，https://www.cac.gov.cn/2024-04/03/c_1713731793084792.htm，最后访问日期：2024 年 8 月 23 日。

③ 《中非海洋科学与蓝色经济合作中心成立》，自然资源部第二海洋研究所网，https://www.sio.org.cn/a/snyw/21436.html，最后访问日期：2024 年 8 月 22 日。

合作。

在海洋渔业领域，中非合作也取得了积极成果。以中国—毛里塔尼亚渔业合作项目为例，毛里塔尼亚是中国在非洲开展渔业合作最早、作业船数最多的国家，双方在野生渔业捕捞、水产养殖以及打击非法、不报告和不受管制（IUU）捕捞方面合作日益紧密。在毛里塔尼亚政府的支持下，福州宏东渔业公司顺利获批捕捞许可船只169艘，获批年捕捞总量10万吨，在当地建有超过9万平方米的现代化综合渔业基地，年产值约7000万美元。[①]该基地不仅是中国在境外投资规模最大的远洋渔业基地，并且带动当地渔民参与规范捕捞和加工生产，极大促进了毛里塔尼亚蓝色经济发展。

三 深化"创新发展"共识的制约与挑战

"共识"为中非在创新发展领域的合作指明了方向，有利于双方共同把握新一轮科技革命和产业革命机遇。然而，中非双方在科技创新能力和产业基础上存在差距，而创新发展需要大量资金和技术投入，深化中非创新发展合作的难度可见一斑。唯有明晰中非创新发展合作面临的挑战，才能做出有针对性的路径优化。

（一）结构性制约因素

"共识"在落实过程中仍面临诸多结构性制约因素。首先，中非双方在科技创新能力上存在显著差距，这种不对称性制约了合作的深度和广度。2023年全球创新指数报告显示，非洲大多数国家的创新能力仍远低于世界平均水平，非洲排名最高的南非得分仅为30.4，分数不足瑞士等发达国家的一半。[②]这种

---

① 黄鹂飞：《"海洋奇缘"跨越万里——毛里塔尼亚渔业基地的中国身影》，新华网，http://www.xinhuanet.com/world/2018-09/07/c_1123396136.htm，最后访问日期：2024年8月22日。

② Soumitra Dutta, et al. eds. , *Global Innovation Index 2023 Innovation in the Face of Uncertainty*, Geneva: World Intellectual Property Organization, 2023, p.19.

差距不仅体现在研发投入、科研人才数量等硬指标上，还反映在创新体系的完整性和效率上。正如创新系统理论所强调的，一个国家的创新能力不仅取决于单个要素，还依赖于整个创新生态系统的协同运作。[①] 因此，如何在现有差距下实现互利共赢的合作模式，成为中非科技创新合作面临的首要挑战。

其次，非洲国家的基础设施不足也是制约科技创新合作的重要因素。尤其在数字基础设施方面，非洲与世界其他地区的差距仍然显著。根据国际电信联盟的报告，2023年全球5G覆盖率约为40%，然而，其分布非常不均衡。高收入国家89%的人口已被5G网络覆盖，而非洲的5G覆盖率仅为6%，甚至还有16%的非洲人口处于3G网络都覆盖不到的地方。[②] 严峻的数字鸿沟不仅存在于非洲与外部世界之间，也存在于非洲内部城乡之间，数字鸿沟不仅影响了科技创新成果的传播和应用，还制约了新兴数字技术在非洲的发展。

（二）资源配置与可持续性问题

在资源配置方面，中非科技创新合作面临资金不足和人才流失等问题。非洲拥有世界近20%的人口，但其科研支出仅占全球研究支出的1.3%，缺乏科学和技术投资阻碍了非洲的经济转型和发展。虽然中国在对非投资中增加了科技创新领域的比重，但与非洲国家庞大的需求相比，资金投入仍显不足。资金不足不仅限制了大型科技项目的实施，还影响了中小企业在创新领域的参与度。

人才流失问题同样值得关注。非洲高素质人才的外流不仅减少了本地可用的人力资本，还可能导致技术转移和本地化创新的效果大打折扣。根据国际移民组织的估计，从1990年起，非洲大陆每年大约有2万名专业人才移民

[①] Bengt-Åke Lundvall, "National Systems of Innovation: Towards a Theory of Innovation and Interactive Learning", Bengt-Åke Lundvall, *The Learning Economy and the Economics of Hope*, London: Anthem Press, 2016, pp. 85–106.

[②] "Facts and Figures 2023 Mobile Network Coverage", https://www.itu.int/itu-d/reports/statistics/2023/10/10/ff23-mobile-network-coverage/, accessed August 22, 2024.

他国，自 1960 年以来，非洲 1/3 的知识分子离开本国去欧美发达国家工作。①随着非洲专业技术人员迅速外流，专业技术人员缺口不断扩大，其中需求最大的就是工程师和信息通信技术人员。人才流失现象成为制约非洲科技创新能力提升的重要因素。

此外，中非科技创新合作的可持续性也面临挑战。许多合作项目在初期取得了显著成效，但随着时间推移，面临后续资金投入不足、技术更新滞后等问题。如何确保合作项目的长期可持续性，成为中非科技创新合作需要解决的重要问题。

（三）制度协调与文化适应性挑战

在制度层面，中非双方在知识产权保护、技术标准、数据安全等方面的政策差异也给合作带来了挑战。非洲国家的知识产权保护制度普遍较为薄弱，不仅影响了中国企业在非洲的技术转让意愿，还可能阻碍非洲本地创新生态系统的形成。如何在尊重各国主权的基础上，推动相关制度的协调和完善，成为中非科技创新合作面临的重要挑战。

文化差异也是影响中非科技创新合作的重要因素。中非双方在创新文化、风险偏好、决策模式等方面存在显著差异，这可能导致合作过程中出现误解和摩擦。因此，如何增进文化互信，提高跨文化沟通能力，成为推动中非科技创新合作深入发展的关键。

此外，技术适应性问题也不容忽视。部分中国技术在非洲的应用面临本地化适应的挑战。这不仅涉及技术本身的调整，还包括商业模式、管理方式等方面的适应。这种情况在一定程度上印证了技术社会建构理论的观点，即技术的发展和应用是一个社会嵌入的过程。② 如何在技术转移过程中充分考虑

---

① 周海金、丛玉萍：《南非人才外流及其成因浅析》，《中国社会科学报》2020 年 8 月 3 日，第 7 版。
② Wiebe E. Bijker eds., *The Social Construction of Technological Systems: New Directions in the Sociology and History of Technology,* London: MIT Press, 1989, pp.159-187.

非洲本地的社会经济条件和文化背景,成为中非科技创新合作需要解决的又一重要问题。

四 推进"创新发展"共识的思考与建议

中非创新发展合作已经取得了显著成效,但面对复杂多变的国际环境和双方发展需求的不断升级,仍需要进一步深化和拓展合作。在整体战略层面,深化中非创新发展合作应遵循以下原则:首先,坚持互利共赢,确保合作成果能够切实惠及双方;其次,尊重非洲国家的发展需求和本地特点,避免"一刀切"的合作模式;最后,注重长期效应,从能力建设和制度构建角度推动合作的可持续性。同时建构多层次、多领域的创新合作机制,加强数字治理与技术标准的协同,推动产学研结合,高质量构建可持续的创新生态系统。

(一)构建多层次、多领域的创新合作机制

构建多层次、多领域的创新合作机制是深化中非创新发展合作的关键。首先,在政府层面,应建立高级别的科技创新对话机制。例如,参考中欧创新合作对话机制的模式,建立中非创新合作高级别对话平台,定期召开会议,协调双方在科技创新领域的政策和行动,以确保双方在战略层面保持沟通和协调,为具体合作项目提供政策支持。

其次,在产业层面,应鼓励建立跨国产业联盟。以新能源领域为例,组建中非新能源产业联盟,整合中国的技术优势和非洲的市场潜力,共同推动新能源技术的研发和应用,通过产业链各环节的紧密合作,提升整体竞争力。

最后,在科研层面,应加强中非高校和科研机构的合作网络建设。借鉴中欧"伽利略"科研网络的经验,建立中非科研合作网络。支持双方科研人员的交流和联合研究,围绕共同关心的科技前沿问题开展合作,如气候变化、传染病防控等,从而提升双方的科研水平和创新能力。

（二）加强数字治理与技术标准的协同

在数字经济快速发展的背景下，加强数字治理与技术标准的协同对深化中非创新合作至关重要。首先，在数据安全方面，中非双方应共同制定符合双方利益的数据跨境流动规则。参考欧盟通用数据保护条例（GDPR）的经验，制定中非数据保护框架协议，在保护个人隐私的同时，促进数据的有序流动和利用。

其次，在人工智能治理方面，中非应共同推动建立符合发展中国家利益的全球人工智能治理框架。可以在《全球人工智能治理倡议》的基础上，进一步细化针对中非合作的定制化内容，如共同制定中非人工智能应用的伦理准则，建立中非人工智能风险评估机制等。

最后，在技术标准方面，中非应加强在新兴技术领域的标准协同。以5G技术为例，中非双方应进一步推动5G技术在非洲的应用和本地化，并在此过程中形成符合非洲实际需求的技术标准，以提升全球南方在全球技术标准制定中的话语权。

（三）推动产学研结合与创新生态系统建设

推动产学研结合与创新生态系统建设是深化中非创新合作的重要途径。首先，应鼓励中非企业、高校和科研机构建立联合创新中心。例如，参考中国与以色列在深圳建立的创新园区模式，在非洲主要城市建立中非联合创新园区，集聚创新资源，促进技术转化。

其次，应加强中非创新创业人才的培养和交流。进一步完善"中非青年创新创业基金"，支持两国青年创业者的交流和合作。同时，可进一步加强中非创新人才交流计划力度，促进双方高校、科研机构和企业间的人才流动。

最后，应推动建立中非创新金融合作机制。设立"中非创新发展基金"，为中非创新合作项目提供资金支持。探索建立中非科技创新板，为双方高科技企业提供融资平台，参考世界银行的"全球创新基金"模式，通过多元化的融资渠道,支持中非创新合作的可持续发展。

"共识"第七条为中非创新发展合作描绘了一幅宏伟蓝图,标志着中非合作进入了一个新的阶段。通过在科技产业引领、国际科技治理、蓝色经济发展以及产学研协同等方面的深入合作,中非双方有望构建一个全方位、多层次的创新合作格局,不仅推动双方经济社会发展,也为全球创新格局的均衡发展做出贡献。然而,要将"共识"转化为实际成果,还需要双方政府、企业、学术界等多方力量的共同努力,以及在实践中的不断调整和完善。

落实"共识",最终目标是构建更加紧密的中非命运共同体,并推动形成全球南方合作新格局。为此,中非创新发展合作应着眼于人类共同现代化进程,推动中非在全球科技治理中的协调合作,如在数据安全、人工智能伦理、太空探索等领域形成共同立场,提升发展中国家在全球科技治理中的话语权。在此基础上,进一步推动中非科技创新合作成果向更大范围辐射,通过南南合作和三方合作机制,将中非科技创新合作的经验和模式推广到其他发展中国家,推动全球科技创新格局和国际关系朝着更加均衡、包容的方向发展。

第十章　安全发展：共筑和平与安全的现代化

当前，非洲安全形势依然严峻。近年来，政变、恐袭、内战、气候变化、粮食危机等仍不时困扰非洲大陆，持续影响着非洲国家和地区的稳定与发展。尽管非洲建立了以非盟为主的集体安全机制，但非洲自主安全能力仍有待提升。中国始终与非洲守望相助，同舟共济，"共识"的提出，为中非安全合作注入了新理念、新内涵和新动力。助力非洲提升自主安全能力，携手落实全球安全倡议，是共筑中非安全共同体的坚实保障。未来，应继续加强中非安全理念、机制等的交流与对接，进一步深化中非安全合作。

"共识"第八条呼吁安全发展，实现改革发展稳定相互促进。提出要"加强国家安全理念、协议与机制的对接，共同应对传统安全和非传统安全挑战，塑造安全营商环境。携手落实全球安全倡议，重视各国的合理安全关切，通过对话协商化解矛盾。共同呼吁国际社会以理性、和平方式解决冲突，对于遭受冲突苦难的民众给予高度关注。保持政局稳定和政策连续性，避免战乱冲突、恐袭疫病或泛安全'陷阱'阻碍发展"。深化中非安全发展共识，加强中非和平与安全合作，在世界与非洲安全局势充满不确定性的当下，是中非携手共克时艰、共同化解全球安全赤字的必然要求，也是构建中非命运共同体、中非安全共同体的客观需要。

2024年9月，习近平主席在中非合作论坛北京峰会开幕式上发表主旨讲话，提出中非携手推进和平安全的现代化及安全共筑伙伴行动。"中方愿同非方建立落实全球安全倡议伙伴关系，打造倡议合作示范区"；"中方愿帮助非洲提升自主维护和平稳定的能力，推动全球安全倡议率先在非洲落地，促进高质量发展和高水平安全良性互动，共同维护世界和平稳定"。①

一 中非安全合作发展的历程

没有和平稳定的环境，发展就无从谈起。新时代以来，中非和平安全合作稳步拓展。中国是非洲和平与安全事务的建设性参与者，一贯致力于支持非洲人以非洲方式解决非洲问题，坚持标本兼治，坚持合作共赢，支持非洲国家和非盟在非洲和平安全事务中发挥主导作用，支持非洲提升自主维和、维稳和反恐能力，支持非洲国家和非盟等地区组织落实"消弭枪声"倡议，支持联合国为非盟自主维和行动提供资金支持。中国在充分尊重非洲意愿、不干涉内政、恪守国际关系基本准则基础上，积极探索建设性参与非洲和平与安全事务。

（一）深化中非和平安全领域交流对话

2018年以来，中非和平安全领域的交流对话不断深化。中非和平安全领域的交流对话机制包括中非和平安全论坛、中非和平安全行动对话会等，同时，中方还积极参与非洲国家举行的和平安全会议。截至目前，中非和平安全论坛已举办四届，议题广泛涉及地区热点问题、非洲自主安全能力建设、践行全球安全倡议等。2019年2月，中非双方共同举行"中非实施和平安全行动对话会"，会上，非方代表高度评价中非合作论坛北京峰会历史意义，普遍欢迎中方关于实施中非和安行动的主要思路。②2024年9月，中非合作论

---

① 习近平：《携手推进现代化，共筑命运共同体——在中非合作论坛北京峰会开幕式上的主旨讲话》，中华人民共和国中央人民政府网，https://www.gov.cn/gongbao/2024/issue_11586/202409/content_6975095.html，最后访问日期：2024年11月21日。

② 申杨：《中非和安行动对话会取得圆满成功》，央视网，https://news.cctv.com/2019/02/11/ARTItMXG2mkUWjeYBUXjMtEs190211.shtml，最后访问时间：2024年11月21日。

坛北京峰会和平安全高级别会议举行，会上非方高度评价中方提出的全球安全倡议和为非洲和平安全事业发挥的积极作用，期待非中携手推进和平安全的现代化，为全球稳定注入更多正能量。①

（二）始终支持非洲自主维和

中国始终支持非洲国家和非盟在非洲和平安全事务中发挥主导作用，支持非洲提升自主维和、维稳和反恐能力，支持非洲国家和非盟等地区组织落实"消弭枪声"倡议，支持联合国为非盟自主维和行动提供资金支持。②同时，中国还为非洲增强自主维和能力提供智力支持。例如，中方与联合国共同举办联合国非洲法语区维和教官国际培训班，中方为非洲举办"非洲之角安全、治理、发展"智库研修班，助力提升非洲安全软实力。此外，自1990年参加联合国维和行动以来，中国派出的维和人员有超过80%部署在非洲，累计向非洲派出3万余人次，在17个联合国维和任务区执行任务。现有1800余名维和人员在马里、刚果（金）、阿布耶伊、南苏丹、西撒哈拉等5个非洲任务区执行联合国维和任务。③

（三）加强领事与执法等领域合作

中非支持扩大双方人员有序往来，不断加强领事合作，推动执法部门合作，共同打击各类跨国犯罪。2019年，中国公民赴非洲各国达60.7万人次，非洲各国公民入境中国达68.5万人次。中非双方人员往来快速增长推动中国和非洲国家领事关系迅速发展。中国支持非洲国家加强执法能力建设，2018年以来为非洲国家培训2000余名执法人员，并提供警用物资。在

---

① 许可、冯歆然：《中非合作论坛北京峰会和平安全高级别会议举行 蔡奇共同主持并致辞》，国务院新闻办公室网，http://www.scio.gov.cn/yw/cq_/202409/t20240906_861805.html，最后访问时间：2024年11月21日。
② 韩晓明、崔琦、黄炜鑫：《为维护世界和平安宁注入强劲动力（新时代中非合作）》，《人民日报》2024年9月2日，第3版。
③ 韩晓明、崔琦、黄炜鑫：《为维护世界和平安宁注入强劲动力（新时代中非合作）》，《人民日报》2024年9月2日，第3版。

联合国框架下中国向非洲任务区派出维和警察，在国际刑警组织框架下同非洲国家积极开展案件协作、情报交流、经验分享、联合行动，共同打击跨国犯罪。①

（四）提升非洲自主发展安全能力

中国也不断帮助非洲提升自主发展和自主安全能力，强调发展和安全并重以实现持久安全。目前，中国与非洲国家军队在高层交往、联合演训、装备技术、人员培训、军事卫勤等安全领域的交流合作稳步发展，中非经贸合作、数字经济合作等齐头并进，中非农业合作、人文交流等持续进行，中非合作逐渐呈现多领域、深层次的全方位合作格局，助力非洲实现可持续发展、安全发展的方方面面。双方在共同维护非洲政局稳定，避免非洲陷入战乱冲突、恐袭疫病等挑战做出持续努力。

二 "安全发展"共识的成效

在当前非洲安全形势持续严峻、非洲自主安全能力亟须提升的背景下，"共识"第八条提出安全发展理念，契合当下非洲和世界安全需求。"共识"第八条的核心内涵主要包括以下方面：一是加强国家间安全理念与协议、机制对接；二是携手落实全球安全倡议；三是共同呼吁国际社会以理性、和平方式解决冲突；四是保持全球南方各国政局稳定和政策连续性等。

（一）加强中非安全理念与协议、机制等对接

"共识"第八条首先提出，"加强国家安全理念、协议与机制的对接，共同应对传统安全和非传统安全挑战，塑造安全营商环境"，反映了中非在加强

---

① 中华人民共和国国务院新闻办公室：《新时代的中非合作》，中华人民共和国中央人民政府网，https://www.gov.cn/zhengce/2021-11/26/content_5653540.htm，最后访问日期：2024年8月26日。

以理念、协议和机制促进中非安全合作的共同认识。理念对接方面，近年来，非洲在和平与安全领域提出"以非洲方式解决非洲问题"的自主安全理念，"以非洲方式解决非洲问题"成为非洲表明以自主力量解决自身问题的宣言和决心。非洲国家领导人、非盟文件经常提及这一理念。

中国一贯秉持不干涉非洲国家内政原则，尊重非洲国家自主意愿，支持非洲国家"以非洲方式解决非洲问题"。2006年，中国发布的《中非合作论坛北京峰会宣言》就明确提出"支持非洲国家联合自强，自主解决非洲问题"，此后，除在公开场合支持这一理念，中国还以成文的形式将这一支持写入中非合作的各类文件中。[①] 新时代以来，中国加大了对这一理念的支持和提倡，中方外交代表也在多个国际场合公开表达对这一理念的支持。最近几年，这一概念出现在《中非命运共同体北京宣言》（2018）、《新时代的中非合作》（2021）、《中非合作论坛—北京行动计划（2019—2021年）》、《中非合作2035年愿景》等多个中非关系文件中，成为中国对非合作的指导性理念和原则。不干涉非洲国家内政，尊重非洲国家选择自己的发展道路，主张非洲是非洲人的非洲、非洲的事情应由非洲人说了算，是中国一直坚持的对非外交理念。此外，中国也坚定支持非盟提出的以可持续发展促可持续和平、实现持久和平等理念。中非和平安全理念的契合，是中非友好合作长久进行的有力前提。

在协议与机制对接方面，在历届中非合作论坛会议上，中方相继提出共同实施和平与安全合作计划、和平安全行动、和平安全工程等一系列重要倡议，中国支持非洲国家和非盟在非洲和平安全事务中发挥主导作用，支持非洲提升自主维和、维稳和反恐能力，支持非洲国家和非盟等地区组织落实"消弭枪声"倡议，支持联合国为非盟自主维和行动提供资金支持。中国

---

① 中华人民共和国国务院新闻办公室：《新时代的中非合作》，中华人民共和国中央人民政府网，https://www.gov.cn/zhengce/2021-11/26/content_5653540.htm，最后访问日期：2024年8月26日。见中非合作论坛官网、中华人民共和国中央人民政府网，文件按时间排序包括《中非合作论坛北京行动计划（2007—2009年）》《中非合作论坛—沙姆沙伊赫行动计划（2010至2012年）》《中国对非洲政策文件（全文）（2015年）》等。

积极参与非洲加强和平安全能力建设。2024年6月在北京举行的非洲之角和平会议高官会，是中非双方共同推进"非洲之角和平发展构想"的重要举措，为地区国家自主解决地区和平与安全问题提供了重要助力。为落实中非合作论坛第八届部长级会议提出的和平安全工程，中国还将为非洲援助实施10个和平安全领域项目，继续落实对非盟军事援助，支持非洲国家自主维护地区安全和反恐努力，开展中非维和部队联合训练、现场培训、轻小武器管控合作。①

（二）携手落实全球安全倡议、重视非洲关切

"共识"第八条提出"携手落实全球安全倡议，重视各国的合理安全关切，通过对话协商化解矛盾"，是当前中非安全合作动态的真实写照。2022年，习近平主席提出全球安全倡议，指出，"为了促进世界安危与共，中方愿提出全球安全倡议：要坚持共同、综合、合作、可持续的安全观，共同维护世界和平和安全；坚持尊重各国主权、领土完整，不干涉别国内政，尊重各国人民自主选择的发展道路和社会制度；坚持遵守联合国宪章宗旨和原则，摒弃冷战思维，反对单边主义，不搞集团政治和阵营对抗；坚持重视各国合理安全关切，秉持安全不可分割原则，构建均衡、有效、可持续的安全架构，反对把本国安全建立在他国不安全的基础之上；坚持通过对话协商以和平方式解决国家间的分歧和争端，支持一切有利于和平解决危机的努力，不能搞双重标准，反对滥用单边制裁和"长臂管辖"；坚持统筹维护传统领域和非传统领域安全，共同应对地区争端和恐怖主义、气候变化、网络安全、生物安全等全球性问题"。②

全球安全倡议提出至今，已获得100多个国家和国际地区组织的支持认

---

① 《朝着共筑中非安全共同体的美好愿景迈进（和音）》，人民网，http://world.people.com.cn/n1/2022/0727/c1002-32486379.html，最后访问日期：2024年9月26日。

② 《习近平提出全球安全倡议》，中华人民共和国中央人民政府网，https://www.gov.cn/xinwen/2022-04/21/content_5686416.htm，最后访问日期：2024年8月26日。

同，并写入多份中国与其他国家、国际组织交往合作的双多边文件。[①] 对于非洲来说，全球安全倡议契合非洲安全与发展的现实需要，自倡议提出以来，非洲国家与非洲学者纷纷响应，中非安全合作不断深化。倡议提出以来，中非和平安全论坛、中非安全与发展论坛、中非智库会议相继举办，中非双方在和平与安全合作上凝聚了更多共识，为共筑中非安全共同体不断注入动力。

同时，在落实全球安全倡议背景下，中非安全合作不断迈上新台阶。中国支持非洲国家加强国防、反恐、防暴、海关监管、移民管控等方面能力建设，持续向非盟机构能力建设、有关维和行动和非盟总部会议中心等提供援助；中国向持续遭受恐怖主义威胁的非洲国家捐赠必要武器装备，帮助其打击恐怖主义；中国将继续参与联合国在非洲的维和行动；帮助非洲解决粮食危机，持续开展中非农业合作，包括通过援建农业技术示范中心、示范农场、农田水利基础设施，提供农机物资、设备等，开展农业和防灾减灾方面的技术援助合作，以及秉持"授人以鱼，不如授人以渔"原则，和非洲国家一起交流、一起提升农业发展能力，通过派遣农业专家、技术转移、提供人力资源培训等软援助方式，助力非洲国家提升粮食自给自足能力。[②] 携手落实全球安全倡议，既是中非安全合作的主要方向，也是共筑中非安全共同体的必要条件。

（三）呼吁国际社会以理性、和平方式解决冲突

"共识"第八条还强调，"共同呼吁国际社会以理性、和平方式解决冲突，对于遭受冲突苦难的民众给予高度关注"，是对乌克兰危机以及巴以冲突爆发以来，中非共同表态以对话协商解决冲突，对遭受人道主义危机的民众给予帮助的共同认识。巴以冲突爆发以来，中国发布《中国关于解决巴以冲突的立场文件》，提出国际社会在推动全面停火止战、切实保护平

[①] 赵嫣、朱瑞卿、王雅晨等：《全球安全倡议的时代回响》，新华网，http://www.news.cn/politics/20240421/f0f1b3e8b4804cb88223f8509b1e6237/c.html，最后访问日期：2024年8月26日。

[②] 陈琳：《国合署：中国持续不断帮助非洲国家提升粮食自给自足能力》，新京报网，https://www.bjnews.com.cn/detail/1724147370129558.html，最后访问日期：2024年10月31日。

民、确保人道主义救援、加大外交斡旋、通过落实"两国方案"寻求政治解决等五方面工作原则和重点，并于2023年11月推动安理会通过此轮巴以冲突爆发以来的首份决议。①

为确保巴以冲突和平解决并对遭受苦难的民众给予人道主义援助，中国还提出"三步走"建议，即第一步，推动加沙地带尽快实现全面、持久、可持续停火，确保人道援助和救援准入。第二步，秉持"巴人治巴"原则，携手推进加沙战后治理，尽快开启加沙地区的战后重建工作。中国倡导国际社会应当支持巴勒斯坦各派组建临时民族共识政府，对加沙和约旦河西岸进行有效管控。第三步，推动巴勒斯坦成为联合国正式会员国，并着手落实"两国方案"。提倡应该支持召开更大规模、更具权威、更有实效的国际和会，就此制定时间表和路线图。②非盟也响应呼吁国际社会以理性、和平方式解决冲突，对遭受冲突苦难民众给予高度关注。包括发表声明，支持联合国关于巴勒斯坦问题有关决议，倡导尊重巴勒斯坦人民自决权；发布公报呼吁国际社会特别是世界主要大国承担起责任，实现和平，保障两国人民的权利等。③

（四）保持政局稳定和政策连续性，避免陷入战乱冲突

"共识"第八条强调，"保持政局稳定和政策连续性，避免战乱冲突、恐袭疫病或泛安全'陷阱'阻碍发展"，是对中非一直以来以发展促安全、以合作促安全的经验总结。非洲安全形势复杂有历史因素，也有不可控的外部制约，但非洲国家和区域组织一直在致力于解决这些安全问题，在提升自主安全能力的同时不断加强与其他国家的安全合作。非洲国家深知安全问题的根

---

① 俞懿春、周輖、屈佩等：《为消除国际安全赤字作出中国贡献》，人民网，http://world.people.com.cn/n1/2024/0421/c1002-40220082.html，最后访问日期：2024年8月26日。

② 《巴勒斯坦各派在京签署〈关于结束分裂加强巴勒斯坦民族团结的北京宣言〉》，外交部官网，https://www.mfa.gov.cn/wjbzhd/202407/t20240723_11458692.shtml，最后访问日期：2024年8月26日。

③ AU,"Communiqué of the Chairperson of the AUC Regarding the Israeli-Palestinian War", https://au.int/en/pressreleases/20231007/communique-chairperson-regarding-israeli-palestinian-war, accessed August 25,2024.

源在于发展,近些年来持续推出有效改革,推出新的经济发展计划,并加强与中国经贸合作,改善本国民众经济生活,以此保持政局稳定与国家安全发展。非盟在促成非洲国家保持政局稳定方面也做出了诸多努力,包括相继推出《2063年议程》、"消弭枪声计划"等,为消除非洲战乱制定路线图,坚持推进可持续发展、绿色发展,以促成可持续和平目标的实现。

在非洲国家与非盟努力维护自身安全与稳定的同时,中国也不断帮助非洲提升自主发展和自主安全能力,强调发展和安全并重以实现持久安全。目前,中国与非洲国家军队在高层交往、联合演训、装备技术、人员培训、军事卫勤等安全领域的交流合作稳步发展,中非经贸合作、数字经济合作等齐头并进,中非农业合作、人文交流等持续进行,中非合作逐渐呈现多领域、深层次的全方位合作格局,助力非洲实现可持续发展、安全发展的方方面面。双方在共同维护非洲政局稳定,避免非洲陷入战乱冲突、恐袭疫病等挑战持续做出努力。

三 "安全发展"面临的挑战

近年来,非洲总体安全形势持续呈现整体平稳、局部动荡,传统安全威胁与非传统安全威胁交织并存的特点。西非萨赫勒地区暴恐形势持续严峻,军事政变仍不时发生,乌克兰危机、巴以冲突外溢的安全风险持续影响非洲大陆,气候变化、粮食危机等非传统安全挑战不断困扰非洲国家和人民。同时,尽管非洲存在集体安全机制,非盟和平与安全架构也发挥了一定作用,但在非洲安全挑战复杂性与不确定性因素增多的情况下,非洲自主安全应对仍捉襟见肘。

(一)非洲安全形势不容乐观

非洲局部地区安全形势持续严峻。据统计,2020年以来,西非、中非和萨赫勒地区共发生八起政变,其中六起发生在法语西非地区。2020年和2021

年，马里发生军事政变。2021 年，几内亚发生军事政变，阿尔法·孔戴总统下台。同年，苏丹文职和军人过渡政府被推翻；乍得总统伊德里斯·代比在北部前线指挥与叛军作战时负伤身亡，乍得军队夺取政权。2022 年，布基纳法索先后发生两次军事政变。2023 年，尼日尔总统卫队推翻民选总统穆罕默德·巴祖姆，尼日尔成立军政府统治。同年，加蓬军队拒绝承认总统选举，发动政变推翻邦戈总统。此外，2022 年以来，冈比亚、几内亚比绍与圣多美和普林西比都经历了未遂政变。①

除部分地区政变频发外，暴力冲突和恐怖主义也是造成非洲安全形势严峻的重要原因。在刚果民主共和国，自"M23 运动"这一武装反叛组织产生以来，就持续对刚果地区以及大湖地区的安全稳定造成巨大威胁。2024 年以来，刚东的北基伍省、伊图里省、坦噶尼喀省等地安全形势持续恶化。刚政府军与 M23 在北基伍省戈马市附近激烈交火，当地民众聚集区频遭 M23 武装袭击。ADF、CODECO、马伊－马伊民兵、扎伊尔民兵等非法武装在北基伍、伊图里、上韦莱等省份持续作乱。暴力冲突和武装抢劫、绑架等事件不时发生。②比暴力冲突危害更大的恐怖主义组织连年在索马里、莫桑比克以及萨赫勒地区等制造恐怖袭击事件，造成无数人员伤亡。索马里青年党、"先知的圣徒"、"伊斯兰国"和"基地"组织等恐怖主义组织恐袭不断加剧，非洲政治安全形势持续遭受挑战。

同时，气候变化、粮食危机等非传统安全挑战持续困扰非洲大陆。根据世界气象组织报告，与全球其他地区相比，非洲温室气体排放量仅占全球温室气体排放总量的一小部分，却受到气候变化更为严重的影响。报告显示，近几十年来，非洲气温上升速度加快，与天气和气候相关的自然灾害日趋严

---

① Kent Mensah, "Africa's Coup Epidemic: Has Democracy Failed the Continent？" https://www.aljazeera.com/features/2023/9/22/africas-coup-epidemic-has-democracy-failed-the-continent, accessed August 25, 2024.

② 《刚果（金）安全形势通报（2024 年 7 月 3 日）》，http://cd.china-embassy.gov.cn/zytz/202407/t20240704_11446815.htm，中华人民共和国驻刚果民主共和国大使馆，最后访问日期：2024 年 12 月 17 日。

重。2022年，非洲大陆有超过1.1亿人直接受到天气、气候和水文相关自然灾害的影响，造成的经济损失超过85亿美元。根据世界气象组织数据，2022年，非洲报告的天气和气候相关自然灾害造成的死亡人数高达5000多人，其中48%与干旱有关，43%与洪水有关。气温加速上升和极端天气事件频发对非洲造成日益严重的影响和损害，其中严重影响非洲粮食安全、生态系统和经济发展，造成农业生产率下降，加剧民众流离失所和移民现象。①

在气候变化的负面作用下，加之受乌克兰危机、巴以冲突等外溢风险影响，国际大宗商品价格波动，非洲粮食危机持续加重。目前，世界上共有34个国家和地区直接面临粮食危机，其中非洲占23个。联合国粮食及农业组织、国际农业发展基金会、联合国儿童基金会、世界粮食计划署和世界卫生组织联合发布的2024年《世界粮食安全和营养状况》报告显示，从2022年至2023年，非洲大多数区域饥饿形势呈现加剧趋势，且每5人中就有1人面临饥饿。这一情况将导致非洲不稳定与不安全因素持续增加，给非洲国家和地区安全形势带来更多不确定影响。

（二）非洲自主安全能力较薄弱

20世纪90年代，为应对持续严峻的安全形势以及弥补非洲统一组织安全架构的不足，非洲国家开始联合构建新的非洲自主安全机制。2002年，非盟成立，非洲新安全理念以及自主安全架构相继产生，以非盟和平与安全理事会、智者小组、大陆预警机制等为核心的非洲集体安全机制确立并开始发挥作用。自成立以来，非盟及非洲次区域组织在实现可持续与持久和平目标的引领下，为地区和国家预防冲突、冲突管理及冲突后重建与发展发挥着不可替代的作用。

非盟自成立以来，每年都会派遣选举观察团对成员国的选举环境、进程进行观察、监督，并出具观察报告等，为需要技术援助的国家提供技术支持。

---

① 杨海泉：《气候变化对非洲影响尤为严重》，《经济日报》2023年9月5日，第4版。

同时，在地区出现冲突时坚持以对话、协商解决冲突，派遣特命调解员，在促进以和谈解决冲突的基础上，防止冲突进一步升级。保证选举制度的民主化，推进可信、透明、包容、和平的选举进程并预防选举冲突是非盟近些年来的重要工作之一。在科特迪瓦危机、苏丹内战、达尔富尔危机、埃塞俄比亚内战等国家和地区冲突中，非盟都做出了以调解为主的和平介入努力，促成了这些冲突和危机的和平解决。在帮助冲突后国家重建与发展阶段，非盟委员会派遣特派团评估有需要的国家的优先需求。包括确定支持在刚刚摆脱冲突的会员国执行和平协定的联合活动；开展需求评估特派团；为该国安全部门改革和解除武装、战争人员复员和重返社会等制订可行方案；为控制小武器和轻武器非法扩散提供技术和业务支持等。

尽管非盟在维护非洲和平与安全方面做出了大量努力，非洲自主安全治理意愿也不断提升，但限于资金和内部分化等因素存在，非洲自主安全能力仍然薄弱。资金方面，长期以来，非盟的运行资金主要依赖外部援助。近些年来，这一情况仍是如此，合作伙伴资金仍然是非盟经费来源主要构成。即使在 2018 年和 2019 年由于非盟实施改革后的自主融资举措，成立的和平基金份额与成员国分摊份额在总和上超过了外部资金援助总额，但到 2020 年，受新冠疫情的冲击，非盟脆弱的自主资金来源还是受到冲击，对外部资金的依赖又开始反弹，甚至超出了 60% 的分界线。同时，非盟成员国实际的分摊份额并未达到目标筹资额度，在非盟会费的缴纳中也经常存在成员国无法缴纳足额会费的情况。经费依赖外部援助是非洲自主安全能力存在困境的主要原因。

除和平行动与机制安排运行基金依赖外部援助外，非盟和平与安全架构的部门构成存在能力失配情况。例如，非盟下设的智者小组自成立以来尽管也参与了一些地区冲突的解决，包括在 2008 年介入肯尼亚选举冲突，对"阿拉伯之春"进行了调查评估，但其作用仍然有限，尤其在调停冲突和建设和平方面。而非盟迄今为止仍然依靠特使、特别代表、特设委员会和高级别小组进行冲突调解和建设和平活动。又如，非洲和平与安全架构的重要构成——非洲常备军的设立，由于内在机制及资源分配等存在问题，尽管非盟

2003 年决定建立这支部队，但直到 2016 年，这支部队才被正式认为获得了完全作战能力。且至今非洲常备军还没有被正式部署，非洲自主安全目标与现实面临一定的差距。

四 实现改革发展稳定相互促进

中非从来都是命运共同体，坚持安全上守望相助是构建高水平中非命运共同体的应有之义。[①]《中非合作 2035 年愿景》指出，双方要共同探索和平安全新路径，实现中非安全共筑。"中非秉持共同、综合、合作、可持续的安全观，坚持以合作谋和平，以协商化分歧，坚持通过非洲方式解决非洲问题，共同推动非洲如期建成'消弭枪声的非洲'；中非和平安全领域合作成为中非关系发展的新亮点，中非在联演联训、维和维稳、反恐、禁毒、打击海盗等领域交流合作更趋密切，网络安全和轻小武器管控成为合作新方向；中国支持非洲国家自主探索适合自身国情的发展道路，加强政府治理能力建设，构建共同繁荣、开放包容的社会，实现国家长治久安。"[②]《中非合作论坛—北京行动计划（2025—2027）》进一步提出，"双方将在各自国家发展振兴的基础上，共同探索和平发展的现代化、互利合作的现代化、共同繁荣的现代化，打造互信、互惠、互助、互鉴的中非合作伙伴关系，更好造福中非人民"，"非洲和平安全问题仍是中非合作中的重要内容，愿秉持共同、综合、合作、可持续的安全观，携手落实全球安全倡议，开展全球安全倡议先期合作"。[③]

为务实推进中非安全伙伴关系，中非双方更应秉持友好合作精神，进一

[①]《朝着共筑中非安全共同体的美好愿景迈进（和音）》，人民网，http://world.people.com.cn/n1/2022/0727/c1002-32486379.html，最后访问日期：2024 年 8 月 24 日。

[②]《中非合作 2035 年愿景》，国家国际发展合作署网，http://www.cidca.gov.cn/2021-12/09/c_1211480567.htm，最后访问日期：2024 年 8 月 26 日。

[③]《中非合作论坛—北京行动计划（2025—2027）》，外交部官网，https://www.mfa.gov.cn/web/ziliao_674904/1179_674909/202409/t20240905_11485697.shtml，最后访问日期：2024 年 9 月 5 日。

步拓展安全合作领域，构建全方位安全合作架构；完善安全合作机制，提升战略协作水平；创新安全合作模式，提升合作针对性及有效性。

（一）拓展安全合作领域，构建全方位安全合作架构

首先，中非应加强反恐情报交流与合作，建立联合反恐机制，共同打击恐怖主义和极端主义势力。同时，中非还应加强在打击跨国犯罪、维护海上安全、开展维和行动等领域的合作，维护非洲地区的和平与稳定。其次，中非应加强在网络安全、能源安全、粮食安全、公共卫生安全等领域的合作，共同应对全球性挑战，维护共同发展利益。最后，建立安全信息共享平台，设立专门的联络机制和联络渠道，定期或不定期地举行双边或多边安全信息交流会议，及时共享非洲及世界安全动态。

（二）完善安全合作机制，提升战略协作水平

首先，中非双方应建立常态化的安全对话机制，就共同关心的安全议题进行深入交流，增进战略互信，协调政策立场。可考虑设立中非安全合作高级别论坛，定期举行会议，就重大安全问题进行磋商，并制订行动计划。其次，应加强中非合作论坛框架下的安全合作，设立专门的安全合作工作组，负责协调和落实相关合作项目。最后，通过双方各自既有的安全机制加强合作与交流对接。中国是上海合作组织成员国，非洲有非洲和平与安全架构，这两大机制都具备丰富的安全知识与安全经验，可以考虑互派观察员或者成立特定驻外团队，加强具体安全议题的交流与合作，中方也应动态了解非洲安全需求，更好协助非洲解决安全问题。

（三）创新安全合作模式，提升合作针对性及有效性

首先，中方应积极支持非洲国家加强自身安全能力建设，提供必要的资金、技术和人员培训，帮助非洲国家提升维护自身安全的能力。同时，还应鼓励中国企业积极参与非洲安全基础设施建设，提供高质量的安全产品和服

务，推动中非安全合作的可持续发展。其次，利用当前中非科技创新合作机遇，进一步推动中非在数字安全、轻小武器管控等方面的合作，促进中非可持续安全合作。最后，中非还应加强安全领域智库交流与合作，为安全合作提供智力支持和决策参考。此外，应重视民间团体作用，做好相关保障和管理工作，积极支持中国私营安保公司开展对非安全业务，通过民间交流推动中非安全合作。

在非洲乃至世界安全形势仍然充满不稳定因素、传统与非传统安全挑战交织并存的今天，"共识"第八条基于中非安全合作发展现实，旨在与非洲共同应对当前复杂多变的安全环境，帮助非洲提升自主安全能力以及实现可持续安全目标。第八条既是对中非安全合作进程、现状的总结，也是对未来中非安全合作方向、路径的规划与写意。相比于中非经贸合作与人文交流，中非安全合作仍然有很多提升空间。中国将始终肩负大国责任，始终与非洲兄弟守望相助，始终坚持风雨同舟、互惠互利等友好交往原则，支持非洲自主安全治理意愿，助力非洲提升自主安全能力。中国和非洲将高举和平、发展、合作、共赢旗帜，坚定不移深化中非全面战略合作伙伴关系，为实现中非务实合作高质量发展、构建中非命运共同体持续努力。

第十一章　绿色发展：构建生态友好的现代化

"共识"呼吁绿色发展，推动全面协调可持续发展。绿色发展是非洲实现《2063年议程》的重要途径。近年来，非盟、非洲各次区域组织及非洲国家积极推动能源绿色转型和温室气体减排行动，促进可持续发展能力建设。在取得一定成果的同时，非洲也面临气候状况持续恶化、生态破坏程度加深、能源问题积重难返等问题，其绿色发展之路任重道远。中国站在对人类文明负责的高度，提出全球发展倡议，强调推动更加强劲、绿色、健康的全球发展，积极与非洲国家开展绿色合作，为全球可持续发展贡献了重要力量。面向未来，中国与非洲国家应进一步强化绿色理念，共谋世界可持续发展路径；研发绿色科技，主动融入全球创新网络；推行绿色经济，助力优化国际市场格局，推动构建全球发展命运共同体，创造人类更加美好的未来。

"共识"旨在推动国际社会深化发展合作，共同迈向现代化，构建人类命运共同体。"共识"第九条提出，"我们呼吁绿色发展，推动全面协调可持续发展。坚定支持《联合国气候变化框架公约》《生物多样性公约》等国际条约，全方位推进全球生态环境治理。坚持'共同但有区别的责任原则'应对气候变化等环境挑战，维护生物多样性，推动国际绿色生态合作。秉持绿色低碳循环发展理念，把资源节约和环境保护贯穿于生产、流通、消费、建设各环节,加强发展中国家产业可持续性,实现人与自然和谐共生"。绿色发展高度契合当今世界所需,是中国与共建"一带一路"国家,尤其是非洲国家加强合作、构建发展共同体的重要领域。

绿色合作是中非发展关系的重要组成部分,多年来,中国与非洲国家积极开展气候变化、生物多样性保护等生态环境领域的务实合作,为推动全球可持续发展作出了重要贡献。当前,非洲面临气候变化、生态破坏、能源转型等多重挑战,贫困和经济脆弱性加剧,建立"环境可持续和气候适应型经济和社区"成为非盟《2063年议程》的主要目标之一。[①]"共识"对绿色发展的关注,是对国际社会落实公平、共同但有区别的责任等原则的聚焦,也是应对当前全球性生态环境挑战提出的建设性思想,为中非携手推进生态友好的现代化奠定理念基础。

一 非洲绿色发展的政策变迁

为应对气候变化、生态破坏、能源转型等问题,非盟、非洲各次区域组织及非洲国家出台了一系列政策,积极推动能源绿色转型,开展温室气体减排行动,参与全球生态治理,促进自身可持续发展能力建设。

(一)非盟层面,组织制定系列政策

长期以来,非洲积极参与国际社会生态治理,相继制定"非洲适应倡议"(Africa Adaptation Initiative)、"非洲可再生能源倡议"(Africa Renewable Energy Initiative)、"非洲蓝色经济战略"(Africa Blue Economy Strategy)、"非洲联盟可持续森林管理框架"(African Union Sustainable Forest Management Framework)、"非洲农业综合发展计划"(Comprehensive Africa Agriculture Development Programme)、"非洲联盟气候变化和复原力发展战略和行动计

---

① "Goals & Priority Areas of Agenda 2063", https://au.int/agenda2063/goals,accessed October 19, 2023, accessed May 15, 2023.

划（2022—2032）"（African Union Climate Changeand Resilient Development Strategy and African Plan，2022—2032）、"非洲森林景观恢复倡议"（African Forest Landscape Restoration Initiative）、"撒哈拉、萨赫勒和南部非洲的绿色长城"（The Great Green Wall for the Sahara and Sahel and Southern Africa）、"非洲气候促进发展计划"（The Climate for Developmentin Africa Programme）等一系列政策，力求经济社会和生态环境平衡发展。

（二）非洲次区域组织层面，积极推进相关举措落实

西共体投资与发展银行在其《2021—2025年战略计划》（Strategic Plan 2021—2025）中，承诺支持成员国开展气候友好型项目研发，以避免发生与气候相关的不利事件。该战略计划还发起了"西非气候智能型农业倡议"（The West African Initiative for Climate—Smart Agriculture），专注于提高农民对气候智能型农业设施使用的能力。西非开发银行是西非货币联盟成员国的共同发展金融机构，致力于发展绿色金融部门，帮助各国应对气候变化和加大气候领域的投资。[①] 南部非洲开发银行通过其气候融资部门设立DBSA气候融资基金，旨在助力南部非洲国家加速向可持续低碳经济过渡。[②] 在《联合国气候变化框架公约》第27次缔约方大会（以下简称COP27）召开期间，"'一带一路'绿色投资原则（GIP）宣布设立第二个区域分会GIP非洲分会（办公室）……设立地区分会是GIP在2020年制定的三年发展规划——'2023愿景'中的重要内容，旨在与更多相关地区国家和机构开展合作和落地绿色原则，促进'一带一路'投资绿色化。非洲分会致力于进一步扩大GIP成员规模，探索非洲的绿色投资机遇，为非洲金融机构提供能力建设服务，支持

[①] Vera Songwe and Jean-Paul Adam, "Delivering Africa's Great Green Transformation", https://www.uneca.org/sites/default/files/ACPC/2023/Chapter-9-Delivering-Africas-great-green-transformation.pdf, accessed november 26,2024.

[②] Vera Songwe and Jean-Paul Adam, "Delivering Africa's Great Green Transformation", https://www.uneca.org/sites/default/files/ACPC/2023/Chapter-9-Delivering-Africas-great-green-transformation.pdf, accessed november 26,2024.

当地绿色金融标准和原则的制定"。①2021年1月1日，非洲大陆自由贸易区正式启动，旨在促进绿色工业化发展，鼓励对绿色基础设施的投资，为非洲推动绿色价值链的发展注入重要动力。

（三）非洲国家层面，有序推动绿色发展

多数非洲国家就能源转型、绿色发展达成共识，将其国内生产总值的5%左右用于气候变化治理，并为此开展了一系列行动，以期及时有效地应对气候变化、能源危机、环境退化等带来的负面影响。2020年底，非洲环境问题部长级会议第八届特别会议召开，54个非洲国家达成共识，决定实施《绿色复苏行动计划（2021—2027）》，并在气候融资、能源转型、生物多样性、农业发展、绿色城市五个优先领域采取行动，致力于推动更低碳、更具韧性、更具可持续性及包容性的经济发展。非盟委员会高级代表卡洛斯·洛佩斯表示，超过90%的非洲国家已签署了应对气候变化的《巴黎协定》，超过70%的非洲国家将发展清洁能源和清洁农业列入应对气候变化的国家自主贡献行动。②在COP27大会上，非洲多国领导人呼吁全球团结合作，共同应对气候变化挑战。如，埃及总统塞西强调，埃及希望向世界传达非洲大陆共同的心声：通过国际合作帮助非洲有效应对气候变化。③尼日利亚出台了《国家气候变化政策和应对战略》（Nigeria Climate Change Policy Response and Strategy）等专门性国家政策和战略；肯尼亚提出2030年前实现100%清洁能源供电的目标，并加速开发地热能，争取到2030年减少32%的碳排放量；埃及也出台了"2050年国家气候变化战略"，还发行了中东北非地区第一个主权绿色债券；摩洛哥计划在2025年前实现可再生能源占比超过52%的目标，每年

---

① 《"一带一路"绿色投资原则（GIP）非洲分会宣布成立》，北京中非友好经贸发展基金会网，http://www.cnafrica.org/cn/zfxw/21279.html，最后访问日期：2023年5月15日。
② "Climate Change Is an Increasing Threat to Africa", https://unfccc.int/news/climate-change-is-an-increasing-threat-to-africa, accessed May 15, 2023.
③ 《非洲国家呼吁团结合作应对气候变化》，中工网，https://www.workercn.cn/c/2022-11-13/7226744.shtml，最后访问日期：2024年11月21日。

减少超 76 万吨的碳排放量。① 埃塞俄比亚启动了为期 10 年的"奥罗米亚森林景观计划"（Oromia Forested Landscape Program），旨在减少奥罗米亚州的森林砍伐，鼓励通过更好的畜群管理方式来减少温室气体排放。②2022 年 5 月在卢旺达基加利举行的 2022 年"人人享有可持续能源"论坛期间，以卢旺达共和国为首的 10 个国家部长签署了《基加利公报》，旨在实现非洲公正公平的能源转型。③

二 非洲绿色发展面临的困境

当前，非洲大陆正面临气候变化、生物多样性遭受威胁、荒漠化加剧、极端气候事件频发等问题。俄乌冲突引发全球能源供需格局变动，也让全球气候治理这一事关人类共同命运的紧迫问题面临极大挑战与不确定性，更让非洲贫困和经济脆弱性不断加剧，导致多国面临"过度负债"的风险。④

（一）气候状况持续恶化

在全球气候治理中，尽管非洲的温室气体排放总量和人均排放量较少，但也遭受到气候变化的严重威胁。首先，全球气温上升导致非洲大部分国家的 GDP 受到冲击。根据国际货币基金组织的一项研究，全球气温上升可能会使非洲国家的 GDP 减少 2.25%~12.12%，具体数值取决于气候变化的幅度。⑤

---

① 黄培昭：《携手非洲共同应对气候变化》，《人民日报》2022 年 7 月 14 日，第 17 版。
② "Showcasing the Link between Forests and Climate Change: Three Examples of REDD+ in AFRICA", http://www.worldbank.org/en/news/feature/2015/12/04/showcasing-the-link-between-forests-and-climate-change-three-examples-of-redd-in-africa, accessed November 26, 2024.
③ "Ensuring a Just and Equitable Energy Transition in Africa", https://www.mininfra.gov.rw/index.php?eID=dumpFile&t=f&f=44024&token=c9d8a3e4e9ad4d22aa3c3b883055c9426760c584, accessed May 15, 2023.
④ 党文婷、严圣禾：《在全球气候治理中体现大国担当》，《光明日报》2022 年 5 月 30 日，第 12 版。
⑤ "Climate Change Is an Increasing Threat to Africa", https://unfccc.int/news/climate-change-is-an-increasing-threat-to-africa, accessed May 15, 2023.

另一项研究发现，非洲大陆近一半国家的 GDP 容易受到极端气候的影响。[1] 世界银行称，受极端气候影响的非洲国家的贫困率从 64% 上升到 79%，实际 GDP 增长率从预估的 4.7% 下降到 2.4%。[2] 其次，产业发展遭到重创。极端天气事件会降低农业产量，导致粮食危机；[3] 破坏基础设施，使经济贸易效率降低、成本增加；损害生物多样性，直接影响当地的旅游业发展。[4] 政府间气候变化专门委员会指出，由于海平面上升和极端天气影响，非洲的港口设施、建筑物、道路、铁路、机场和桥梁等都受到不同程度的损害。[5] 最后，由于财政状况困难、债台高筑，大部分非洲国家无力承担气候变化带来的冲击。例如，2019 年 3 月，飓风"伊代"造成莫桑比克 150 多万人的生活受到影响。据一项灾难风险模型研究估计，莫桑比克仅因洪水造成的年平均损失就约为 4.4 亿美元。[6] 类似情况在非洲国家屡见不鲜。如果非洲国家不提升应对气候变化能力，实现《2063 年议程》愿景和联合国可持续发展目标将会变得更加艰难。

（二）生态破坏程度加深

森林砍伐和土地退化正在破坏非洲大陆的生态系统，导致生物多样性遭

---

[1] Abdi Latif Dahir, "Africa's Fastest-growing Cities Are the Most Vulnerable to Climate Change Globally", https://www.wefo-rum.org/agenda/2018/12/africa-s-fastest-growing-cities-are-the-most-vulnerable-to-climate-change-globally/, accessed November 26,2024.

[2] Vera Songwe and Jean-Paul Adam, "Delivering Africa's Great Green Transformation", https://www.uneca.org/sites/default/files/ACPC/2023/Chapter-9-Delivering-Africas-great-green-transformation.pdf, accessed november 26,2024.

[3] J. KEANE, "The Climate and Trade Nexus, Overseas Development Institute", https://cdn.odi.org/media/documents/climate_trade_nexus_v7.pdf, accessed May 15, 2023.

[4] Sommerl Luked, "To Build Back Better, Make African Trade Greener", https://news.trust.org/item/20201005102659-85oyc/, accessed May 15, 2023.

[5] Vera Songwe and Jean-Paul Adam, "Delivering Africa's Great Green Transformation", https://www.uneca.org/sites/default/files/ACPC/2023/Chapter-9-Delivering-Africas-great-green-transformation.pdf, accessed november 26,2024.

[6] Vera Songwe and Jean-Paul Adam, "Delivering Africa's Great Green Transformation", https://www.uneca.org/sites/default/files/ACPC/2023/Chapter-9-Delivering-Africas-great-green-transformation.pdf, accessed november 26,2024.

受威胁、水资源短缺。首先，土地和森林退化严重。"非洲大陆因土壤退化问题每年GDP损失约560亿欧元。"[1] 当前非洲面临土壤侵蚀、盐碱化以及土壤肥力下降等问题，约有20%的陆地面积（660万平方公里）的土地处于退化中。例如，自2001年以来，刚果盆地每年损失约50万至120万公顷的热带雨林，非洲热带地区的森林覆盖率下降了大约30%。[2] 在众多环境问题中，当地人们对于土壤问题依旧缺乏关注，应对能力也较为欠缺。[3] 其次，生物多样性遭受威胁。国际自然保护联盟发布的数据显示，非洲有超过6400种动物和3100种植物面临灭绝的危险。自1970年以来，非洲脊椎动物种群减少了约39%。[4] 再次，在城市中，空气污染和无效的垃圾管理也加重了环境问题。撒哈拉沙漠以南非洲的垃圾收集率不到50%，是所有地区中最低的；城市的大部分垃圾最终进入露天垃圾填埋场，严重污染附近的含水层、水体和定居点。[5] 世界银行报告显示，仅撒哈拉沙漠以南非洲每年就产生约6200万吨垃圾（包括塑料垃圾），这一数字预计到2025年将翻一番。从2000年到2025年，估计该地区的城市垃圾产生量将增加161%。[6] 最后，冰川融化也成为非洲国家面临的挑战之一。近年来，南部非洲赞比亚、津巴布韦等国连年干旱，肯尼亚山、坦桑尼亚乞力马扎罗山和乌干达鲁文佐里山等著名高山冰盖不断缩小。[7] 环境退化不仅让非洲自然资源和生物多样性直接遭受极大危害，也让非

---

[1] 《非洲土壤恢复任重道远：对话"非洲土壤解决方案（冈比亚）"》，澎湃新闻网，https://www.thepaper.cn/newsDetail_forward_22370711，最后访问日期：2024年11月21日。

[2] "African Biodiversity Loss Raises Risk to Human Security", https://africacenter.org/spotlight/african-biodiversity-loss-risk-human-security/, accessed May 15, 2023.

[3] 《非洲土壤恢复任重道远：对话"非洲土壤解决方案（冈比亚）"》，澎湃新闻网，https://www.thepaper.cn/newsDetail_forward_22370711，最后访问日期：2024年11月21日。

[4] "African Biodiversity Loss Raises Risk to Human Security", https://africacenter.org/spotlight/african-biodiversity-loss-risk-human-security/, accessed May 15, 2023.

[5] Daniel Hoornweg and Perinaz Bhada-Tata, "What a Waste: A Global Review of Solid Waste Management", https://documents1.worldbank.org/curated/en/302341468126264791/pdf/68135-REVISED-What-a-Waste-2012-Final-updated.pdf, accessed November 26, 2024.

[6] Eleni Mourdoukoutas, "Africa's Bumpy Road to Sustainable Energy", https://www.un.org/africarenewal/web-features/africa's-bumpy-road-sustainable-energy, accessed November 26, 2024.

[7] 王珩：《中非合作新向度：保护非洲生物多样性》，《当代世界》2021年第11期。

洲面临粮食减产、地区冲突增加、传染病多发、恐怖主义扩散等多重负面影响，导致贫困人口持续增加。

（三）能源问题积重难返

近年来，非洲能源危机凸显，主要集中于电力短缺上。尽管非洲可再生能源潜力巨大，但迄今为止，非洲清洁能源的发电量所占份额仍然极低，仅占全球水电发电量的3.4%，占全球风能发电量的1.2%。非洲拥有全球60%的太阳能资源，却只拥有世界上1%的光伏发电装置。在化石燃料资源方面，非洲占世界已探明原油储量的7.2%，占世界已探明天然气储量的6.9%。然而，非洲大陆仍面临电力困境，2020年约有5.9亿人用不上电，占非洲大陆人口的44%；全球约有7.33亿人无法用上电，非洲就占近80%。[①] 国际能源署2022年6月发布的《2022年非洲能源展望》指出，2021年以来，非洲无电可用的人口数量增加了2500万人，这归咎于新冠疫情及其导致的各类危机。[②] 同时，能源投资不足也是造成非洲能源危机的一大因素。彭博新能源财经的一份报告显示，"非洲在可再生能源方面的投资远远落后于其他大陆，在2021年全球清洁能源投资4340亿美元中，非洲仅占0.6%"，"从2020年到2021年，全球可再生能源投资增长了9%，创下历史新高，但非洲的可再生能源投资同比下降了35%"，非洲的清洁能源投资高度集中在少数几个市场。虽然非洲占全球人口的近20%，但发电装机容量仅占全球发电装机容量的4%-5%。[③] 2023年2月9日，南非总统拉马福萨宣布，电力短缺问题对经济发展和社会结构都已构成威胁，南非全国进入灾难状

[①] Vera Songwe and Jean-Paul Adam, "Delivering Africa's Great Green Transformation", https://www.uneca.org/sites/default/files/ACPC/2023/Chapter-9-Delivering-Africas-great-green-transformation.pdf, accessed November 26, 2024.

[②] 《非洲无电可用人口增加2500万 能源供应能力减弱引担忧》，中国经济网，http://m.ce.cn/gj/gd/202206/27/t20220627_37804780.shtml，最后访问日期：2024年11月21日。

[③] 《非洲清洁能源的发展现状、前景及其政策挑战（上）》，国际清洁能源论坛网（澳门），http://www.mifce.org/newsinfo/7572662.html，最后访问日期：2024年11月26日。

态。① 根据非洲开发银行的研究结果，南非由于电力短缺每年导致 GDP 降低 2% 至 4%。②

三　中非绿色合作的现状与成效

中国是全球生态文明建设的重要参与者、贡献者和引领者。在三大全球倡议框架下，中国为其他发展中国家，尤其是非洲国家提供了力所能及的支持和帮助，有效提升了非洲国家绿色发展的韧性和能力，为推动全球可持续发展作出了重要贡献。③

（一）应对气候变化合作全面深化

中国与非洲国家密切协作，共同应对气候变化，不但加强了在气象监测、防灾减灾、水资源利用、荒漠化治理、土地退化和干旱防治等领域的合作，还支持非洲保护生态环境和生物多样性，建设非洲"绿色长城"，助力非洲国家提高气候适应能力。"非洲是全世界受到气候变化影响最大，也是应对气候变化能力最脆弱的地区。"④ 中国充分发挥自身优势，推进非洲国家绿色发展，提升非洲国家应对气候变化能力。在全球发展倡议、"一带一路"倡议背景下，中国与非洲国家共谋发展、携手进步，在气候合作领域同心同力、走深走实，堪称南南合作典范。在中非合作论坛第八届部长级会议上，习近平主席主张推进绿色发展，倡导绿色低碳理念，积极发展太阳能、风能等可再生能源，推动应对气候变化《巴黎协定》有效实施，不断增强可持续发展能

---

① 栾若曦：《电力短缺，南非全国进入灾难状态》，新京报网，https://www.bjnews.com.cn/detail/167601647614384.html，最后访问日期：2024 年 11 月 21 日。
② D. Okwatch, "Energy: Africa's Stand at COP27", https://www.un.org/africarenewal/magazine/november-2022/energy-africas-stand-cop27, accessed November 26, 2024.
③ 中华人民共和国国务院新闻办公室：《新时代的中非合作》，中华人民共和国中央人民政府网，https://www.gov.cn/zhengce/2021-11/26/content_5653540.htm，最后访问日期：2024 年 8 月 25 日。
④ 阮益嫘：《开创中非合作发展新局面》，中国社会科学网，http://news.cssn.cn/zx/bwyc/202207/t20220725_5419279.shtml，最后访问日期：2023 年 5 月 15 日。

力。① 会议通过了《中非合作论坛第八届部长级会议达喀尔宣言》《中非合作论坛—达喀尔行动计划（2022—2024）》《中非合作 2035 年愿景》，同时还发布了《中非应对气候变化合作宣言》，提出建立新时代中非应对气候变化战略合作伙伴关系，开启了非洲大陆绿色低碳发展的新篇章，也为全球应对气候变化合作注入了强劲动力。《中非合作论坛—达喀尔行动计划（2022—2024）》第一次把"生态保护和应对气候变化"单独列为一章，阐述新时期中非在气候变化领域的合作，包括但不限于共同建立健全绿色低碳循环发展经济体系，利用好现有中非环境合作中心，深化野生动植物保护、荒漠化治理、海洋保护等不同生态环境领域的务实合作。②

2023 年 8 月 23 日，习近平主席在金砖国家领导人第十五次会晤上特别提出，要聚焦绿色发展等领域的务实合作。2023 年 8 月 24 日，习近平主席在中非领导人对话会上强调，"我们要坚持人与自然和谐共生，维护全球生态环境安全"。③ 当前，中国已与多个非洲国家开展应对气候变化的合作项目。例如，在塞舌尔等国家建设低碳示范区和适应气候变化示范区，在埃塞俄比亚等国家开展 38 个减缓和适应气候变化项目。依托 2020 年底正式运行的中非环境合作中心，中国推动开展了"中非绿色使者计划"和"中非绿色创新计划"，帮助非洲国家在绿色发展的道路上越走越远。在航天合作领域，中非共享气象卫星数据，支持马达加斯加、莫桑比克等国应对飓风灾害，增强防灾减灾能力，在气候变化方面开展联合研究等。

（二）保护生物多样性合作有效推进

加强生物多样性保护，促进人与自然和谐共生已成为国际交流对话的重

---

① 《习近平在中非合作论坛第八届部长级会议开幕式上的主旨演讲（全文）》，中华人民共和国中央人民政府网，https://www.gov.cn/xinwen/2021-11/29/content_5654846.htm，最后访问日期：2024 年 9 月 24 日。
② 王珩：《开启中非应对气候变化合作新征程》，《当代世界》2023 年第 3 期。
③ 习近平：《携手推进现代化事业共创中非美好未来：在中非领导人对话会上的主旨讲话》，中华人民共和国中央人民政府网，https://www.gov.cn/gongbao/2023/issue_10686/202309/content_6902569.html，最后访问日期：2024 年 9 月 24 日。

要内容。国际地理联合会主席、南非科学院和欧洲科学院院士迈克尔·梅多斯（Michael Meadows）认为，非洲拥有极其丰富的自然资源和生物物种，中国给非洲提供了大量资金和技术援助。如果管理得当，这些资金和技术不仅可以助力非洲经济发展并改善非洲人民的生活状况，也能极大推动非洲生物多样性保护并促进其可持续发展。① 中非生态环境与气候变化圆桌对话围绕生态环境与保护生物多样性等议题进行深入讨论并达成有关共识，发布《关于加强中非绿色可持续发展合作的倡议》，"推动中非环境与气候政策对话和交流，分享在气候减缓和适应、保护生物多样性和治理环境污染等领域的良好实践，促进在标准和技术等领域的交流与合作"。② 中非双方通过开展环保法律、法规、情报交流，执法能力建设等合作，共同打击走私濒危野生动植物跨国有组织犯罪，在履行《生物多样性公约》《濒危野生动植物种国际贸易公约》等事务中加强沟通协调，共同促进全球野生动植物保护和可持续利用。③ 同时，中国注重培养非洲本土生物多样性人才。2009 年，武汉植物园与肯尼亚高校签署协议，在生物多样性人才培养等方面加强中非之间的合作。随后，合作扩展到中科院的多家研究所，合作领域也从植物学扩展到自然科学的多个学科。2013 年，中国科学院中—非联合研究中心正式获批成立，由中科院和肯尼亚高等教育部共同管理，成为中国政府在境外建设的第一个科学研究和人才培养机构。④ 该中心汇聚了来自中国 20 余家科研单位的对非科研力量，以及非洲 16 个国家 20 多家科教机构的科研队伍，围绕生物多样性研究、生态环境保护等开展科研合作，取得了卓有成效的研究成果。⑤

---

① 王珩：《中非合作新向度：保护非洲生物多样性》，《当代世界》2021 年第 11 期。
② 田鹤琪：《中非联合发布绿色发展合作倡议》，界面新闻网，https://www.jiemian.com/article/11634447.html，最后访问日期：2024 年 11 月 21 日。
③ 中华人民共和国国务院新闻办公室：《新时代的中非合作》，中华人民共和国中央人民政府网，https://www.gov.cn/zhengce/2021-11/26/content_5653540.htm，最后访问日期：2024 年 9 月 24 日。
④ 荆淮侨：《为非洲生物多样性保护提供中国方案》，光明网，https://m.gmw.cn/baijia/2021-10/15/35234010.html，最后访问日期：2024 年 9 月 24 日。
⑤ 中国科学院中—非联合研究中心：《中心简介》，中国科学院中-非联合研究中心网，http://www.sinafrica.cas.cn/zxgk/zxjj/，最后访问日期：2023 年 5 月 15 日。

（三）引导能源合作结构调整优化

中国支持非洲国家提高水能、核能等清洁能源利用比例。非洲各国发展水平与能源需求各不相同，基于此，中国根据非洲国家自身优势帮助其开发太阳能、风能、沼气、地热等清洁能源，支持它们提升自主发展能力，还为非洲偏远地区提供稳定的电力设施。例如，2022年9月，"中国举办'全球发展倡议之友小组'部长级会议，提出推进'全球清洁能源合作伙伴关系'，首批项目就包括在19个非洲国家开展气候变化和绿色发展合作"。① 根据国际能源署2019年的数据，中国在撒哈拉沙漠以南非洲的24个国家建设发电项目，预计到2024年前建成49个，其中大部分是可再生能源项目，占该地区同期装机总量的20%。② 2018年9月，在中非合作论坛北京峰会期间，中国与中非共和国达成共识，为其援建光伏电站项目。2022年6月15日，萨卡伊光伏电站实现并网发电，这是中国为中非共和国援建的首座光伏电站，也是该国目前最大的民生工程。2022年，中国为埃塞俄比亚援建了该国唯一的发电站项目"阿伊萨风力发电站"，推动其绿色发展。2022年10月，中国为乌干达建设了该国最大的发电设施——卡鲁玛水电站。③ 中非环境合作中心为中非双方携手推进能源转型搭建了新平台。

（四）加速经贸合作绿色转型进程

中国通过帮助非洲国家提高资源利用效率、促进自然资源可持续利用、加强循环和低碳发展能力等方式，支持非洲发展绿色经济和绿色金融。《全球发展高层对话会主席声明》指出，中国将同与会各国一起加强生态环境保护与治理合作，加强技术转移分享和能力建设合作，提高发展中国家绿色发展

---

① 袁洁：《古特雷斯呼吁帮助非洲应对气候变化，外交部：中国一以贯之从不缺席》，中国青年网，https://news.youth.cn/gj/202210/t20221013_14058344.htm，最后访问日期：2024年11月21日。
② 万宇：《非洲国家积极推动能源绿色转型（国际视点）》，《人民日报》2021年1月12日，第17版。
③ 《助力非洲走绿色可持续发展之路（新时代中非合作）》，《人民日报》2022年8月7日，第3版。

和绿色融资能力；深化可再生能源和清洁能源合作，加强技术转移分享，推动能源资源、消费结构转型升级。[1] 同时，《全球发展高层对话会成果清单》为中非绿色合作列出了 32 项清单，包括：实施"化学地球"大科学计划，推动共建全球地球化学基准网，为发展中国家绿色土地保护利用、提高农作物产量与品质提供大数据支撑；中国将南南合作援助基金整合升级为"全球发展和南南合作基金"，并在 30 亿美元基础上增资 10 亿美元，支持发展中国家落实全球发展倡议和《2030 年可持续发展议程》；建立全球森林可持续管理网络，促进生态系统保护和林业经济发展等。[2] 激励企业履行社会环保责任，推动基础设施建设绿色化、有效减少碳排放，在助力共建"一带一路"国家应对新冠疫情冲击、提供绿色转型所需资金、实现绿色可持续复苏方面效用显著。[3] 当前，中非合作不断在绿色金融领域拓展延伸，有效引导市场资源流向节能环保领域。例如，建立机制鼓励社会资本参与绿色投资，以环境效益为标准分类对接绿色金融项目，通过"一带一路"绿色金融项目提升非洲国家的绿色融资和监管能力。[4] 2022 年 2 月 9 日，中国银行约翰内斯堡分行成功完成 3 亿美元绿色债券发行定价，此次发行为非洲中资金融机构首笔绿色债券，是中国银行丰富绿色金融产品体系、推动可持续发展的重要实践。[5]

四 中非绿色合作的前景展望

2024 年 9 月 5 日，习近平主席在中非合作论坛北京峰会开幕式发表题为

---

[1] 《全球发展高层对话会主席声明（全文）》，中华人民共和国中央人民政府网，https://www.gov.cn/xinwen/2022-06/25/content_5697703.htm，最后访问日期：2024 年 11 月 21 日。
[2] 《全球发展高层对话会主席声明（全文）》，中华人民共和国中央人民政府网，https://www.gov.cn/xinwen/2022-06/25/content_5697703.htm，最后访问日期：2024 年 11 月 21 日。
[3] 杨达、吴绩：《绿色"一带一路"深化中非命运共同体构建的治理体系探析》，《贵州财经大学学报》2023 年第 2 期。
[4] 刘玲玲：《中非关系研讨会暨系列研究成果发布会在京举行》，人民网，http://world.people.com.cn/gb/n1/2018/0821/c1002-30240444.html，最后访问日期：2024 年 11 月 21 日。
[5] 《中国银行约翰内斯堡分行成功发行 3 亿美元绿色债券》，中国一带一路网，https://www.yidaiyilu.gov.cn/xwzx/hwxw/221767.htm，最后访问日期：2023 年 5 月 15 日。

《携手推进现代化，共筑命运共同体》的主旨讲话，他指出，要携手推进公正合理的现代化、开放共赢的现代化、人民至上的现代化、多元包容的现代化、生态友好的现代化、和平安全的现代化。①"绿色发展是新时代现代化的鲜明标识。中方愿帮助非方打造'绿色增长引擎'，缩小能源可及性差距，坚持共同但有区别的责任原则，共同推动全球绿色低碳转型。"②峰会通过的《关于共筑新时代全天候中非命运共同体的北京宣言》强调，中非"将携手落实工业化、农业现代化和绿色发展，通往现代化之路"高级别会议上达成的重要共识，呼吁"国际社会落实公平、共同但有区别的责任等原则，尊重各国根据本国国情为实现全球共同目标自主选择能源转型路径，照顾和重视包括非洲国家在内的发展中国家的特殊性，同时兼顾小岛屿发展中国家和内陆发展中国家"。③

《中非合作论坛—北京行动计划（2025—2027）》提出，中非双方将致力于建立健全绿色低碳循环发展经济体系，深化绿色发展交流合作，积极参与全球环境气候治理，共同构建人与自然生命共同体。发挥昆明生物多样性基金作用，继续加强生物多样性保护与可持续利用等领域交流合作，推动"昆明—蒙特利尔全球生物多样性框架"目标实现。④ 促进绿色发展、建设生态文明是全人类的共同事业。无论是应对气候变化、防止环境破坏，还是能源转型，各国只有团结合作、共同努力，携手推进绿色可持续发展，才能维持地球生态整体平衡，守护好全人类赖以生存的唯一家园。

---

① 习近平:《携手推进现代化，共筑命运共同体——在中非合作论坛北京峰会开幕式上的主旨讲话》，中华人民共和国中央人民政府官网，https://www.gov.cn/yaowen/liebiao/202409/content_6972495.htm，最后访问日期：2024年9月7日。
② 习近平:《携手推进现代化，共筑命运共同体——在中非合作论坛北京峰会开幕式上的主旨讲话》，中华人民共和国中央人民政府官网，https://www.gov.cn/yaowen/liebiao/202409/content_6972495.htm，最后访问日期：2024年9月7日。
③ 《关于共筑新时代全天候中非命运共同体的北京宣言（全文）》，外交部官网，https://www.mfa.gov.cn/web/ziliao_674904/1179_674909/202409/t20240905_11485966.shtml，最后访问日期：2024年9月5日。
④ 《中非合作论坛—北京行动计划（2025—2027）》，中华人民共和国中央人民政府网，https://www.gov.cn/yaowen/liebiao/202409/content_6972589.htm，最后访问日期：2024年9月24日。

（一）树立绿色理念，共谋世界可持续发展

中国与非洲国家的经济发展历程不同，工业化所处的阶段不同，国民收入差距也较明显。因此，中非双方在碳排放治理中需要承担共同但有区别的责任，聚同化异，更要以绿色发展理念为合作共识，相向而行。

一是提高合作关系包容性，避免外部地缘格局的干扰。中非双方要履行好自己的职责，量力而行，形成良性的互动框架，避免将绿色发展问题政治化，有效缓解地缘政治竞争对中非绿色合作的压力，以开放、包容、协作的态度共同推动绿色发展，促进中非绿色合作行稳致远。要有效管控分歧与外部地缘格局对中非绿色合作的干扰，客观评价和承认双方在应对气候变化领域的实践成果与积极贡献。二是推动机制平台建设，制定合作发展路线图。当前，全球治理的失序需要建构新的治理格局。中国可与非盟、非洲次区域组织、非洲国家开展绿色合作，建立资源共享机制，加强关键绿色平台建设，提升战略资源的治理水平。中国还可以与非洲国家共同建设碳循环经济平台，鼓励企业向气候能源产业投融资，形成区域内的公共治理体系，推动全球气候治理。中非应当继续深化在能源转型与气候治理领域的关系，关怀对方关切，制定绿色发展路线图，加强合作机制化建设。同时，中国在开展对非援助时，可适当增加绿色条件，促进受援国推广绿色应用与绿色经济转型，为中非绿色合作创造更多机遇与空间。三是加强对外传播，促进国际社会对中非绿色发展形成正向认知。中非可积极开展绿色合作的舆论引导工作，如通过学术交流、"二轨"论坛、媒体宣传及民间外交等形式，多渠道讲好中非践行绿色发展的故事，深化中非人民及世界人民对绿色发展的认知，主动向世界阐述"走绿色发展之路"是中国坚定不移的战略选择，为中非绿色合作争取更多的国际认同。

（二）研发绿色科技，主动融入全球创新网络

中非绿色科技合作是新经济形势下促进双方科学技术交流共享的重要方

式,也是推进双方经济、社会发展的有效路径,更是中非深化创新能力、主动融入全球创新网络的积极举措。作为发展中国家中快速成长的新兴力量,非洲与中国加强绿色科技合作是非洲绿色发展的历史性机遇。

为此,一要提升中非政策协调性,实现绿色合作价值最大化。中非双方要进一步加强双方合作的协调性,使绿色科技合作资金的使用效益最大化。绿色科技创新与产业政策协调一致,会吸引国内外更多企业进入前沿技术开发部门,并使传统生产部门通过多种扩散渠道受益,包括外国直接投资、知识产权收入增加等。要集中力量,突出重点,在扩大资金投入的同时,对标非洲各国发展需求和中国技术优势,开展精准合作,实现价值最大化。完善经费支持政策,构建经费支持体系,包括贷款与税收优惠、直接经费补助等多种方式,实现杠杆效应,降低外资准入标准。二要发挥数字技术优势,拓展传统合作模式。可以建设信息共享平台,建立合作需求库和供给库,将绿色科技合作项目数字化,实现供需匹配。中国要发挥数字技术优势,挖掘数字技术在绿色合作中的应用前景与增长潜力,利用大数据、物联网、智能投顾等数字化手段,推动中非合作信息披露与监管的数字化升级,为绿色产业、绿色投融资的决策制定、风险管理以及市场推广等方面提供技术支持,以数字化思维拓展中非传统合作模式,扩大中非绿色合作覆盖面,培育双方绿色合作新机遇。三要完善知识产权治理体系,制定良好安全的合作规则。当前,由于知识产权方面的国际公约对各国政府约束力较低,各国之间的知识产权标准存在冲突。中非可尝试推动建立统一的知识产权标准,制定对各方有制约作用的知识产权规则。中非还可以通过非市场机制,如建立绿色专利援助、专利共享平台等,实现绿色科技合作的知识产权治理。

(三)推行绿色经济,助力优化国际市场格局

发展绿色经济、推动节能减排、实现碳中和目标是全球经济发展的大趋势,绿色市场需求推动中国与非洲各国开展更高质量的合作。发展绿色经济要遵循循序渐进原则,还需要金融、基建、能源等各行业的共同参与。为此,

中非绿色合作需携手共进，做到以下几点。一是激发绿色金融活力，加快全球资源配置。中非要积极开展绿色金融合作，通过创新绿色金融工具为绿色发展拓宽融资渠道，为双方长期绿色合作提供金融支撑。中国可借助央行监管机构绿色金融网络（Network for Greening the Financial System）、可持续金融国际平台（International Platformon Sustainable Finance）、可持续银行网络（Sustainable Banking Network）等平台创立碳管理体系，推动建立统一的绿色金融标准，提升绿色资本对接效率，深化绿色金融国际合作。中国要以《绿色产业指导目录（2023年版）》为基础，结合非洲国家相关政策法规，与非洲合作国共同制定统一的绿色金融产品界定标准，扩大双方标准的互认边界，增进双方对绿色政策的相互理解，提升中非绿色金融对接的便利性。中非还可尝试将气候援助等专项资金与社会资本搭配使用，充分发挥政府的引导作用，鼓励更多商业资金投入绿色金融领域。二是大力发展绿色基建，积极参与行业改革。中非可充分利用"示范区"效应，建设和扩大绿色产业园等典型合作项目，推动中非绿色基建行业的改革，共同解决中非基础设施建设可持续发展难题，有效促进非洲国家出台绿色建筑行业标准。中国可采用"一市对一国"的建设模式，聚焦非洲各国不同的产业发展特征，开展不同的合作项目，鼓励中国绿色产业到非投资，有效形成产业集聚。三是促进效益评价绿色化转向，逐步完善制度规范。中非可以共同制定科学的绿色经济发展评价体系，综合考察资源生产率、生态效益、群众生态获得感等重要指标。同时，要加强生态环境监管，建立健全生态责任追究制度，以制度规范引导双方高质量、可持续发展。

2024年中非合作论坛北京峰会指明了中国同非方在未来三年实施包括"绿色发展伙伴行动"在内的"十大伙伴行动"。绿色合作将在新一届中非合作论坛框架下迈入新阶段。在此背景下，"共识"的发布是中非携手走向现代化、共筑人类命运共同体的重要一环，中国要以更加积极的姿态与非洲开展绿色发展双边多边合作，共同应对气候变化、优化能源合作结构、推动绿色经济和绿色金融合作，不断加强技术转移分享，提升非洲自主发展能力，同时为构建更加紧密的中非命运共同体注入强大动能。面向未来，中非将以绿色发展理念为合作共识，积极参与全球环境治理；研发绿色科技，主动融入全球创新网络；推行绿色经济，激发绿色金融、绿色基建、绿色能源等各行业的活力。中非将继续携手同行，同筑生态文明之基，同走绿色发展之路，为共建清洁美丽世界提供不竭动力。

第十二章　文明发展：深化多元包容的现代化

"共识"呼吁文明发展，深化文明交流互鉴。文明交流互鉴是中非全面战略合作伙伴关系的五大支柱之一，也是共筑新时代全天候中非命运共同体的重要组成部分，有利于推进人民至上、多元包容的现代化。近年来，中非文明交流互鉴得到了显著加强，这是中非关系不断深化的重要体现。双方在智库媒体、教育科技、医疗卫生、文体艺术等多个层次和领域的合作与互动，不仅推动了中非文明之间的深入交流和互鉴，还为全球南方国家的合作提供了新的模式和经验。未来，中非文明交流互鉴有望在更加多元和深入的层面上继续发展，为构建更加紧密的中非命运共同体作出贡献，实现双方共同的目标和愿景。

"共识"第十条提出，"我们呼吁文明发展，深化文明交流互鉴。推进全球南方国家知识共享、思想共通、文化共兴。推动落实全球文明倡议，积极构建全球文明对话网络，寻求各种文明间的最大公约数，培植国际发展合作的文化内涵。加强教育投入，提升教育质量，促进教育普及、均衡、可持续发展。促进在智库媒体、教育科技、医疗卫生、文体艺术等领域的交流与合作，落实中非人才培养合作计划，为世界现代化建设事业贡献全球南方力量"。

人类文明是多彩、平等、包容的。文明的发展是一个漫长而复杂的过程，它涉及不同文化、社会和经济体系的相互作用与融合。在全球化的今天，不同文明之间的交流互鉴显得尤为重要。中国与非洲都拥有悠久历史和丰富文化传统，深化文明交流互鉴不仅有助于促进双方的共同发展，也是推动构建人类命运共同体的重要途径。中国是世界上最大的发展中国家，非洲是发展中国家最集中的大陆，共筑新时代全天候中非命运共同体，对于维护广大发展中国家的共同利益有着非常重要的意义。

一 推进知识共享、思想共通与文化共兴

全球南方的崛起是 21 世纪国际政治经济格局中的显著现象。新兴市场和发展中国家经济总量占全球 GDP 的比重已接近 40%，对世界经济增长的贡献率也已达到 80%，是全球经济增长的主要动力。[①] 中国和非洲国家是全球南方的重要组成部分，一方面，中国、印度、巴西等发展中大国确实在全球南方国家中发挥了重要的引领性作用；另一方面，随着全球经济重心的转移，未来 5 年，撒哈拉以南非洲以及东南亚地区有望成为全球南方乃至全球贸易额增长最快的地区。[②]

文明交流互鉴是中非全面战略合作伙伴关系的五大支柱之一，也是共筑新时代全天候中非命运共同体的重要组成部分。早在 2013 年，习近平主席在刚果共和国议会发表题为《共同谱写中非人民友谊新篇章》的演讲中就明确讲道："中非关系发展既需要经贸合作的'硬'支撑，也离不开人文交流的'软'助力。"[③] 中国和非洲都有着各自独特的文化传统和社会价值观。通过文化交流，双方可以更好地理解对方的文化背景和社会习俗，从而加深相互之间的理解和尊重。这种理解和尊重是建立长期稳定关系的基础，也是推动双方合作的重要

[①] 马汉智：《"全球南方"视域下的日本对非洲政策》，《国际问题研究》2023 年第 3 期，第 119 页。

[②] 徐秀军、沈陈：《"全球南方"崛起与世界格局演变》，《国际问题研究》2023 年第 4 期。

[③] 习近平：《共同谱写中非人民友谊新篇章——在刚果共和国议会的演讲》，人民网，http://politics.people.com.cn/n/2013/0330/c1001-20971690.html，最后访问日期：2024 年 11 月 21 日。

前提。

　　知识和信息的共享是中非合作的一个重要方面，主要包括技术、教育、科研等领域的交流与合作，通过共享知识，帮助非洲国家提升自身的发展能力，同时也促进中国的发展经验得到更广泛的传播和应用。正如中国式现代化强调独立自主，重视经济建设的核心地位，强调国家的发展道路需要与本国国情相结合，这些理念对非洲国家，乃至全球南方国家都具有重要的借鉴意义。埃塞俄比亚驻华大使特肖梅·托加在首届中非文明对话大会中指出："中国乐于同非洲分享自身发展的成功经验，同时充分尊重非洲国家的独立自主和战略选择，不干涉非洲国家的内部事务。"①

　　中非合作强调思想和理念的交流，寻求共同的价值观和发展愿景。这种共通的思想基础有助于双方在政治、经济、社会发展等领域形成共识，为双方合作提供坚实的思想支撑。长期以来，中国一直秉持真实亲诚理念和正确义利观与非洲人民打交道。中非双方共同缔造了"真诚友好、平等相待，互利共赢、共同发展，主持公道、捍卫正义，顺应时势、开放包容"的中非友好合作精神，②既为南南合作树立了典范，也为全球发展合作提供了宝贵经验，展现了发展中国家之间团结协作、互利共赢的国际关系新模式。

　　文化是民族的灵魂，也是国家软实力的重要组成部分。中非合作建立在尊重文化多样性的基础上，双方认识到每种文化都有其独特价值和贡献，应该得到平等对待和保护。通过搭建各种文化交流平台，如文化节、艺术展览、电影节等，为中非双方提供了展示和体验对方文化的机会，进一步加深人民之间的了解，打破刻板印象，促进对彼此文化的认识和理解，同时也可以激发创新思维，促进双方本土文化的发展和创新。中非的文化交流与合作，不

---

① 高莹：《文明交流互鉴推动构建中非命运共同体 首届中非文明对话大会在京举行》，中国社会科学文库网，https://www.sklib.cn/c/2022-04-10/638492.shtml，最后访问日期：2024年11月21日。
② 习近平：《中非友好合作精神是中非休戚与共的真实写照和关系继往开来的力量源泉》，新华网，http://www.xinhuanet.com/2021-11/29/c_1128113424.htm，最后访问日期：2024年8月15日。

仅促进了文化的相互理解和欣赏，也为双方的文化繁荣发展注入了新的活力，加强了中非命运共同体的文化底蕴。

中非文明发展及文明交流互鉴在促进知识共享、思想交流、文化繁荣以及全球南方国家团结协作中都有着重要作用，通过双方的合作，推动全球南方国家之间的相互支持和协作，以形成更加紧密的伙伴关系。

二 践行全球文明倡议，加强文明对话

2023年3月，习近平总书记在中国共产党与世界政党高层对话会上提出了"全球文明倡议"，旨在推动不同文明之间的交流互鉴、增进各国人民之间的相互理解和友好感情，以及凝聚国际社会的合作共识，共同应对全球性挑战。它依托于中国对文明内涵的理解、交流作用的认知及对达成共识的重视，是中国历史和现代化进程带来的理念发展，也凝聚着中国参与国际交往与合作的深刻体验。[①]

"全球文明倡议"倡导尊重世界文明多样性，弘扬全人类共同价值，重视文明传承和创新，加强国际人文交流合作。中非合作强调尊重彼此的文明和文化特性，认为文明多样性是交流互鉴的基础，反对任何形式的文化霸权和单一文化模式的推广。中非双方在合作中注重发现并弘扬和平、发展、公平、正义、民主、自由等共同价值，促进不同文明之间的和谐共生。中非合作鼓励在保持各自文化传统的同时进行创新，推动文化的发展与进步，为文明互鉴提供新动力。中非合作通过建立各种文化或学术交流平台，促进双方在人文领域的深入交流与合作，增进不同文明之间的相互理解和欣赏。通过中非文明交流互鉴，促进双方在思想和理论上的交流，加强双方的文化交流与合作，为"全球文明倡议"的落实提供了实践案例和经验，展现中非合作在推动构建人类命运共同体中的积极作用。

构建全球文明对话网络意味着建立一个多边的、包容的平台或机制，让

---

① 李洪峰：《全球文明倡议推动中非文明互鉴走向纵深》，《西亚非洲》2024年第1期。

来自世界各地的文明能够进行对话和交流。这个网络可以是实体的会议、研讨会，也可以是虚拟的在线论坛或社交媒体平台，目的是提供一个促进理解和合作的空间。自2022年开始，中非文明对话大会每年举办一次，旨在推动中非文明交流互鉴，增进相互了解和友谊，为构建中非命运共同体贡献力量。来自中非双方的专家学者、青年代表、企业界人士、外交官、媒体人士以及多位非洲国家驻华大使积极参与大会讨论，重视探索和分享适合各自国情的发展道路，通过互学互鉴，共同寻找解决发展问题的方法。同时，双方也认识到妇女和青年在文明交流中的重要作用，并积极鼓励与支持妇女和青年群体参与到文明对话中。2024年，第78届联合国大会协商一致通过中国提出的决议，决定将每年的6月10日设立为文明对话国际日，[①]这不仅见证了中国携手各国推动文明对话、促进文明互鉴的最新成果，还是中非在构建全球文明对话网络方面取得积极进展，为世界文明的交流与互鉴提供先行先试榜样的生动案例。

寻求各种文明间的最大公约数是指在不同文明之间寻找共同点或共享的价值观和理念。不同的文明之间共有的基本原则或信念是双方相互理解并进行合作的基础。通过中非双方的共同努力，中非合作在寻求不同文明间的最大公约数上取得了积极进展。中非双方在合作中始终坚持平等相待、相互尊重的原则，这是文明交流的基础，也是寻求最大公约数的前提。中非合作以实现共同发展为目标，通过合作推动各自及共同发展，反映了双方在发展理念上的共识。面对新冠疫情等全球性挑战，中非双方展现了团结合作的精神，共同应对挑战，这体现了在全人类共同利益面前的一致立场。

培植国际发展合作的文化内涵主要涉及在国际发展合作中融入文化元素，认识到文化因素在发展过程中的重要性，包括保护文化遗产、促进文化多样性、支持文化产业发展等，确保文化因素在国际发展议程中得到适当的重视和投资。因此，培植国际发展合作的文化内涵是一个多维度的过程，体现在

---

① 傅聪：《推动文明交流互鉴 应对全球共同挑战》，求是网，http://www.qstheory.cn/qshyjx/2024-06/10/c_1130160456.htm，最后访问日期：2024年8月15日。

中非合作的方方面面，旨在通过文化交流和相互理解来加强中非之间的合作关系，强调在国际发展合作中融入文化视角的必要性。

中非文明发展及文明交流互鉴，可以通过促进不同文明之间的相互理解和尊重，为解决全球性问题和实现可持续发展目标打下坚实的基础，对于全球社会的繁荣和谐至关重要。

三 加强教育交流合作，实现可持续发展

加强中非教育投入可以在中非合作框架下，通过增加资源、资金和政策支持，来提升教育的质量、可及性和多样性，以促进中非双方的共同发展。1956年，中国与埃及签订《文化合作协定》标志着中国对非教育合作正式开始，中非双方在政府主导下开始进行交流与合作，包括推动留学生互派、教师与学者互访，为后续合作奠定基础。[①]

教育是培养人才和传承知识的基础，中非积极扩大教育和人力资源开发合作。中国大力支持非洲教育发展，根据非洲国家经济社会发展需要，帮助非洲培养急需人才，通过设立多个奖学金专项，支持非洲优秀青年来华学习。自2000年中非合作论坛成功举办以来，中国为非洲陆续援助农村学校、中非友好学校，为非洲国家培训相应的教育行政官员、大中小学及职业教育学校校长和骨干教师，并根据非洲国家的需求，设立孔子学院，帮助非洲国家开展中文教学。

中非规模化的高校合作机制日趋成熟。2004年以来，中国共向非洲48国派出中文教师和志愿者5500余人次。[②]2009年中非合作论坛提出的《沙姆沙伊赫行动计划》，启动实施"中非高校20+20合作计划"，即选择中方20所大学（或职业教育学院）与非洲国家的20所大学（或职业教育学院）建立

---

① 徐墨：《中非高等教育合作十年回顾与展望》，《世界教育信息》2023年第9期。
② 中华人民共和国国务院新闻办公室：《新时代的中非合作》，中华人民共和国中央人民政府网，https://www.gov.cn/zhengce/2021-11/26/content_5653540.htm，最后访问日期：2024年8月25日。

"一对一"的校际合作新模式。①2012年起，中非双方正式实施"中非高校20+20合作计划"，搭建中非高校交流合作平台。中国在联合国教科文组织设立信托基金项目，累计已在非洲国家培训1万余名教师。该计划在2015年的《约翰内斯堡行动计划》和2018年的"北京行动计划"中被进一步强调，鼓励中非高校就地区和国别研究开展合作并互设研究中心，更好地搭建中非高校交流合作平台。2018年以来，中国在埃及、南非、吉布提、肯尼亚等非洲国家与当地院校共建"鲁班工坊"，同非洲分享中国优质职业教育，为非洲培养适应经济社会发展急需的高素质技术技能人才。中国支持30余所非洲大学设立中文系或中文专业，配合16个非洲国家将中文纳入国民教育体系，在非洲合作设立了61所孔子学院和48所孔子课堂。2023年7月，中国高等教育学会与非洲大学协会（AAU）共同成立中非大学联盟交流机制，其秘书处和研究院也分别在北京外国语大学和浙江师范大学挂牌成立，标志着中非大学合作迈上了一个新台阶。②通过加强教育基础设施的建设，如学校、图书馆、实验室等，非洲国家的教育环境和教育设施得到了很大改善。通过加强对非洲国家教师的培训，非洲国家教师的教学能力和专业水平得到了提高。除此之外，在双方共同关注的领域中设立联合研究中心，不仅可以推动双方高水平的学术研究与创新，还可以进一步促进知识和技术的交流与转移，以及双方教育资源的共享与优化。最终，使中非整体的教育质量得到提升。

　　教育是发展非洲人力资本的重要手段。促进教育普及发展的目标就是确保所有儿童和青少年，也包括成年人都能够获得基本的教育机会，还包括消除性别、经济和社会障碍，使教育对所有人都可及。促进教育均衡发展指在非洲不同地区、不同群体间实现教育资源和机会的公平分配。促进教育可持续发展强调教育的长期可持续性，包括环境保护意识的培养、资源的合理利

---

① 《中非合作论坛—沙姆沙伊赫行动计划（2010至2012年）》，中非合作论坛官网，http://www.focac.org/zywx/zywj/200911/t20091112_7875842.htm，最后访问日期：2024年8月15日。
② 田小红：《增进民心相通：深化中非高校合作的有效途径》，人民网，http://edu.people.com.cn/n1/2023/1031/c1006-40106813.html，最后访问日期：2024年8月15日。

用和对未来挑战的适应能力。特别是，教育不仅要满足当前的需求，还要为应对未来社会、经济和环境的变化做好准备。

联合国儿童基金会和非盟委员会合作发布的报告——《非洲教育转型：基于循证的概况简述及对长期改进的建议》指出："到本世纪中叶，非洲将有十亿 18 岁以下的儿童和青少年，几乎占全世界 0—18 岁年龄组儿童和青少年总数的 40%。"[1] 如果这些儿童和青少年在将来可以得到越来越多的学习进修的机会，充分发挥自身的潜力，这些年轻的人口将会成为非洲乃至世界不断进步的动力和源泉。中国政府通过设立更多的奖学金和助学金项目，帮助更多的非洲学生获得接受高等教育，尤其是在中国学习的机会，为非洲学生提供更广泛的学术发展空间，也扩大了他们接受教育的机会。同时，加强职业技术教育的投入，也可以帮助非洲国家培养更多具备实用技能的人才。除此之外，亦可以考虑利用互联网技术，建立中非联合的在线教育平台，提供优质的在线课程，帮助更多非洲学生获得高质量的教育资源。尤其是在偏远地区，远程教育也许可以成为解决教育资源不足的重要手段。通过提供远程教育设备和技术支持，进一步扩大教育的覆盖面。

2023 年，在金砖国家领导人第十五次会晤期间举办了中非领导人对话会。会后，中方发布《中非人才培养合作计划》，旨在通过多方位的人才培养与交流，促进非洲国家的能力建设和可持续发展。人才是推动发展的关键资源。《中非人才培养合作计划》重视培养现代化治理人才，中国支持非洲国家探索适合自身国情的发展道路，并愿意分享治国理政和发展减贫经验。"中方愿通过技术援助、专项培训、论坛会议、政策研修等多种形式，帮助非洲国家政府官员提高治理能力现代化水平，培养公共事务管理人才。"[2]

---

[1] 联合国儿童基金会和非盟委员会：《非洲教育转型：基于循证的概况简述及对长期改进的建议》，联合国儿童基金会网，https://www.unicef.org/media/107971/file/Africa%20Education%20Report%20Summary%20CH%20.pdf，最后访问日期：2024 年 8 月 15 日。

[2] 《中非人才培养合作计划》，外交部官网，https://www.fmprc.gov.cn/web/ziliao_674904/zt_674979/ywzt_675099/2023nzt/xjpcxjzgjldrdswchwbdnfjxgsfw/cgwj/202308/t20230825_11132531.shtml，最后访问日期：2024 年 8 月 25 日。

中非教育合作不仅是中非关系中的重要内容，也是推动非洲国家社会经济发展的关键途径，有助于提升非洲整体的教育水平，促进人力资源开发，推动经济发展，为非洲的长期发展和减贫工作打下坚实的基础。同时，中非之间的合作与互信也将得到进一步增强，有助于建立更加紧密的中非人文联系，推动构建新时代全天候中非命运共同体。

四 促进文明交流互鉴，实现共同富裕

中非在智库媒体、医疗科技、文体艺术等多个领域的深入交流与合作，反映了中非合作的广泛性和深度。这种合作不仅限于经济和贸易，还涵盖了社会、人文、科技等多个层面，体现了中非关系的全面性和战略性，以实现共同发展的目标。

智库在政策研究和建议方面发挥重要作用，媒体则是信息传播的关键渠道。中非双方鼓励学术与智库合作，支持双方学术研究机构、智库、高校开展课题研究、学术交流、著作出版等多种形式的合作，优先支持开展治国理政、发展道路、产能合作、文化与法律等课题研究与成果分享，推动壮大中非学术研究力量。80余个中非智库学术研究机构参加"中非联合研究交流计划"。2012年，中非合作论坛第五届部长级会议倡议实施"中非智库10+10合作伙伴计划"，建立"一对一"长期合作关系。中国非洲研究院成立大会于2019年4月9日在北京举行。① 浙江师范大学于2011年创办中非智库论坛，该论坛由中非合作论坛中方后续行动委员会作为指导单位，每年分别在中国和非洲举办。论坛以"民间为主、政府参与、坦诚对话、凝聚共识"为宗旨，旨在促进对非研究，增进中非了解，扩大双方共识，为中非关系发展建言献策。中非智库论坛创立以来，已经举办了十三届会议，形成了一系列重要成

---

① 《中国非洲研究院在北京成立》，中华人民共和国商务部网，https://africanunion.mofcom.gov.cn/zgfmhz/qthz/art/2019/art_bcc23b4654674249b6c0f6d4447fda6c.html，最后访问日期：2024年11月21日。

果，在国际上产生了广泛影响，特别是在第十三届会议发布了中非达累斯萨拉姆共识。中非媒体合作论坛创办于 2012 年，该论坛定期邀请非洲各国的媒体负责人、记者和专家学者与中国同行进行交流，讨论新闻报道、媒体技术、媒体责任等议题，促进了中国媒体与非洲媒体在内容制作、技术共享、人员培训等方面的合作。截至 2024 年，中国国家广播电视总局已与非洲 28 个国家签署合作协议。① 同时，《中非人才培养合作计划》指出，"中方将落实好对非媒体从业人员研修项目，为非洲国家培训新闻广电和旅游高端人才，支持非洲广电媒体能力建设"。②

医疗卫生是关乎人民健康和生活质量的重要领域，《中非人才培养合作计划》也重视培养改善民生福祉人才。"中方愿加快实施援非医疗卫生项目，支持非洲疾控中心总部可持续发展，帮助非洲国家提升医疗卫生体系服务能力，加强对非洲卫生人才培养，开展医教研全方位学术技术交流合作。"③

科技是推动社会发展的关键力量。中非注重加强科技合作与知识共享。中国积极同非洲加强科技创新战略沟通与对接，分享科技发展经验与成果，推动双方科技人才交流与培养、技术转移与创新创业。中国与非洲国家建设了一批高水平联合实验室、创建了中非联合研究中心、中非创新合作中心。近年来，中国通过实施"一带一路"国际科学组织联盟奖学金、中国政府奖学金、"国际杰青计划"、"国际青年创新创业计划"等项目帮助非洲培养大量科技人才。空间和航天合作取得新突破，双方利用中国遥感数据开展防灾减灾、射电天文、卫星导航定位和精准农业等领域合作，共同参与天文领域国际大科学工程"平方公里阵列射电望远镜"项目。中国在埃及援建卫星总装

---

① 韩晓明、刘玲玲、万宇：《携手同行，共同讲好中非合作发展的故事——第六届中非媒体合作论坛暨中非智库高端对话综述》，《人民日报》2024 年 8 月 24 日，第 3 版。
② 《中非人才培养合作计划》，外交部官网，https://www.fmprc.gov.cn/web/ziliao_674904/zt_674979/ywzt_675099/2023nzt/xjpcxjzgjldrdswchwbdnfjxgsfw/cgwj/202308/t20230825_11132531.shtml，最后访问日期：2024 年 8 月 25 日。
③ 《中非人才培养合作计划》，外交部官网，https://www.fmprc.gov.cn/web/ziliao_674904/zt_674979/ywzt_675099/2023nzt/xjpcxjzgjldrdswchwbdnfjxgsfw/cgwj/202308/t20230825_11132531.shtml，最后访问日期：2024 年 8 月 25 日。

集成及测试中心项目。中国还分别为阿尔及利亚、苏丹发射两国首颗人造卫星。① 此外,"中方愿实施'一带一路'教师成长计划,支持非洲国家教师队伍建设,继续推进'中非智库10+10合作伙伴计划',启动10个中非伙伴研究所试点交流项目"。②

文化和艺术是人类文明的重要组成部分,它们丰富人们的精神生活,促进不同文化之间的相互理解和尊重。体育也是中非合作的重要领域,在体育合作与交流中,双方可以通过体育赛事、运动员交流等方式,推动体育文化的发展,促进民间交流和友谊。

通过上述领域的合作,中非双方可以互相学习、取长补短,实现资源共享和共同发展,推动构建更加紧密的中非命运共同体。因此,将合作计划、倡议、共识转化为具体行动,确保合作项目的有效实施和持续发展十分重要,需要做到以下几点。一是通过定期举行的智库论坛、研讨会,分享双方在政策研究、发展战略等方面的经验,鼓励中非双方智库共同参与国际或双边研究项目,加强智库间的学术互动。二是规划好中非媒体之间的合作方案,通过联合制作新闻报道、纪录片等,展示中非在各领域的合作成果,创建中非联合新闻网站或社交媒体平台,提供多语种新闻报道,提升中非媒体在国际舆论中的影响力。三是利用中国在在线教育和数字化学习方面的优势,帮助非洲国家提升教育质量,特别是偏远地区。鼓励中非高校之间的合作,通过师生交换项目、联合学位项目等,深化双方在学术研究和人才培养方面的合作。四是继续推动中国对非洲的医疗援助项目,如派遣医疗队、提供药品和医疗设备等,提高非洲国家的医疗服务水平。在传染病防控、疫苗研发、疾病监测等领域建立长期合作机制,共同应对全球公共卫生挑战。通过培训和

---

① 中华人民共和国国务院新闻办公室:《新时代的中非合作》,外交部官网,https://www.mfa.gov.cn/web/ziliao_674904/zcwj_674915/202111/t20211126_10453869.shtml,2024年11月21日。

② 《中非人才培养合作计划》,外交部官网,https://www.fmprc.gov.cn/web/ziliao_674904/zt_674979/ywzt_675099/2023nzt/xjpcxjzgjldrdswchwbdnfjxgsfw/cgwj/202308/t20230825_11132531.shtml,最后访问日期:2024年8月25日。

交流项目，提升非洲医务人员的专业技能，并促进双方在医疗技术和管理经验上的互学互鉴。五是加大对举办中非文化节、文艺演出、艺术展览等活动的支持，增进双方民众对彼此文化的了解和认同。通过共同举办体育赛事、建立体育合作项目，促进中非在体育领域的合作与交流。在影视制作、音乐创作、工艺品开发等领域，推动中非文化产业的合作，打造具有国际竞争力的文创品牌。中非双方可以在智库媒体、医疗科技、文体艺术等领域建立更紧密的合作关系，为促进双方经济社会发展作出贡献。

在2018年中非合作论坛北京峰会上，中非双方就携手打造"责任共担、合作共赢、幸福共享、文化共兴、安全共筑、和谐共生"的中非命运共同体达成战略共识。这是中非命运共同体的基本纲领，是中非双方共同奋斗的宏伟目标，为新时代中非合作规划了路径。在2024年中非合作论坛北京峰会上，中非关系整体定位提升至新时代全天候中非命运共同体。[①] 在本届峰会中，中非双方共同提出了携手推进现代化十大伙伴行动，其中第一项为文明互鉴伙伴行动，第八项为人文交流伙伴行动。文化共兴，是促进中非文明交流互鉴、交融共存，拉紧中非人民的情感纽带，为彼此文明复兴、文化进步、文艺繁荣提供持久助力，为中非合作提供更深厚的精神滋养。

《中非合作2035年愿景》指出，中非人力资源合作达到新水平。一是教育交流更加深入。中国支持非洲教育发展，提高所有非洲人，特别是妇女、儿童和青少年受教育水平，培养各领域青年领袖和高素质技术技能人才，使中国成为非洲留学生的重要留学地。二是文化交流更加活跃。共同建立促进中外文明平等互鉴、繁荣共兴长效机制，支持艺术团组互访、影视文化合作、语言人才培养，共同推动国际汉学和非洲研究的发展，扩大中非文化的国际认知度和影响力，促进世界文化多元发展。三是智库媒体交流更多。中非加强智媒融合发展，在学术研究、国际传播、人员培训等方面加强合作，帮助非洲智

---

① 习近平：《携手推进现代化，共筑命运共同体——在中非合作论坛北京峰会开幕式上的主旨讲话（全文）》，中华人民共和国中央人民政府网，https://www.gov.cn/yaowen/liebiao/202409/content_6972495.htm，最后访问日期：2024年9月7日。

库提升研究能力，帮助非洲传媒业加强信息生产和传播能力，助力"智慧非洲"建设。加强中非出版交流合作，以书为媒，讲好中非合作友谊故事。①

《中非合作论坛—北京行动计划（2025—2027）》明确指出要落实文明互鉴伙伴行动：中国愿同非方携手构建全球文明倡议对话伙伴，建立中非治国理政经验交流平台；支持设立中国—非洲发展知识网络和25个中非研究中心；依托非洲领导力学院培养治国理政人才，邀请1000名非方政党人士来华交流。落实人文交流伙伴行动：深入实施"未来非洲—中非职业教育合作计划"，与非洲国家共建工程技术学院，新建或升级10个"鲁班工坊"和20所学校；向非洲提供6万个研修培训名额，重点实施"非洲妇女赋能计划"和"非洲青年展翅计划"；完善中非科教合作机制平台，设立中非数字教育区域合作中心；实施10个人文交流项目，共同推进中非"文化丝路"计划；邀请非洲1000名文化和旅游专业人员来华研修，实施"中非广电视听创新合作计划"；将2026年确定为"中非人文交流年"。②

文明发展的内涵是动态的，随着时代的发展和社会的进步，人们对文明的理解也会不断深化和拓展。文明发展的目标是实现物质富足、精神富有、社会公正、环境可持续的全面发展状态。展望未来，包括中国与非洲在内的全球南方要共同谱写人文交流新篇章，实现文化共兴。"我们呼吁文明发展，深化中非文明交流互鉴"不仅是对中非双方的期望，也是对全球文明进步的贡献，有助于提升全球南方国家的整体实力，为世界现代化建设事业贡献力量。深化中非文明交流互鉴是一项长期而复杂的任务，需要双方的共同努力和智慧。通过不断地交流与合作，中非双方不仅能够促进各自的文明发展，也能够为世界文明的多样性和人类社会的进步作出贡献，文明交流互鉴是构建人类命运共同体的重要实践。

---

① 《中非合作2035年愿景》，中非合作论坛官网，http://www.focac.org/zywx/zywj/202112/t20211208_10464357.htm，最后访问日期：2024年8月25日。
② 《中非合作论坛—北京行动计划（2025—2027）》，外交部官网，https://www.fmprc.gov.cn/zyxw/202409/t20240905_11485697.shtml，最后访问日期：2024年9月7日。

第十三章　交流互鉴："中非达累斯萨拉姆共识"的影响意义

在全球南方崛起的百年大变局背景下，发展知识的分享在中非合作中的地位日益突出。中非不仅有相似的历史遭遇，更有共同的现实发展命题和交往合作经历，也因此积累了许多可以相互交流共享的发展知识。如何有效推进中非发展合作和知识分享，已然成为中非学术思想界面临的新时代之问。

中非要携手推进公正合理的现代化、开放共赢的现代化、人民至上的现代化、多元包容的现代化、生态友好的现代化、和平安全的现代化，[①]本质在于中非携手推进彼此发展进程，其发展目的统归于增进人民福祉、促进国家富强，进而实现社会进步、人的自由全面发展。"共识"在总结中非谋求发展历史实践基础上，发出以中国与非洲为代表的全球南方面向未来呼吁携手发展的时代宣言，"共识"获得国际社会广泛关注，得到中非有识之士的高度肯定，充分体现了双方高水平政治互信，"共识"之理念，是对全球治理体系不公正不合理安排的有力回应，对构建普惠包容发展格局，推动世界文明交流互鉴，为新时代全天候中非命运共同体提供智力支持等具有重要的意义。

[①] 习近平：《携手推进现代化，共筑命运共同体——在中非合作论坛北京峰会开幕式上的主旨讲话（全文）》，中华人民共和国中央人民政府网，https://www.gov.cn/yaowen/liebiao/202409/content_6972495.htm，最后访问日期：2024年9月23日。

一 "共识"是以史为鉴谋求发展开创未来的宣言书

"共识"反映了中非双方具有共同的文化理念。以乌班图精神为代表的非洲文明强调人与人之间的紧密联系和相互依存。它倡导仁爱、共享，并认为个人的存在依赖于他人，反映了非洲人民对和谐社会的追求和对人性的肯定。这与西方以个人主义为基础的价值观有本质不同，但与中国传统文化中的儒家文化高度契合。乌班图精神贯穿非洲历史，是非洲国家民族解放运动的重要精神动力，对非洲一体化和文明发展产生了深远影响。儒家文化作为中国传统文化的核心，强调"仁爱"和"礼仪"，提倡人们尊重和关爱他人，维护社会和谐，对于国家稳定的作用不可忽视。两者皆蕴含宝贵的生活智慧，并在深层逻辑上高度相似，对中非双方的历史发展产生深远影响。

"共识"反映了中非双方具有相通的历史经验。中非在发展历史上经历了相似的斗争和挑战，这构成了双方相通的历史经验，这些经验为中非相互理解、互相支持、共同合作奠定了基础。中国和非洲国家都经历过反抗殖民主义和争取民族解放的斗争：新中国于1949年成立，终结了百余年的半殖民地半封建社会的历史；许多非洲国家在20世纪60年代获得了独立，结束了西方殖民统治。中国和非洲国家都经历了政治和社会结构的重大变革，无论是中国的社会主义建设，还是非洲国家的民主化进程，双方都在努力寻找适合自己国情的发展道路。

"共识"反映了中非双方具有一致的发展目标。中国持续向非洲国家提供真诚帮助，双方朝着促进非洲经济社会发展、缩小南北差距、实现全球共同发展的目标前进。中非相互支持探索各自的现代化道路，共同为实现发展愿景创造良好环境。习近平主席在中非合作论坛北京峰会开幕式上表示："中国和非洲占世界总人口的三分之一，没有中非的现代化，就没有世界的现代化。未来3年，中方愿同非方开展中非携手推进现代化十大伙伴行动，深化中非合作，引领全球南方现代化。"①在国际事务中，双方拥有共同的国际视野和全球治理理念，坚定地支持多边主义，表达团结合作的愿望，共同应对全球性挑战。

二 "共识"是体现中非高水平政治互信的重要成果

"共识"认为，当前世界和平与发展面临挑战，也孕育希望，中非双方也正经历新的思想觉醒和知识创新进程。在此背景下，人类社会更需相互依存、休戚与共，在知识与思想领域创造更多智慧与共识。中国与非洲作为全球南方的重要成员，肩负着发展振兴、造福人民的历史使命，应积极参与国际体系治理，推动各国携手走向现代化，共筑人类命运共同体。

共识凝聚力量，合作创造价值。中非国家政要、知名学者积极评价"共识"，"共识"理念得到了中非民间广泛认可与中非官方高度认同，充分体现了中非民间赓续友好、中非政治深化互信。当前，世界多极化加速推进，国际力量对比深刻调整，以全球南方力量为主要驱动和引领的"新全球化"正在到来，人类社会更加需要相互依存、休戚与共。在知识与思想领域，创造更多智慧，达成更广泛的共识。此时发布兼具全球性、前瞻性和务实性的"共识"可谓恰逢其时，将对中非合作共建"一带一路"、推动全球南方国家发展合作产生长远影响。这一重大成果一经发布，就在国际上产生了广泛的影响，受到中非各国各界的高度评价和充分肯定。

"共识"被纳入《关于共筑新时代全天候中非命运共同体的北京宣言》《中非合作论坛—北京行动计划（2025—2027）》，由浙江师范大学非洲研究院提议创设的中非智库论坛、中非智库合作网络倡议、中非大学联盟交流机制被写入《中非合作论坛—北京行动计划（2025—2027）》。

---

① 习近平：《携手推进现代化，共筑命运共同体——在中非合作论坛北京峰会开幕式上的主旨讲话》，中华人民共和国中央人民政府网，https://www.gov.cn/yaowen/liebiao/202409/content_6972495.htm，最后访问日期：2024年9月14日。

2024年9月4日上午，国家主席习近平在北京人民大会堂会见来华出席中非合作论坛北京峰会的坦桑尼亚总统哈桑时表示，中非学者在坦桑尼亚共同发布"中非达累斯萨拉姆共识"，体现了全球南方国家发展道路和理念共识。①

2024年8月27日，国家主席习近平复信南非前资深外交官、浙江师范大学非洲研究院名誉教授格罗布勒等非洲50国学者。习近平在回信中说，中国和非洲从来都是命运共同体。面对变乱交织的世界形势，中国和非洲比以往任何时候更要加强团结合作。新一届中非合作论坛峰会即将召开，中非双方领导人再次齐聚一堂，共商中非合作大计，将开辟中非关系更加壮丽的前景。期待你们在"中非达累斯萨拉姆共识"基础上，加大对"全球南方"国家发展道路、中非和南南合作的研究探索，继续为构建高水平中非命运共同体、维护"全球南方"共同利益提供重要智力支持。②

《关于共筑新时代全天候中非命运共同体的北京宣言》指出，我们赞赏中非学者共同发表"中非达累斯萨拉姆共识"，围绕如何应对当前全球性挑战提出建设性思想，充分凝聚中非理念观念共识。我们支持中非智库加强交流合作，分享发展经验。我们认为，文化合作是加强不同文明和文化间对话和相互理解的重要途径。我们鼓励中非文化机构建立友好关系，加强地方和民间文化交流。③

2024年9月，肯尼亚总统鲁托接受人民日报记者黄炜鑫专访。鲁托谈到即将举行的2024年中非合作论坛北京峰会，他认为"这将为非洲实现现代化创造机遇"。他表示，期待本次峰会充分挖掘非中合作潜力，促进非中双方在工业化、农业现代化、人才培养、基础设施、经贸投资、绿色发展、科技

---

① 《习近平会见坦桑尼亚总统哈桑》，中华人民共和国中央人民政府网，https://www.gov.cn/yaowen/liebiao/202409/content_6972276.htm，最后访问日期：2024年9月7日。
② 《习近平复信非洲学者》，中华人民共和国中央人民政府网，https://www.gov.cn/yaowen/liebiao/202408/content_6971438.htm，最后访问日期：2024年9月6日。
③ 《关于共筑新时代全天候中非命运共同体的北京宣言（全文）》，外交部官网，https://www.mfa.gov.cn/web/ziliao_674904/1179_674909/202409/t20240905_11485966.shtml，最后访问日期：2024年9月5日。

创新、数字经济、人文交流等领域的合作，为双方人民创造更加美好的未来。鲁托以绿色发展为例说："中国可再生能源技术先进，非洲可再生能源资源丰富，双方优势互补，非中绿色合作必将实现互利共赢。"他特别提到，肯尼亚正与中国企业合作，利用中国电动车技术等助力实现"电动交通"计划。"非中朝着正确方向迈出了非常积极的一步。"鲁托表示，"非中达累斯萨拉姆共识"向世界发出"全球南方"声音，为世界面临的重大问题和挑战提出共同解决方案，彰显了以中国和非洲国家为代表的"全球南方"的智慧。①

2024 年 8 月，中国外交部就习近平主席出席 2024 年中非合作论坛峰会开幕式并举行相关活动向中外媒体吹风。②外交部副部长陈晓东表示，中非学者在中非智库论坛上共同提出"中非达累斯萨拉姆共识"，针对当前全球面临的重大问题和挑战提出解决思路和方案，表达了"全球南方"的共同心声。

2024 年 5 月 17 日，中共中央政治局委员、外交部长王毅在北京同坦桑尼亚外长马坎巴举行会谈时，对"共识"给予高度评价。他表示，近期，在达累斯萨拉姆举行的中非智库论坛会议上，中非 50 国学者联合发表了"中非达累斯萨拉姆共识"，针对当前全球面临的重大问题和挑战提出解决思路和方案，正在引起越来越多国家的关注和热烈反响。王毅指出，"许多学者认为，这是迄今首个诞生于南方而非北方强加的国际共识，表达了'全球南方'的共同心声，体现了'全球南方'国家对自身发展规律和前途更加自觉的认识"。王毅还表示，"这一共识的重要价值在于非洲国家开始更加自觉自主地探索一条适合非洲情况的现代化发展道路。同时也表明非洲国家在 20 世纪获得政治上独立之后，更加渴望通过自身努力实现经济上的真正独立和自主发展"。王毅还明确提出，"中方愿同坦方一道，不断深化对这一共识的研

---

① 黄炜鑫：《"为非洲实现现代化创造机遇"——访肯尼亚总统鲁托》，人民日报新闻网，https://www.peopleapp.com/column/30046484182-500005729854，最后访问日期：2024 年 9 月 6 日。

② 《外交部就习近平主席出席 2024 年中非合作论坛峰会开幕式并举行相关活动向中外媒体吹风》，中华人民共和国中央人民政府网，https://www.gov.cn/lianbo/fabu/202408/content_6970264.htm，最后访问日期：2024 年 9 月 6 日。

究和拓展，扩大其世界影响，转化为具体实践，为促进南南合作，维护全球南方共同利益作出更大贡献"。马坎巴表示，"中非达累斯萨拉姆共识"是非洲国家同中国围绕世界格局变化，应对全球共同挑战达成的重要共识，秉持相互尊重、开放共赢、共同繁荣、共促发展等原则，有助于最大限度凝聚共识，建立更公平公正的世界经济秩序，为非洲现代化找到正确道路，争取更多国际支持和资源。坦方希望同中方及其他非洲国家共同努力，推动"共识"从学术成果上升到中非政府间合作共识，维护发展中国家共同利益。他认为，"共识"为全球秩序描绘了新蓝图；有利于建立在开放、透明、相互尊重、公平、公正基础上的新秩序；是组织全球社会的新方式。①

2024年4月9日，中国政府非洲事务特别代表刘豫锡在第三届中非文明对话大会开幕式致辞中对"共识"给予积极评价。②他认为，"共识"聚焦中非人民对美好生活的热切向往，弘扬全人类共同价值和文明多元取向，反映全球南方反对零和博弈、破除一元论迷思的共同声音。

2024年3月10日，北京大学新结构经济学研究院院长林毅夫在接受多国主流媒体采访时表示，"共识"是南方国家共同的梦想，是加强南南合作的指南，非洲国家应坚定发展信心，通过自己的双手改变命运，利用资源禀赋，加强基础设施建设，通过参与多边互动市场框架，进行贸易便利化，反对贸易壁垒，推动全球化。③

津巴布韦南部非洲研究和文献中心的创始主任菲利斯·约翰逊强调，非洲和中国不仅有着类似的历史经历，还肩负着共同的历史任务。她认为，"共识"是中非学术界和思想界共同的理论创新和知识创造，是新时代的宣言书

---

① 《王毅同坦桑尼亚外长马坎巴举行会谈》，外交部官网，https://www.fmprc.gov.cn/web/wjdt_674879/gjldrhd_674881/202405/t20240517_11306266.shtml，最后访问日期：2024年9月6日。
② 《中国政府非洲事务特别代表刘豫锡出席第三届中非文明对话大会》，中非合作论坛网，https://www.focac.org/zfgx/rwjl/202404/t20240410_11279620.htm，最后访问日期：2024年11月21日。
③ 《林毅夫：中非达累斯萨拉姆共识深化全球发展合作，发出全球南方国家声音》，澎湃网，https://m.thepaper.cn/baijiahao_26653048，最后访问日期：2024年9月6日。

和行动纲领，将有力促进和引领全球南方现代化新进程。非洲国家可以借鉴中国的经验，打造适合自己的独特发展道路。非洲和中国在许多领域已经建立了稳固的合作关系，而非洲大陆自由贸易区的协定生效和实施，更是为双方合作开辟了更广阔的机遇。①

"共识"这一思想知识成果，由中非民间共识上升为国家战略共识，不仅获得了中非民间广泛的认可，也获得了中非官方高度的赞同，被纳入 2024 年中非合作论坛北京峰会重要成果清单。"共识"之发展理念，擘画了中非通往现代化建设的靶向路径，是中非民心相通的重要见证；"共识"之发展战略，明晰了下一阶段中非各领域务实合作的行动蓝图，是中非政治互信的重要成果，为推动中非携手实现现代化提供了思想保证。

三 "共识"是构建普惠包容发展格局的示范与样板

随着科技进步、信息流通加速以及国际合作的不断深化，各国经济相互依存、利益交融的程度前所未有。但是当前全球经济仍面临诸多挑战，如贸易成本过高、全球产供链存在"断链"风险、金融体系失衡等。这些挑战不仅影响了中非双方的经济利益，也对全球经济稳定和发展带来了负面影响。携手合作，共同推进经济全球化朝着更加普惠包容的方向发展，才能确保发展的成果惠及全球每一个角落，这不仅是时代的要求，更是全人类的共同期盼。

"共识"提出的理念为中非携手应对全球性问题指明了合作方向。经济全球化促进了贸易繁荣、投资便利、人员流动、技术发展，推动了世界经济蓬勃发展，但在保护主义和单边主义甚嚣尘上的今天，全球化进程也遭遇了停滞乃至倒退的挑战。世界怎么了，我们怎么办？为应对当前世界经济发展的重大复杂问题，中非学者回溯历史实践，展望未来经济大势，谋求重振全球

---

① 浙江师范大学非洲研究院中非智库论坛项目组：《深化达累斯萨拉姆共识开启中非理念合作新篇章》，中国社会科学网，https://www.cssn.cn/skgz/bwyc/202405/t20240521_5753608.shtml，最后访问日期：2024 年 9 月 7 日。

经济之道，推动建构公平普惠包容发展新格局。"共识"提出，推动普惠包容经济全球化，就是要积极推动全球化利益的公平分配、全球经济治理的多元化参与、全球化模式的可持续发展三个方面。"共识"为包括中国和非洲在内的全球南方塑造南南合作新范式、推动全球经济治理改革、构建包容性发展新格局指明了方向。

全球发展倡议将发展置于全球宏观政策框架的突出位置，加强主要经济体政策协调，保持连续性、稳定性、可持续性，构建更加平等均衡的全球发展伙伴关系，推动多边发展合作进程协同增效，加快落实联合国《2030年可持续发展议程》。[①]

"共识"是推动落实全球发展倡议的重要思想催化剂。"共识"呼吁发展优先，从其本质意义理解，它呼吁的发展模式不是以破坏环境和文化为代价换来的社会经济文化发展，而是倡导走高质量发展之路，突出"新质生产力"的引领作用，这就要求我们在中非合作发展过程中处理好政策延续与制度变革的关系，聚焦数字经济、绿色经济、绿色能源、半导体、人工智能、金融等重点领域，增强比较优势、突出科技赋能。"共识"呼吁绿色发展，推动全面协调可持续发展。非洲是生态环境较为脆弱的一片大陆，这就要求在中非经济发展过程中要注重生态保护，处理好环境保护与经济建设的关系，统筹实现高水平的生态保护与可持续发展。它同时关注发展过程中的安全诉求，倡导安全发展，共同应对传统安全和非传统安全挑战，这就启示在推进发展过程中要处理好安全与发展的关系。坚持系统全面的"大安全观"，注重有效化解在发展中的非洲本土安全问题、中非合作安全问题、国际社会安全环境问题等。"共识"呼吁融合发展，拓展一体化和多元发展空间。处理好短期收益和长期收益的关系对中非合作行稳致远也具有重要意义。中非合作与促进非洲发展过程中难免会遇到诸如债务等问题，这也是美西方攻击抹黑中

[①] 《习近平出席第七十六届联合国大会一般性辩论并发表重要讲话》，中华人民共和国中央人民政府网，https://www.gov.cn/xinwen/2021-09/22/content_5638596.htm，最后访问日期：2024年12月18日。

非合作的重要内容之一。中国与非洲要注重短期和长期经济社会效应战略对接，加强与国际金融机构协调，做好有关特殊安排和引导合理预期，推动多边发力。"共识"在推动构建公平普惠包容经济发展新格局中提示人类社会在发展经济过程中要准确把握好"政策延续与制度变革""环境保护与经济建设""安全与发展""短期收益和长期收益"等关系，这也为维护开放型世界经济提供了新理念，丰富了命运共同体的理论内涵。

四 "共识"是推动世界文明交流与互鉴的重要动力

世界文明交流互鉴的方式方法、渠道路径多种多样、千姿百态，可以是教育交流与合作、旅游、媒体和影视作品，也可以是人与人线上线下沟通与交流、举办国际研讨会、开展培训研修班等，也需要创新中非共通共享的发展知识体系。

当前，中国与非洲既面临着相似的发展问题，也有各自独特的发展桎梏，中国正在以中国式现代化全面推进强国建设、民族复兴，非洲也正朝着非盟《2063年议程》相关目标努力奋进，推进农业现代化，加快工业化，提升产业竞争力和产品附加值，弥合数字鸿沟，在人力资源培训、技术技能人才培养等方面也有较大的需求。因此，中非在发展过程中不仅需要资源互补、产业互补，还需要文明互鉴，通力合作解决在双方各自发展过程中、合作发展过程中遇到的困难和问题，为中非发展提供坚实的思想基础。"共识"是重新认识、阐释、传播中非"发展知识"、中非"发展实践"、中非"发展理论"、中非"发展思想"的实践，在一定程度上能够帮助中国与非洲深化对发展的认识，就发展自身、造福人民、促进世界繁荣等方面达成共识，推动中非发展知识共享、文明交流互鉴，在凝聚自身发展、世界发展共识的同时，进一步增强文化自信，为世界之变、时代之变、历史之变注入符合世界发展潮流的思想力量。

"共识"有效供给了全球南方国际话语体系。从非洲来看，历史上的非洲曾经被西方殖民主义者统治长达几个世纪之久，不管是过去的非洲文化，还是今日的非洲思想言论都带有西方殖民色彩。建构独立自主的非洲思想文化和非洲话语体系在西方殖民色彩的裹挟中步履维艰。对于中国而言，加快构建具有中国特色中国风格中国气派的哲学社会科学是国家战略、民族意志，构建具有国际影响力的中国话语和中国叙事体系是应有之义。党的二十届三中全会指出，要"构建更有效力的国际传播体系"。①从全球话语权和全球叙事模式角度而言，西方国家在一定程度上主导着国际社会的话语权，掌握着全球话语传播渠道，具有强大的国际议题设置能力。西方主流历史叙事所设置的文明等级分级体系，成为美西方国家认知世界的起点和基础，二战后文明等级论在公开的言论市场中虽失去了合法性，但却在更隐蔽的领域继续影响着世界政治经济的运作。②

基于以上三个维度，"共识"的产生，有利于非洲独立自主地思考世界之序、非洲之需、未来之向，为非洲在寻求适合自己发展道路上提供了更多选择，同时在某种程度上来说，中非50国300余位学者联合发表"共识"彰显了非洲思想界、学界基于理论研究和实践验证对中国发展道路、模式、经验、理念的认可，突破了西方话语体系障碍，在摆脱普世化、主流化、中心化的一元发展模式桎梏，破除"西方化＝现代化"之迷思上迈出了实质性、关键性一步，为中国与非洲，包括全球南方国家在内的国际社会探索未来更好的社会发展模式提供了新方案。

五 "共识"是新时代全天候命运共同体的智力支持

进入新时代后，习近平主席2013年在南非德班同非洲国家领导人就中

---

① 《中国共产党第二十届中央委员会第三次全体会议公报》，新华社官网，https://epaper.gmw.cn/gmrb/html/2024-11/12/nw.D110000gmrb_20241112_2-06.htm，最后访问日期：2024年12月18日。

② 胡钰、李亚东：《全球文明倡议下中非出版合作的文化基础与实践路径》，《出版发行研究》2024年第5期。

非关系交换意见时首次提出"中非是休戚与共的命运共同体"。这一概念的提出，既体现了中非相似的历史遭遇，也体现了中非共同的发展愿景，更涵盖了中非携手互助的合作进程。这一概念随后不断完善延伸，双方2015年将中非关系从"休戚与共的命运共同体"进一步延伸至"合作共赢的利益共同体"。2024年中非合作论坛北京峰会上，习近平主席宣布"将中国同所有非洲建交国的双边关系提升到战略关系层面，将中非关系整体定位提升至新时代全天候中非命运共同体"。①

"共识"呼吁国际社会本着相互尊重、团结合作、开放共赢、共同繁荣原则，进一步深化发展合作，推动各国携手走向现代化，共筑人类命运共同体。构建中非命运共同体是构建人类命运共同体的重要组成部分，而中非命运共同体在各领域的建构程度很大程度上又影响着人类命运共同体的建构，彼此互为支撑、相辅相成。因此，"共识"是中非构建命运共同体过程中，思想领域互动产出的重要知识产品，也是中非思想界、学界、智库界在构建中非命运共同体思想基础上，提出的中非关于构建人类命运共同体的建设性意见和成熟性思考，体现了中非联合自强的现实需要。

"共识"对于构建中非命运共同体、人类命运共同体具有"文化共兴"之意义。通过其内容，我们可以清晰地看出，"共识"是弘扬全人类共同价值的理念，是中非民间集体智慧的结晶，是基于对"全球治理体系失序、全球经济发展失衡和全球文明文化交流互鉴失范"②的中非方案、中非智慧。思想是行动的先导，中非联合自强在于基础设施互联互通、经贸合作走深走实，更在于理念共通、文明共融、成果共享。从这一意义出发，"共识"是构建中非命运共同体、共建"全球南方"现代化的宣言书，开启了中非更高水平的互学互鉴历程。"共识"体现了中非文明文化的交融交汇，其为构建中非命运共同体奠定了良好的思想基础，注入了强大的文化动力，凝聚了中非思想界广

---

① 习近平：《携手推进现代化，共筑命运共同体》，《人民日报》2024年9月6日，第3版。
② 何鑫：《人类命运共同体思想的理论背景、生成谱系与实践建构》，《盐城工学院学报》（社会科学版）2023年第36期。

泛共识，对于推进人类文明和世界思想进步、文化共兴具有重大意义。

六 "共识"是对全球治理体系不公正不合理的回应

没有和平稳定的环境，发展就是无源之水。没有公平正义的合作，发展就不会互利共赢。"共识"实质上代表了全球南方的集体声音，呼吁国际社会以相互尊重、团结互利、合作共赢、开放共荣的原则，深化发展合作，它提出以和平方式解决冲突，尊重不同国家的国情、历史文化传统。"共识"深刻反映了中非反对一切形式的殖民主义和霸权主义，坚定维护彼此核心利益，维护发展中国家合理诉求。双方一致倡导通过国际对话弥合分歧、减少误解，以合作方式解决国际和地区问题，从而维护世界的和平与稳定。

当前，非洲安全形势依然严峻。近年来，政变、恐袭、内战、气候变化、粮食危机等仍不时困扰非洲大陆，持续影响着非洲国家和地区的稳定与发展。尽管非洲建立了以非盟为主的集体安全机制，但非洲自主安全能力仍有待提升。中国始终与非洲守望相助，同舟共济，"共识"呼吁安全发展，为中非安全合作注入了新理念、新内涵和新动力。中国助力非洲提升自主安全能力，中非携手落实全球安全倡议，是共筑中非安全命运共同体的坚实保障。"共识"提出要继续加强安全理念、协议与机制的交流与对接，将进一步深化中非安全合作。

"公正合理、互利共赢"是社会发展之良序。中非合作之要义在于互利共赢、共同发展，这也是"共识"理念的基础。在一定程度上，中非合作的理念、成效、路径为全球南方合作起着探路、示范之作用，双方积极推进联合国《2030年可持续发展议程》和非洲联盟《2063年议程》，高质量共建"一带一路"，落实全球发展倡议、全球安全倡议和全球文明倡议，构建中非命运共同体。基于中非合作实践和"共识"理念内核来看，中非积极谋求命运共同体建设是捍卫国家主权、安全和发展利益，以联合发展的方式反对单边主义和霸权主义的有力例证。中国用实际行动推进非洲一体化合作，积极支持非洲大陆自由贸易区秘书处工作，参与非洲大陆自由贸易区的建设，促进非洲经济增长，活跃全球贸易，为全球南方创造经济发展机会。非洲大陆自由贸易区建设的加快，也会给中国企业在非洲发展创造更多的机遇，为中非之间日益增长的高质量合作注入新的活力。

中非合作给中非人民带来实实在在的利益的同时，也为国际合作创造了更加有利的条件，中非合作对构建公平合理的国际秩序、创造和平安全的地球发展环境以及构建开放包容的世界经济秩序发挥着越来越重要的影响。在当今世界面临多重复杂挑战的背景下，双方在双边国家或多边区域组织层面就共同关心的问题展开合作，中非正努力加强与其他全球南方国家的团结合作，共同应对挑战，推动建立更加互利平等、公正合理的国际秩序。

第十四章　未来可期："中非达累斯萨拉姆共识"实践的路径

2024年中非合作论坛北京峰会上，习近平主席宣布中非要携手推进"六个现代化"。中国式现代化这一概念首次融入全球区域合作的话语，中非携手推进"六个现代化"，紧密对接《中非合作2035年愿景》提出的中非"发展共进、利益共融、产业共促、生态共建、幸福共享、文化共兴、安全共筑、开放共赢"，① 为中非中长期发展擘画了现代化图景。

发展这一问题，不仅是国际社会的重要议题，而且是绝大多数发展中国家最核心的关切问题。从发展关切视域而言，中非50国300余位学者共同发表的"共识"是全球南方的全球发展宣言书，它呼吁发展是解决问题的根本路径，发出了全球南方独立自主的声音，凝聚了全球南方国家聚力发展的共识，具有很强的自主性、创新性、实践性和发展性。从概念形成角度来看，"共识"是中国与非洲发展关系的标志性概念，是中非学者基于各领域理论研究与实践探索提出的促进全球性发展的集体智慧，是中非民间外交、智库外交在夯实中非民心相通、促进中非文明互鉴的重要共识。

中国同全球南方国家有相似的历史遭遇和奋斗历程，也共同肩负着发展振兴的历史使命。中非如何实践"共识"，推进现代化进程，找寻适合自身

---

① 《中非合作2035年愿景》，中非合作论坛官网，http://www.focac.org/zywx/zywj/202112/t20211208_10464357.htm，最后访问日期：2024年8月25日。

的发展道路？双方应践行全球发展倡议、全球安全倡议和全球文明倡议，积极落实中非携手推进现代化十大伙伴行动，深化"共识"研究与实践，对接细化《关于共筑新时代全天候中非命运共同体的北京宣言》和《中非合作论坛—北京行动计划（2025—2027）》，加强文明互鉴、贸易繁荣、产业链合作、互联互通、发展合作、卫生健康、兴农惠民、人文交流、绿色发展、安全共筑等领域合作，推进工业、农业现代化和人才培养，参与全球治理，携手构建更加紧密的中非命运共同体。

一 理念为先，深化思想共通、知识共享，推进文化共兴

"中非携手推进现代化十大伙伴行动"之首是文明互鉴伙伴行动。现代化道路的探索，离不开思想和理念的指引，离不开知识和经验的分享交流。[①]《中非合作论坛—北京行动计划（2025-2027）》指出，"在各国前途命运紧密相连的今天，不同文明包容共存、交流互鉴，对推动人类现代化进程、繁荣世界文明百花园具有不可替代的作用；中华文明和非洲文明都是世界文明的重要组成部分，深化中非文明交流互鉴，对构建中非高水平命运共同体具有重要意义"。[②]

自中非合作论坛创立以来，中非双方不断推动中非全面战略合作伙伴关系向更高层次、更广领域发展，助力共建"一带一路"走深走实。授人以鱼不如授人以渔。长期的中非发展合作实践蕴藏了丰富的创新知识，要提炼建构、研究阐释和实践传播中非发展知识体系，增进思想共通和文化共兴，强化中国与非洲不同国家、不同次区域以及非洲联盟的合作，进一步推动中非深化传统友好、推进互利合作、维护共同利益。同时，要在全球安全倡议框

---

① 王迪、李欣怡、龚鸣：《携手推进多元包容的现代化》，《人民日报》2024年9月12日，第2版。
② 《中非合作论坛—北京行动计划（2025—2027）》，外交部官网，https://www.mfa.gov.cn/web/ziliao_674904/1179_674909/202409/t20240905_11485697.shtml，最后访问日期：2024年11月20日。

架下，加强中非和平安全共同体建设，深化共建"一带一路"安全保障交流与合作，打造全球安全倡议合作示范区，为中非合作行稳致远保驾护航。

和衷共济，构建理论范式。"双方要加强发展理念对接，打造中非现代化经验交流机制平台和自主知识体系。"[1]中非推动发展知识共享的首要任务就是突破西方文化中心论，构建独立自主的理论范式，从发展中国家视角解决实际问题。重视中非本土知识和经验，充分挖掘和利用相关资源，从中非发展的实际情况中提炼问题，使其成为构建中非独立自主的理论范式的有力支撑。中非双方应加强在学术领域的交流与合作，通过共同开展研究项目、举办学术研讨会的方式，促进双方学者之间的思想碰撞和知识共享，推动构建起具有中非特色的理论发展体系；并通过共建项目、技术转让、人才培养等方式，推动建立一个独立自主、多元共融的理论范式，为非洲的自主发展和中非合作的深入进行提供有力支持。

携手并肩，深化伙伴关系。中非双方需通过努力构建"中非知识思想文化共同体"来加强文明交流、理解与互鉴，深化双方伙伴关系。中非政府应积极支持双方在知识、思想、文化等领域的交流与合作，为双方的知识共享提供广泛平台。"双方将继续举办中非文明对话大会，支持构建全球文明对话合作网络，支持在中国举办非洲文明展，进一步加强文化交流互鉴，促进人民相知相亲，共同推动人类文明发展进步"，"推动互设文化中心，支持学术研究、新闻出版、影视制作等机构交流合作，密切青年交流和互访，加强性别平等和妇女赋权方面经验分享"，"加强教育领域交流合作，举办中国—非洲—联合国教科文组织教育和文化遗产保护合作对话会"。[2]中非学者之间需增进交流，共同探讨全球南方国家面临的发展问题，为双方关系发

---

[1]《中非合作论坛—北京行动计划（2025—2027）》，外交部官网，https://www.mfa.gov.cn/web/gjhdq_676201/gjhdqzz_681964/zfhzlt_682902/zywj_682914/202409/t20240905_11485697.shtml，最后访问日期：2024年9月19日。

[2]《中非合作论坛—北京行动计划（2025—2027）》，外交部官网，https://www.mfa.gov.cn/web/gjhdq_676201/gjhdqzz_681964/zfhzlt_682902/zywj_682914/202409/t20240905_11485697.shtml，最后访问日期：2024年9月19日。

展提供有力的思想支持。中非媒体也应加强合作，传播客观、真实的信息，增进双方民众之间的友谊和信任。同时，中非社会各界皆需积极参与，发挥各自的积极性、主动性和创造性，共同为构建"中非知识思想文化共同体"作出贡献。

与时俱进，建构话语体系。"智库是中国和非洲国家思想理念交流的重要载体。"[①]中非双方可以通过智库、高校等强有力的平台推动发展知识共享，深化中非智库、学者共同发表的"中非达累斯萨拉姆共识"理论与实践研究，为非洲探索独立自主、互尊互鉴、以民为本的发展道路作理论铺垫。深化文明互鉴，打造中非联合研究交流计划增强版，继续举办"中非合作论坛—智库论坛"，推动落实"构建中非智库合作网络倡议"，推动中非智库联盟网络平台建设，继续实施"中非智库10+10合作伙伴计划"和"中非高校50+50合作计划"，高质量建设中非大学联盟交流机制，搭建中非高校交流合作平台，为推进发展中非知识共享培养人才，为全球南方发展引才炼才育才成才。智库和高校应通过研究基于中非双方丰富历史实践而提炼出的适用于全球南方国家的发展观念，促进人类现代性话语形态与知识体系的建构。

二 发展为要，推动贸易繁荣、产能合作，激发强劲动能

贸易繁荣伙伴行动、产业链合作伙伴行动、互联互通伙伴行动等是"中非携手推进现代化十大伙伴行动"的经济发展要义行动。产业合作是推动中非务实合作提质升级的强劲动力。"双方将推动'一带一路'倡议和二期优先行动计划框架下项目对接，推进包括海上航线和航运公司在内的中非物流联通，进一步促进贸易增长"，"因地制宜开展资源密集型产业、劳动密集型产

---

① 《中非合作论坛—北京行动计划（2025—2027）》，外交部官网，https://www.mfa.gov.cn/web/gjhdq_676201/gjhdqzz_681964/zfhzlt_682902/zywj_682914/202409/t20240905_11485697.shtml，最后访问日期：2024年9月19日。

业、技术或资本密集型产业合作"。① 中国在非洲基础设施、纺织服装、化工能源等领域优势已初步展现，与非洲产业对接和优势互补程度高。在电子商务、数字经济、医疗卫生、金融科技、智能制造等新兴产业方面具有极大潜力。通过新模式、新动力与区域产业要素禀赋相结合，促进非洲本土产业的多元发展，使之主动参与国际分工，合力打造世界品牌；积极推动中非电子商务、数字经济、医疗卫生、金融科技、智能制造等新兴产业合作，把握产业合作发展新趋势；引导中非贸易标准研制，增强中非"制造""智造""质造"的全球影响力；通过自贸试验区构建数字化产业链与供应链，利用数字技术推动在外企业加快生产方式与商业模式转型；推动中非国际贸易领域专业服务发展，提高通关物流效率，延伸非洲本土产业链，逐步实现中非共同富裕，构建利益与发展共同体，为全球经济发展注入新动能。

充分发挥中非合作论坛机制的牵引作用。中非合作论坛自 2000 年创建以来，重点围绕中非经贸和中非产能建设提出了一系列务实举措，有效带动对非经贸发展。中国已连续十五年保持非洲第一大贸易伙伴国地位，2023 年中非贸易额达到了 2821 亿美元。② 双方要进一步完善中国与非洲国家双边委员会、政府间委员会、战略对话、外长政治磋商、经贸联（混）合委员会以及联合工作组、指导委员会等机制建设。"着力打造中非经贸深度合作先行区，设立中非经贸深度合作服务基金，推动中非企业产贸融合和园区联动发展"，"实施'非洲中小企业赋能计划'"，"为非洲中小企业发展提供融资支持，举办 50 场对接活动，培训 1000 名经营管理人才"。③

---

① 《中非合作论坛—北京行动计划（2025—2027）》，外交部官网，https://www.mfa.gov.cn/web/gjhdq_676201/gjhdqzz_681964/zfhzlt_682902/zywj_682914/202409/t20240905_11485697.shtml，最后访问日期：2024 年 9 月 19 日。
② 《中国对非投资促进非洲经济增长中非合作论坛峰会将开启合作新篇章》，央视网，https://news.cctv.com/2024/08/23/ARTIujChnb9ToLQapoE6XAsJ240823.shtml，最后访问日期：2024 年 8 月 24 日。
③ 《中非合作论坛—北京行动计划（2025—2027）》，外交部官网，https://www.mfa.gov.cn/web/gjhdq_676201/gjhdqzz_681964/zfhzlt_682902/zywj_682914/202409/t20240905_11485697.shtml，最后访问日期：2024 年 9 月 19 日。

农业、工业是中非发展大业之基础和根本。"中非携手推进现代化十大伙伴行动"的兴农惠民伙伴行动是支持非洲消除饥饿、实现粮食安全和农业可持续发展，打造中非农业现代化合作网络的关键之举。双方要优先支持非洲工业化、能源和贸易，构建新工业革命伙伴关系网络，结合国情实际制定工业发展战略，携手推动建设可持续发展的非洲工业体系。围绕非洲经济社会亟须的发展领域，例如矿产加工业、农业和农产品加工业、汽车制造业、纺织业、建材、化工、医药、新能源等行业，双方要加强产业链供应链对接，促进非洲产业转型升级，夯实非洲基础设施建设，增强互联互通能力，完备农产业深加工、工业原材料加工产业链条，开展可持续发展技术转移合作，提升人力资源培养培训能力。同时，非洲还需要在优化营商环境、提升物流流通效率、给予投资优惠等方面作出努力。

注重加强与非洲区域性经济合作组织协作。一个充满活力和更可持续的全球治理体系，需要不同经济模式和组织的共存，也要适当重视发展中经济体和区域一体化的作用。① 非洲的经济区域组织涵盖了多个层面和领域，主要包括，中部非洲经济与货币共同体（CEMAC）、西非国家经济共同体（ECOWAS）、非洲联盟（AU）、非洲大陆自由贸易区等，这些组织是促进成员国之间的经济合作和一体化的重要推动力量。"双方将继续深化与联合国粮农组织（FAO）、世界粮食计划署（WFP）、国际农业发展基金（IFAD）等联合国机构合作，参与粮食和农业治理领域的国际机构和制度框架深度改革。"② 中国政府、企业、智库可以在"一带一路"倡议框架下，积极与非洲国际经济组织加强合作，成立中国—非洲（埃塞俄比亚）—联合国（工业发展组织）合作示范中心，加强同非洲开发银行、西非开发银行、东南非贸易与开发银行和非洲能源银行等多边开发机构合作，精准对接区域发展战略和区域

---

① 王俊美：《持续推动区域合作和多边主义》，《中国社会科学报》2022年6月17日，第3版。
② 《中非合作论坛—北京行动计划（2025—2027）》，外交部官网，https://www.mfa.gov.cn/web/gjhdq_676201/gjhdqzz_681964/zfhzlt_682902/zywj_682914/202409/t20240905_11485697.shtml，最后访问日期：2024年9月19日。

支点国家发展战略，依托国际组织力量优化我在非航空航天、气候、环境治理等科技项目合作经济社会效益，共同加强非洲大陆自贸区建设，释放经贸合作潜力。

三　能力为重，拓展科技合作、创新创造，澎湃科创活力

支持非洲科技创新能力提升。中非科技创新合作在共建"一带一路"和中非合作论坛框架下发展迅速，正成为中非关系发展的新亮点。① 随着中国与非洲战略协作关系深化、中非双方科技发展能力增强，中非科技合作从最初以农业技术为主的科创合作逐步发展到涵盖前沿育种技术、生物制造、光电通信、新能源、航空航天等领域，以科技创新创造能力提升助力非洲粮食安全，支持非洲生物多样性保护等生态能力建设。依托《关于共筑新时代全天候中非命运共同体的北京宣言》《中非合作论坛—北京行动计划（2025—2027）》，选拔使用奋战在中非科技合作一线的优秀科技人才，打造中非科技人才"雁阵"，带领中非从基础研究到技术应用、从教育培训到文化交流全产业链合作，为中非科学技术进步提供人才支持。加强中非在新兴领域的科技创新合作。加大科研投入，聚焦数字化、海洋经济、航天合作等，深化"海洋十年"框架下的务实合作，推进中非海洋科学与蓝色经济合作中心建设发展。

增强非洲科技转化能力建设。"在撒哈拉以南非洲，预计到 2050 年总人口将翻一番，工作年龄人口（从 25 岁到 64 岁）的增长速度快于任何其他年龄组。"② 科技创新转化能力要与人口发展相适应，注重发展劳动密集型产业，同时也要建立完善的产学研深度融合创新体系，促进产业链、资金链、政策

---

① 《中非合作论坛—北京行动计划（2025—2027）》，外交部官网，https://www.mfa.gov.cn/web/gjhdq_676201/gjhdqzz_681964/zfhzlt_682902/zywj_682914/202409/t20240905_11485697.shtml，最后访问日期：2024 年 9 月 19 日。

② 《不断变化的人口统计》，联合国官网，https://www.un.org/zh/un75/shifting-demographics，最后访问日期：2024 年 11 月 20 日。

链有效结合，加速科技成果向现实生产力转化。建设共商共建共享的科技创新合作网络，建立完善的基础科学研究体系，着力解决科技合作中的关键性科学问题，通过解决关键性科技创新难题，带动非洲实现跨越式发展，增强非洲发展的韧性和可持续性。坚持以全球视野谋划和推动科技创新，实施"一带一路"科技创新行动计划和中非科技伙伴计划 2.0，最大限度用好创新资源，全面提升中非双方在全球科技格局中的位势，提高在全球科技治理中的影响力。

完善中非科技创新合作的机制。中非科技创新合作机制是中非科技合作的战略性机制，中非双方要挖掘潜力，依托产业发展、人民所需、未来所向加强科技合作，解决非洲所需，提升科技创新能力，通过科技创新解决非洲贫困、食品卫生以及传染性、非传染性疾病、能源可持续开发等。推进中非创新合作中心建设，继续举办中非创新合作大会、中非创新合作与发展论坛、中非青年创新创业大赛等活动。发挥"中国科学院中非联合研究中心"作用，创新举办中非科技合作论坛等民间机制性活动，增强科技人才交流。以市场化手段推动中非科技交流，突出市场主体能动性，进一步增强科技创新活力。

四 民生为本，加强卫生健康、医疗合作，增进人民福祉

卫生健康伙伴行动是"中非携手推进现代化十大伙伴行动"之一。"卫生健康合作是中非友好合作的重要组成部分，构建中非卫生健康共同体是构建高水平中非命运共同体的应有之义。"[1]"双方将根据联合国 2030 年可持续发展议程，致力于实现《难民问题全球契约》提出的目标，确保无人掉队"，"中方盼望《非洲 2016—2030 年度健康战略》贯彻实施，以强化非洲大陆自身韧

---

[1]《中非合作论坛—北京行动计划（2025—2027）》，外交部官网，https://www.mfa.gov.cn/web/gjhdq_676201/gjhdqzz_681964/zfhzlt_682902/zywj_682914/202409/t20240905_11485697.shtml，最后访问日期：2024 年 9 月 19 日。

性和卫生健康领域主权"。①"1963年至2023年，中国累计向包括非洲国家在内的76个国家和地区派遣医疗队员3万人次，累计诊治患者2.9亿人次。"②中非双方在开展重大援助项目、疫苗医疗器械援助、公共卫生、技术援助、巡诊义诊、中非合作妇幼健康项目等方面取得了一系列合作成果。未来，中非卫生健康事业发展要紧紧围绕构建具有中非特色的中非卫生健康命运共同体。

深化中非传统医药战略对接和优势互补。"中方愿同非方探索实施'新时代神农尝百草工程'，共同挖掘具有药用价值的植物资源，丰富传统医药治疗手段。""双方鼓励加强中非传统医学交流合作，推广并扩大对群众健康的积极影响"，"中国将凭借其在传统医学领域成熟的专业知识，为非洲制药行业提供支持"。③充分挖掘利用非洲丰富的草药资源，组织中非医疗专家开展对非洲中草药的药理研究、临床应用等，将中草药植物的药用价值与经济价值、社会价值统一起来。利用中国现已成熟的鉴别手段、提取技术、标准制订等技术规范，加强与非洲草本植物学家、医学家展开科研合作，建设有关中医药实验室，加快草本植物药用典籍编撰、草本实验、药物研发、临床应用、科普推广、产品投产等，借鉴中国中医药发展经验，推动非洲中草药纳入国家医疗体系。

发挥中国公共卫生资源优势、大规模流行病学防控经验优势以及实践优势，精准施策，标本兼治，进一步加大中非在医疗卫生产业、医疗信息网络建设等方面的合作，鼓励中国企业积极拓展非洲药品准入、医院建造、医疗器械生产等产业化合作路径。"中方将与非洲国家合作建设一批中非联合医学中心"，"围绕心脏、防盲、妇幼保健、日间医疗等领域适宜技术开展高水平

---

① 《中非合作论坛—北京行动计划（2025—2027）》，外交部官网，https://www.mfa.gov.cn/web/gjhdq_676201/gjhdqzz_681964/zfhzlt_682902/zywj_682914/202409/t20240905_11485697.shtml，最后访问日期：2024年9月19日。
② 强薇：《以实际行动推动构建中非卫生健康共同体（新时代中非合作）》，《人民日报》2024年8月28日，第3版。
③ 《中非合作论坛—北京行动计划（2025—2027）》，外交部官网，https://www.mfa.gov.cn/web/gjhdq_676201/gjhdqzz_681964/zfhzlt_682902/zywj_682914/202409/t20240905_11485697.shtml，最后访问日期：2024年9月19日。

交流合作，优化临床制度规范，开展质量控制，探索联合科研，推广最佳实践，带动健康产业发展"。① 稳步推进公共卫生基础设施建设，推动无偿援助与市场贸易双向互动、有机结合，进一步提升援助成效和可持续性，强化中非人民的获得感和满意度，树立国际医疗卫生合作新标杆，高质量构建更加紧密的中非卫生健康共同体。

推动中非医疗卫生合作聚焦非洲亟需，双方在卫生健康各领域全方位合作，支持非洲快速管控传染病，继续加大派遣援非医疗队提供技术支持和现场诊疗，开展巡诊义诊及健康宣教活动，探索远程医疗、智慧医疗合作，增强联合医疗护理等专业人才培养力度，支持企业参与医疗器械、制药、试剂等医疗生产。"中方将通过分享临床和疾病防控技术、支持重点项目等方式，帮助非洲国家抗击艾滋病、肺结核、疟疾、血吸虫等传染性疾病以及宫颈癌、心血管疾病等，帮助非洲降低孕产妇和婴幼儿死亡率、营养不良率，助力非洲国家实现联合国2030年可持续发展议程，消灭可避免的疾病，提升非洲大陆健康水平。"② 同时，支持非洲立足本国医疗卫生发展现状和民众卫生健康等特点，重点建设以专科解决呼吸道传染病、消化道传染病、体液传染病、慢性非传染病等几类严重影响非洲民众和卫生挑战的诊治中心，③ 提升非洲国家医疗水平，助力建设"健康非洲"。

五 生态为继，推进绿色低碳、生态环保，绘就生态画卷

中非双方高度认同《联合国气候变化框架公约》及《京都议定书》《巴

---

① 《中非合作论坛—北京行动计划（2025—2027）》，外交部官网，https://www.mfa.gov.cn/web/gjhdq_676201/gjhdqzz_681964/zfhzlt_682902/zywj_682914/202409/t20240905_11485697.shtml，最后访问日期：2024年9月19日。
② 《中非合作论坛—北京行动计划（2025—2027）》，外交部官网，https://www.mfa.gov.cn/web/gjhdq_676201/gjhdqzz_681964/zfhzlt_682902/zywj_682914/202409/t20240905_11485697.shtml，最后访问日期：2024年9月19日。
③ 王涛、刘肖兰：《中非卫生安全合作60年：历程、成就与展望》，《西亚非洲》2023年第2期。

黎协定》目标和原则的重要性，积极落实《内罗毕宣言》和《中非应对气候变化合作宣言》有关决议。《关于共筑新时代全天候中非命运共同体的北京宣言》指出，支持中国—非盟能源伙伴关系发挥积极作用，以及非盟发展署—非洲发展新伙伴关系气候韧性和适应中心运营，支持非洲国家更好利用光伏、水电、风能等可再生能源，进一步扩大在节能技术、高新技术产业、绿色低碳产业等低排放项目的对非投资规模，助力非洲国家优化能源结构和产业结构发展，发展绿氢和核能。①

推进非洲绿色能源转型。绿色经济正成为新的增长点，这为中非绿色发展合作提供了时代机遇。② 在应对非洲能源转型问题上，积极落实"中非携手推进现代化十大伙伴行动"绿色发展伙伴行动，建立健全绿色低碳循环发展经济体系，聚焦"一个核心目标、三个行动重点"，即以建构现代低碳、经济适用的能源体系为核心目标，在清洁能源开发上兼顾"分布式利用"与"集中式开发"两种方式，在能源输送上加快电网建设，在转型动能上促进能源产业与各种现代产业的联动发展。③ 实施清洁能源和绿色发展项目，设立中非绿色产业链专项资金，支持"非洲绿色长城"建设，继续实施"中非绿色使者计划""中非绿色创新计划"等项目，助力非洲国家加速绿色低碳转型。实施清洁能源和绿色发展项目，向非洲国家分享绿色发展经验，提供技术支持。精准对接非洲具体国别、具体区域，加强中非绿色农业技术援助与培训，开展集约化农业发展模式，推动绿色发展的生态效益与经济社会效益双赢。增强非洲农业发展过程中的脆弱环节监控监测，着力解决具体农作物种植、农作物开花结果等过程中的生态脆弱问题。

增强非洲应对气候变化能力。"气候变化已成为中国和非洲社会经济和

---

① 《关于共筑新时代全天候中非命运共同体的北京宣言（全文）》，外交部官网，https://www.mfa.gov.cn/web/ziliao_674904/1179_674909/202409/t20240905_11485966.shtml，最后访问日期：2024 年 9 月 5 日。
② 周亚敏：《全球发展倡议下的中非绿色发展合作》，《中国非洲学刊》2023 年第 1 期。
③ 张锐：《非洲能源转型的内涵、进展与挑战》，《西亚非洲》2022 年第 1 期。

环境可持续发展的重大挑战。"①在应对气候变化问题上，中非双方不断加大"一带一路"绿色发展伙伴关系倡议、全球发展倡议、"一带一路"应对气候变化南南合作计划等绿色发展全球公共产品的建设和传播力度，推动非洲一体化进程中关于气候变化的立场统一，坚持多边主义，反对单边制裁和绿色壁垒，积极落实《中非应对气候变化合作宣言》。签订应对气候变化的合作协议，提供环保课程培训，援助环保设备，发射遥感气候卫星、合作开展气候变化学术研究，推动"非洲光带"项目实施，增强应对气候变化技术应用，提升防灾减灾技防人防物防联合手段应用。非洲国家可以借鉴吸收中国经验，结合自身实际建立符合国情与气候变化特征的宏观政策框架，出台系列防灾减灾预警处置举措，推动提升农业发展、工业建设、城市规划等过程中的次生灾害管控能力，进一步完善中国在非"投建营用产"为一体的清洁能源发展模式。

提升非洲粮食生产能力。在应对粮食危机问题上，细化农业合作目标，积极探索使用"中国技术+当地品种"的新模式，发起"促进粮食生产专项行动"，实施"种子工程"，联合育种研究攻关，在非推广杂交水稻，提升作物育种、作物种植、作物套种等技术水平。"加强粮食作物全产业链合作和芝麻等油料作物育种合作，推动高产蛋鸡、白羽肉鸡良种在非发展，推动非洲实现粮食自给自足。"②通过中非种业科技创新研发平台和数字农业联合研究中心等平台，创新非洲粮食生产方式，提高非洲粮食生产力。增强非洲涉农高校、科研院所生物学、农学、遗传育种学、粮食工程技术与管理、粮食储运与质量安全等专业建设，联合开展"农业+"人才培养，拓展中国农业科学研究实验在非应用，增强中国农机出口，加快在非农机设备投产建设，以系

---

① 《中非合作论坛—北京行动计划（2025—2027）》，外交部官网，https://www.mfa.gov.cn/web/gjhdq_676201/gjhdqzz_681964/zfhzlt_682902/zywj_682914/202409/t20240905_11485697.shtml，最后访问日期：2024年9月19日。
② 《中非合作论坛—北京行动计划（2025—2027）》，外交部官网，https://www.mfa.gov.cn/web/gjhdq_676201/gjhdqzz_681964/zfhzlt_682902/zywj_682914/202409/t20240905_11485697.shtml，最后访问日期：2024年9月19日。

统培训、科普传播等方式提升非洲农民田间管理能力和技术处理能力，增强非洲粮食安全保障能力。同时，"开展防灾减灾救灾、生物多样性保护、环境质量改善、荒漠化治理等领域能力建设和联合研究，合作建设气象早期预警业务平台"。①

六 友谊为桥，增强人文交流、文明互鉴，夯实民意基础

深化中非战略互信，加强团结协作。增强中非政府间、部门间、友好团体间的利益认同、理念认同。保持高层交往势头，深化事关中非发展全局性、战略性、方向性问题战略沟通，推动双方政党、立法机构、协商机构、地方政府友好合作，深化治国理政和发展经验交流互鉴、加强战略沟通与互信。积极构建中非地方交往与合作的常态化机制，本着自愿、平等、友好、互惠原则，建立更多友好省份和友好城市关系，推动区域性经贸合作。坚定支持非洲国家联合自强、发展振兴，支持非洲在国际舞台上发挥更大作用。同时，要增强与非方在国际事务上的协作，践行真正的多边主义，维护广大发展中国家利益，坚定支持彼此维护核心利益，发出全球南方的共同声音，提升发展中国家在全球事务中的话语权和影响力。从学理研究角度，丰富与深化传播理论的诠释，总结整理中非政府间友好交往史，全面回顾中国与非洲国家建交史、外交史，系统回溯中非相互支持、友好发展的发展史，挖掘其中可歌可泣、流传后世的中非友好故事。从实践发展维度，深化中非战略协作关系与水平，推动建设更高水平的中非命运共同体，增强政府间战略对接、政策合作，进一步加大中国式现代化发展道路经验对非推广传播，以小见大，增强在非传播力、影响力，进一步加大对非战略合作投资，统筹"小而美"项目与"大而强"项目并重，拉动非洲经济社会发展，推动双方互利共赢。

---

① 《中非合作论坛—北京行动计划（2025—2027）》，外交部官网，https://www.mfa.gov.cn/web/gjhdq_676201/gjhdqzz_681964/zfhzlt_682902/zywj_682914/202409/t20240905_11485697.shtml，最后访问日期：2024年9月19日。

增强国际传播能力建设，讲好中非友好故事。弘扬中非友好合作精神，构建从政府到民间中非务实合作的宣传链。坚持做深做实"一带一路"合作项目，用非洲人民听得懂、听得进的话语体系传播好"三大全球倡议"。增强国际议题设置能力，有力对冲美西方媒体抹黑中非关系、中非合作，转化传播话语方式，创新对非国际传播叙事范式，拓展在非落地化传播渠道和平台搭建，加强国际传播能力建设研究，分层分类分区域研究非洲受众群体，运用融通中外、内外兼容的话语、范畴、概念进行对非传播，站稳中非合作和中非友好这一立场，挖掘阐释中非利益交汇点，发出以中非为代表的全球南方共同的声音，为构建高水平的中非命运共同体提供利于发展的舆论环境和良好声势。"中方将通过节目交流、联合制作、技术合作、人员互访、人才培养等，促进中非广电视听产业共同发展"，"继续实施中国—非洲新闻交流中心项目，举办面向非洲媒体从业人员的研修班和访学班"，"将落实非洲媒体职业培训计划，帮助非洲国家在新闻、广播、电视、旅游等领域培训高水平从业人员，支持非方增强广播、电视领域传播能力"。①

推动中非民间外交，夯实真实亲诚基石。文化是联结中非人民的重要精神纽带，旅游是传播文明、增进友谊的桥梁。"中方将继续在非洲国家开展'欢乐春节''中非文化聚焦''艺汇丝路'等品牌交流活动，支持双方文化艺术团组参与对方举办的国际性艺术节，开展艺术家采风创作活动"，"相互参加'中国国际旅游交易会'等大型旅游展会，支持非方旅游机构加入世界旅游联盟、丝绸之路旅游城市联盟，举办中非旅游合作研讨活动，在景区管理、数字技术支撑旅游发展、旅游目的地推广等方面加强交流合作"。②继续同非

---

① 《中非合作论坛—北京行动计划（2025—2027）》，外交部官网，https://www.mfa.gov.cn/web/gjhdq_676201/gjhdqzz_681964/zfhzlt_682902/zywj_682914/202409/t20240905_11485697.shtml，最后访问日期：2024年9月18日。

② 《中非合作论坛—北京行动计划（2025—2027）》，外交部官网，https://www.mfa.gov.cn/web/gjhdq_676201/gjhdqzz_681964/zfhzlt_682902/zywj_682914/202409/t20240905_11485697.shtml，最后访问日期：2024年9月18日。

方开展"小而美、可持续、惠民生"的民生交流合作项目,让非方人民有真真切切、实实在在的获得感。继续开展中非智库论坛、中非民间论坛等二轨外交、民间外交、学术外交支点品牌活动,依托中非专家学者、智库、媒体,主动设置议题,以智库论坛"明线"效应助力国家战略"暗线"内容,对冲美西方国家一手造成的和平发展议题被政治化、边缘化的现实。借助中非民间教育交流项目、访学计划、语言培训活动、文化交流、广播电视等方式,依托诸如脸书、推特等主流社交媒体手段,积极开展公共外交、新公共外交和数字公共外交。[①]

发展是解决一切问题的总钥匙。"共识"是推动落实全球发展倡议、全球安全倡议、全球文明倡议的重要思想催化剂。基于对人类历史发展的洞察和对未来命运的思考,"共识"立足"如何发展"这一关键命题,总结中国与非洲在发展模式、政党交往、经济合作、科技创新、基础设施、生态建设、文明互鉴等领域的具体实践,擘画了全球南方携手发展的新路径、全球发展治理的新愿景。

---

① 谭哲理:《社交媒体时代的中非公共外交》,《当代世界》2022 年第 8 期。

附录一　中非达累斯萨拉姆共识（五语种）

中非达累斯萨拉姆共识

The Africa-China Dar es Salaam Consensus

Consensus de Dar es Salaam entre l'Afrique et la Chine

Makubaliano ya Dar es Salaam ya Afrika-China

توافق الأراء الأفريقية الصينية في اجتماع دار السلام

中非达累斯萨拉姆共识

当前世界和平与发展面临挑战，更孕育希望。包括中国和非洲在内的"全球南方"，肩负发展振兴、造福人民、繁荣世界的历史使命，应积极践行三大全球倡议，为解决人类面临的共同问题贡献力量，在知识与思想领域，创造更多智慧与共识。为此，我们在中非智库论坛第十三届会议期间达成共识，呼吁国际社会本着相互尊重、团结合作、开放共赢、共同繁荣原则，进一步深化发展合作，推动各国携手走向现代化，共筑人类命运共同体。

一、**我们呼吁自主发展，坚持发展优先，人民至上。** 坚持以经济建设为中心，支持各国探索基于资源禀赋、经济发展水平、文明特性和社会制度的现代化模式。坚持独立自主和改革开放的有机平衡。落实全球发展倡议，将发展权作为普遍人权之一，尊重和保障广大发展中国家的发展权。弘扬和平、发展、公平、正义、民主、自由的全人类共同价值，坚持发展为了人民、发展依靠人民、发展成果由人民共享，提升人民获得感，保护每个人追求美好生活的权利。

二、**我们呼吁公平发展，推进平等有序的世界多极化。** 加快推进国际关系民主化，切实提升发展中国家在国际体系中的代表性和话语权，及时纠正非洲遭受的历史不公。捍卫各国主权、领土完整和发展权利。推动全球资源优化配置，破解国家间和各国内部发展失衡问题，使国家不论大小、强弱、贫富，都享有平等的发展机会。以共商、共建、共享为原则，推动全球治理朝着更加公正合理的方向发展。

三、**我们呼吁开放发展，推动普惠包容的经济全球化。** 支持发展中国家发挥比较优势，更好参与国际产业分工，重构全球价值链，建立更具韧性和包容性、畅通高效的全球产供链。共同维护非歧视、开放、包容、透明的多边贸易体系。根据兼顾平衡原则，在国际货币基金组织提高新兴市场和发展中国家股权和投票权，为非洲国家增设执行董事席位，并在特别提款权分配上充分照顾欠发达国家。探讨在中非合作论坛、"金砖"等合作机制框架下设立客观中立的国际信用评级机构。

四、我们呼吁融合发展，拓展一体化和多元发展空间。在联合国《2030年可持续发展议程》、非盟《2063年议程》、中非合作论坛、金砖机制等框架下，积极将共建"一带一路"对接各国发展规划。同步推进工业化、城镇化和农业现代化，辐射带动农村基础设施和公共服务，推广产业扶贫。推动区域资金融通，支持各国开辟稳定畅通的国际结算通道，拓展双边本币结算和多元外汇储备，探索市场化多元融资方式。加快非洲一体化建设，助推非洲全面融入全球市场。

五、我们呼吁统筹发展，实现有效市场和有为政府的有机结合。加强国家间经济政策协调和法规标准对接，积极扩大有效投资，增强市场透明度，强化市场监管，促进市场公平竞争，保护企业合法权益，帮助企业降本减负，激发市场主体活力。完善国家宏观经济治理体系，加强公共服务能力，建设高效、廉洁、法治政府。以国家发展规划为战略导向，以财政政策和货币政策为主要手段，紧密结合就业、产业、投资、消费、环保、区域等政策，增强经济发展韧性。

六、我们呼吁共享发展，兼顾效率与公平。鼓励世界银行等多边开发银行提供更多支持减贫和发展的融资工具。完善国家公共财政制度，完善社会分配政策与保障体系，合理调整国家、企业、个人分配关系，促进社会资源的合理配置，缩小社会贫富差距，让发展成果惠及全体人民。推动协商民主制度化发展，拓宽利益表达和沟通渠道，汇聚各社会团体和民众利益诉求。推动青年、妇女等重点群体实现充分就业创业。

七、我们呼吁创新发展，强化科技产业引领作用。拓展科创合作平台，把握新一轮科技革命和产业革命机遇期，梯次提升新能源、信息技术、航空航天等高科技产业发展。落实全球数据安全倡议和全球人工智能治理倡议，提升发展中国家的网络空间国际治理话语权。推动发展蓝色经济，积极构建蓝色伙伴关系。强化企业在技术创新中的主体地位，引导资金、人才、技术等创新资源向企业聚集，推进产学研协同发展。

八、我们呼吁安全发展，实现改革发展稳定相互促进。 加强国家安全理念、协议与机制的对接，共同应对传统安全和非传统安全挑战，塑造安全营商环境。携手落实全球安全倡议，重视各国的合理安全关切，通过对话协商化解矛盾。共同呼吁国际社会以理性、和平方式解决冲突，对于遭受冲突苦难的民众给予高度关注。保持政局稳定和政策连续性，避免战乱冲突、恐袭疫病或泛安全化"陷阱"阻碍发展。

九、我们呼吁绿色发展，推动全面协调可持续发展。 坚定支持《联合国气候变化框架公约》《生物多样性公约》等国际条约，全方位推进全球生态环境治理。坚持"共同但有区别的责任原则"应对气候变化等环境挑战，维护生物多样性，推动国际绿色生态合作。秉持绿色低碳循环发展理念，把资源节约和环境保护贯穿于生产、流通、消费、建设各环节，加强发展中国家产业可持续性，实现人与自然和谐共生。

十、我们呼吁文明发展，深化文明交流互鉴。 推进全球南方国家知识共享、思想共通、文化共兴。推动落实全球文明倡议，积极构建全球文明对话网络，寻求各种文明间的最大公约数，培植国际发展合作的文化内涵。加强教育投入，提升教育质量，促进教育普及、均衡、可持续发展。促进在智库媒体、教育科技、医疗卫生、文体艺术等领域的交流与合作，落实中非人才培养合作计划，为世界现代化建设事业贡献全球南方力量。

The Africa-China Dar es Salaam Consensus

Currently, the world is facing challenges, but it also holds prospects for peace and development. The Global South, including China and Africa, carries the historical mission of development and revitalization to benefit people and promote global prosperity. It should act on the three major global initiatives, contribute its bit to solving common problems facing humanity, and foster more wisdom and consensus. To this end, during the 13th Meeting of the China-Africa Think Tanks Forum, we have reached a consensus, and called on the international community to deepen development cooperation based on the principles of mutual respect, unity and cooperation, openness and win-win progress, and common prosperity. We urge all countries to join hands in the modernization drive and work together to build a community with a shared future for humanity.

1. We call for pursuing independent development and exploring development-oriented, people-centered paths of development.

We view economic construction as our central task and support countries in exploring their own modernization models based on their resource endowments, economic development levels, cultural traits, and social systems. We advocate a balance between independence, reform, and opening up. We advocate implementing the Global Development Initiative, recognizing the right to development as a universal human right, and respecting and protecting this right for developing countries. We champion universal values such as peace, development, fairness, justice, democracy, and freedom for all humankind. We will ensure that our development serves the interests of the people and is driven by their participation, with the benefits of development shared equitably among all. This approach aims to enhance everyone's sense of gain and safeguard their right to pursue a better life.

2. We call for maintaining fair development to build an equal and orderly multipolar world.

We advocate accelerating the democratization of international relations, increasing the representation and impact of developing countries within the international system, and promptly addressing the historical injustices endured by Africa. We uphold and protect each nation's sovereignty, territorial integrity, and right to development. In addition, we will work together to optimize global resource distribution, address development differences both among and within countries, and ensure that all nations, regardless of size, capabilities, or wealth, have access to equitable development opportunities. Following the principles of extensive consultation, joint contribution, and shared benefits, we strive to promote global governance in a more just and reasonable direction.

3. We call for advancing open development to build a universally beneficial and inclusive economic globalization.

We support developing countries in leveraging their comparative advantages to enhance their participation in the international division of labor, reconstruct the global value chain, and establish a more resilient, inclusive, smooth, and efficient global production and supply chain. We uphold a non-discriminatory, open, inclusive, and transparent multilateral trading system. In line with the principle of fairness, we advocate increasing the shareholding and voting rights of emerging markets and developing countries in the International Monetary Fund (IMF). In addition, we advocate establishing a third executive director seat for African countries and fully consider the interests of the least developed countries in Special Drawing Rights (SDR) allocations. Furthermore, we will explore the establishment of an objective and neutral international credit rating agency within cooperation frameworks such as the Forum on China-Africa Cooperation (FOCAC) and BRICS.

4. We call for advancing integrated development to expand the space for regional integration and diversified development.

Within the frameworks of the United Nations' 2030 Agenda for Sustainable Development, the African Union's Agenda 2063, FOCAC, and the BRICS mechanism, we advocate aligning the joint construction of the "Belt and Road Initiative" (BRI) with the development plans of various countries. At the same time, we promote industrialization, urbanization, and agricultural modernization. We will also enhance rural infrastructure and public services and advocate for poverty alleviation through the creation of new economic activities. We promote regional financial integration, encourage countries to establish stable and efficient international settlement channels, expand bilateral local currency settlements and diversify foreign exchange reserves, and explore market-based diversified financing methods. In addition, we support Africa's integration and construction and promote its full inclusion in the global market.

5. We call for advancing coordinated development through the collaboration of effective markets and proactive governments.

We advocate that countries improve economic policy coordination, harmonize disparate regulatory standards, expand effective investment, improve market transparency, and strengthen market supervision. This approach promotes fair play, protects the legitimate rights and interests of enterprises, helps reduce costs and burdens, and stimulates the vitality of market entities. We also advocate enhancing national macroeconomic governance systems and public services, and building efficient, clean, and law-based governments. In addition, we support using the national development plan as our strategic guide, employing fiscal and monetary policies as primary tools, and closely integrating policies across employment, industry, investment, consumption, environmental protection, and regional development, etc. to enhance the economy's resilience.

6. We call for encouraging inclusive development to balance both efficiency and fairness considerations.

We encourage multilateral development banks such as the World Bank to expand their range of financial tools to bolster poverty reduction and development efforts. We support enhancing the national public finance system, social distribution policies, and security systems while adjusting the distribution relationship between the state, enterprises, and individuals in a rational manner. This includes promoting the rational allocation of social resources to narrow the gap between the rich and the poor, ensuring that everyone benefits from the fruits of development. In addition, we support the institutional development of deliberative democracy, expanding channels for expressing and communicating interests, and consolidating the interests and demands of diverse social groups and the general public. Furthermore, we advocate achieving full employment and promoting entrepreneurship among youth, women, and other marginalized groups.

7. We call for encouraging innovative development to strengthen the leading role of the science and technology industry.

We advocate expanding the cooperation platform for scientific and technological innovation and capitalizing on the new wave of scientific and technological revolutions and the window of opportunity for the industrial revolution. We advocate advancing the development of high-tech industries such as new energy, information technology, and aerospace. Moreover, we advocate implementing the Global Initiative on Data Security (GIDS) and the Global AI Governance Initiative to amplify the voice of developing countries in international cyberspace governance. Additionally, we advocate promoting the growth of the blue economy to actively forge blue partnerships. Furthermore, we aim to strengthen the dominant position of enterprises in technological innovation by directing capital, talent, technology, and other innovation resources towards enterprises to foster the harmonious development of industry, academia, and research.

8. We call for maintaining safe development to reinforce reform, development, and stability.

We advocate enhancing the alignment of national security concepts with agreements and mechanisms to collaboratively address both traditional and non-traditional security challenges in a bid to foster a secure business environment. We will collaborate on the implementation of the Global Security Initiative (GSI), emphasizing the legitimate security concerns of all countries and seeking conflict resolution through dialogue and consultation. Together, we call on the international community to resolve conflicts through rational and peaceful means, prioritizing the relief of suffering among those affected by conflicts. We advocate political stability and policy continuity, striving to prevent wars, conflicts, terrorism, diseases, and the pan-securitization "trap" that hinder development.

9. We call for maintaining green development to achieve comprehensive, coordinated, and sustainable development goals.

We strongly support international treaties like the United Nations Framework Convention on Climate Change (UNFCCC) and the Convention on Biological Diversity. We also actively promote global ecological and environmental governance in a holistic manner. In addition, we uphold the principle of "common but differentiated responsibilities" in addressing environmental challenges such as climate change, conserving biodiversity, and advancing international cooperation on green ecology. Furthermore, we promote the principles of green, low-carbon, and circular development, integrating resource conservation and environmental protection across all facets of production, circulation, consumption, and construction. We aim to strengthen the sustainability of industries in developing countries and strive for harmonious coexistence between humanity and nature.

10. We call for protecting different civilizations to enhance exchanges and mutual learning among them.

We promote the sharing of knowledge, ideas, and cultural prosperity among countries in the Global South. To achieve this, we advocate implementing the Global Civilization Initiative, establishing a global dialogue network for civilizations, and seeking common ground among diverse civilizations to foster international development cooperation. In addition, we advocate enhancing investment in education, improve its quality, and promoting popularized, balanced, and sustainable educational development. Moreover, we will foster exchanges and collaboration in fields such as think tanks, media, education, technology, healthcare, culture, sports, and the arts. Furthermore, we advocate implementing the Plan for China-Africa Cooperation on Talent Development, leveraging the collective strength of the Global South to contribute to global modernization efforts.

Consensus de Dar es Salaam entre l'Afrique et la Chine

Nous vivons dans un monde qui fait face à des défis significatifs en termes de paix et de développement, tout en portant en lui des germes d'espoir. L'hémisphère sud, incluant des acteurs majeurs tels que la Chine et l'Afrique, se voit confier une mission historique : celle de développer et de revitaliser les nations, d'apporter des bienfaits aux populations et de contribuer à la prospérité mondiale. Pour cela, il est impératif de lancer activement trois initiatives globales majeures, visant à résoudre les problèmes partagés par l'humanité et à générer davantage de sagesse et de consensus dans les sphères de la connaissance et de la réflexion. C'est dans cet esprit que nous avons, lors de la 13e édition du Forum Chine-Afrique des Think Tanks (CATTF), atteint un consensus qui appelle la communauté internationale à intensifier la coopération pour le développement. En adhérant aux principes de respect mutuel, de solidarité, d'ouverture et de bénéfice réciproque, nous aspirons à une prospérité commune, encourageant ainsi tous les pays à avancer ensemble vers la modernisation et à œuvrer de concert pour bâtir une communauté de destin pour toute l'humanité.

1. Nous prônons un développement autonome qui place le progrès et le bien-être des citoyens au cœur de nos priorités.

Il est important de se concentrer sur la consolidation économique et d'assister les nations dans l'élaboration de modèles de modernisation qui respectent leurs ressources propres, leur niveau de développement économique, leurs traditions culturelles et leurs structures sociales. Nous devons équilibrer habilement indépendance et ouverture internationale.

Dans cette optique, nous lançons une initiative de développement global, reconnaissant le droit au développement comme un droit humain essentiel, tout en assurant le respect et la sauvegarde des droits des pays en développement. Nous nous engageons à promouvoir les valeurs universelles de paix, de progrès, de justice, de démocratie et de liberté pour tous. Notre objectif est de garantir que le développement profite à la population, qu'il soit mené par elle et que ses fruits soient partagés équitablement, afin d'améliorer le bien-être collectif et de préserver le droit de chacun à une vie meilleure.

2. Nous plaidons pour un développement équitable et soutenons l'émergence d'un monde multipolaire, juste et ordonné.

Nous sommes déterminés à accélérer la démocratisation des relations internationales, à renforcer la voix et la représentation des pays en développement au sein du système international, et à réparer les injustices historiques endurées par l'Afrique. Nous défendons fermement la souveraineté nationale, l'intégrité territoriale et les droits de développement de chaque nation. Il est essentiel d'optimiser la répartition des ressources mondiales et de remédier aux déséquilibres de développement, tant entre les pays qu'à l'intérieur de ceux-ci, pour garantir à toutes les nations, grandes ou petites, puissantes ou modestes, riches ou démunies, des opportunités égales de progrès. Nous appelons à une gouvernance mondiale plus juste et plus sensée, fondée sur les principes de dialogue, de collaboration et de bénéfice partagé.

3. Nous défendons un développement ouvert et prônons une mondialisation économique qui soit inclusive et profitable à tous.

Il est essentiel de soutenir les pays en développement dans l'exploitation de leurs avantages comparatifs, afin qu'ils puissent s'intégrer plus efficacement aux divisions internationales du travail, redéfinir les chaînes de valeur mondiales et établir des chaînes de production et d'approvisionnement qui soient résilientes, accueillantes et performantes. Nous œuvrons à préserver un système commercial multilatéral qui soit non discriminatoire, ouvert, inclusif et transparent. Dans un esprit d'équité, nous visons à augmenter la part de marché et les droits de vote des marchés émergents et des pays en développement au sein du Fonds monétaire international, à créer des postes d'administrateur exécutifs supplémentaires pour les pays africains, et à assurer une représentation adéquate des pays les moins avancés dans l'allocation des droits de tirage spéciaux. Nous explorons également la possibilité de mettre en place des agences internationales de notation de crédit objectives et impartiales, dans le cadre du CATTF et d'autres mécanismes de collaboration tels que les BRICS.

4. Nous appelons à un développement par le biais de l'intégration, en élargissant les espaces de développement diversifiés et intégraux.

Conformément à l'Agenda 2030 des Nations Unies pour le développement durable, à l'Agenda 2063 de l'Union africaine, au CATTF et au mécanisme des BRICS, nous nous engageons à harmoniser la mise en œuvre de l'initiative « la Ceinture et la Route » avec les stratégies de développement nationales. Parallèlement, nous encourageons l'industrialisation, l'urbanisation et la modernisation de l'agriculture, tout en renforçant les infrastructures rurales et les services publics, et en promouvant une réduction de la pauvreté axée sur le secteur industriel. Nous nous dévouons à la connectivité financière régionale, en favorisant des voies de transactions internationales stables et efficaces, en consolidant les accords de paiement en monnaies locales et en diversifiant les réserves de devises, tout en explorant diverses options de financement de marché. Nous intensifions l'intégration africaine pour assurer une intégration totale de l'Afrique dans l'économie mondiale.

5. Nous appelons à un développement coordonné qui combine de manière cohérente un marché efficace avec un gouvernement actif.

Nous améliorons la coordination des politiques économiques et les liaisons internationales en matière de normes et de règlements, promouvons activement les investissements efficaces, augmentons la transparence du marché et renforçons sa régulation. Nous veillons à assurer une concurrence équitable afin de protéger les droits légaux des entreprises, de les aider à réduire leurs coûts et leurs charges, tout en stimulant la vitalité des acteurs du marché. Nous perfectionnons le système de gouvernance macroéconomique national, augmentons la capacité des services publics et construisons un gouvernement efficace, intègre et respectueux de l'État de droit. En utilisant les plans de développement nationaux comme orientation stratégique et les politiques fiscales et monétaires comme principaux instruments, nous intégrons les politiques d'emploi, d'industrie, d'investissement, de consommation, de protection de l'environnement et de développement régional pour accroître la résilience du développement économique.

6. Nous appelons à un développement inclusif qui équilibre

efficacité et équité.

Nous incitons la Banque mondiale et d'autres banques multilatérales de Développement à accorder davantage de soutien par le biais d'instruments financiers destinés à la réduction de la pauvreté et au développement. Nous améliorerons les systèmes nationaux de finances publiques, perfectionnerons les politiques de redistribution sociale et le système de protection, réajusterons équitablement les relations de distribution entre l'État, les entreprises et les individus, favoriserons une allocation rationnelle des ressources sociales, et réduirons les écarts entre les riches et les pauvres, afin que les fruits du développement profitent à tous. Nous encouragerons le développement institutionnel de la démocratie consultative, en élargissant les canaux d'expression et de communication des intérêts, et en rassemblant les revendications des différents groupes sociaux et citoyens. Nous soutenons les jeunes, les femmes et autres groupes clés à obtenir un emploi et à fonder leurs propres entreprises.

7. Nous appelons à un développement inclusif qui équilibre efficacité et équité.

Nous incitons la Banque mondiale et d'autres banques multilatérales de Développement à accorder davantage de soutien par le biais d'instruments financiers destinés à la réduction de la pauvreté et au développement. Nous améliorerons les systèmes nationaux de finances publiques, perfectionnerons les politiques de redistribution sociale et le système de protection, réajusterons équitablement les relations de distribution entre l'État, les entreprises et les individus, favoriserons une allocation rationnelle des ressources sociales, et réduirons les écarts entre les riches et les pauvres, afin que les fruits du développement profitent à tous. Nous encouragerons le développement institutionnel de la démocratie consultative, en élargissant les canaux d'expression et de communication des intérêts, et en rassemblant les revendications des différents groupes sociaux et citoyens. Nous soutenons les jeunes, les femmes et autres groupes clés à obtenir un emploi et à fonder leurs propres entreprises.

8. Nous plaidons pour un développement sûr, visant à favoriser l'interaction entre la réforme, le développement et la stabilité.

Nous renforçons les liens entre les concepts de sécurité nationale, les accords et les mécanismes, afin de relever ensemble les défis de la sécurité traditionnelle et non traditionnelle, créant ainsi un environnement commercial sécurisé. En collaborant pour mettre en œuvre l'initiative de sécurité globale, nous accordons de l'importance aux préoccupations sécuritaires légitimes de chaque pays et résolvons les différends par le dialogue et la consultation. Nous appelons la communauté internationale à résoudre les conflits de manière rationnelle et pacifique, en prêtant une attention particulière aux populations touchées par les conflits. En maintenant la stabilité et la continuité des politiques, nous évitons que les guerres, le terrorisme, les épidémies ou l'usage abusif de la notion de sécurité ne freinent le développement.

9. Nous plaidons pour un développement vert en promouvant une croissance coordonnée, globale et durable.

Nous soutenons fermement la Convention-cadre des Nations Unies sur les changements climatiques, la Convention sur la diversité biologique et d'autres traités internationaux, et nous avançons dans la gouvernance environnementale mondiale. Nous adoptons le principe des « responsabilités communes mais différenciées » pour relever les défis environnementaux tels que les changements climatiques, protéger la biodiversité et encourager la coopération internationale en matière d'écologie verte. Nous préconisons un modèle de développement écologique, à faible émission de carbone et cyclique, intégrant la conservation des ressources et la protection de l'environnement à toutes les étapes de la production, de la circulation, de la consommation et de la construction. Nous renforçons la durabilité industrielle des pays en développement et favorisons une coexistence harmonieuse entre l'homme et la nature.

10. Nous plaidons pour un développement harmonieux et pour le renforcement des échanges interculturels, ainsi que pour l'apprentissage mutuel entre les civilisations.

Nous sommes déterminés à favoriser le partage des savoirs, la circulation des idées et l'épanouissement culturel parmi les pays du Sud. Nous appuyons fermement l'Initiative pour la civilisation mondiale, en œuvrant activement pour l'établissement d'un réseau global de dialogue intercivilisationnel, en quête de consensus maximal entre les différentes cultures et en intégrant l'aspect culturel dans la coopération internationale pour le développement. Nous intensifions les investissements dans l'éducation, rehaussant la qualité de l'enseignement et promouvant un développement de l'éducation universel, équilibré et pérenne. Nous stimulons les échanges et la coopération dans les secteurs des médias, think tanks, éducation, science, technologie, santé, arts et sport, en déployant le programme de formation des talents sinoafricains, contribuant ainsi à l'apport du Sud dans la modernisation à l'échelle mondiale.

Makubaliano ya Dar es Salaam ya Afrika-China

Dunia inakabiliwa na changamoto leo, pia ina matumaini ya amani ya maendeleo. Kama wanachama muhimu wa "Kusini mwa Dunia", Afrika na China tuna jukumu la kihistoria la maendeleo na ufufuo, kunufaisha watu wao na kustawisha dunia. Tunapaswa kuteketeza Mapendekezo Matatu ya Dunia ili kuchangia katika kutatua matatizo ya kawaida yanayokabiliwa na wanadamu na kutoa hekima na kufikia mwafaka katika nyanja ya maarifa na mawazo. Kwa hiyo, wakati wa Mkutano wa 13 wa Kongamano la Jumuiya za Washauri Bingwa za China na Afrika, tumefikia mwafaka na kuitaka jumuiya ya kimataifa kuimarisha ushirikiano wa kimaendeleo, kuhimiza nchi zote kushirikiana katika ujenzi wa mambo ya kisasa, na kujenga jumuiya ya wanadamu yenye mutakabali wa pamoja kwa kuzingatia kanuni za kuheshimiana, mshikamano, ushirikiano, uwazi na ustawi wa pamoja.

1. Tunatoa wito wa maendeleo ya kujitegemea, kutoa kipaumbele kwa maendeleo na wananchi.

Tusisitize kuchukua ujenzi wa uchumi kama kazi kuu na kuunga mkono nchi zote kuchunguza mfumo wa ujenzi wa mambo ya kisasa kulingana na rasilimali, viwango vya maendeleo ya kiuchumi, sifa za utamaduni na mifumo ya jamii. Tusisitize uwiano bora kati ya sera ya uhuru na kujitegemea na sera ya mageuzi na kufungua mlango. Tunapaswa kutekeleza Pendekezo la Maendeleo ya Dunia, kuzingatia haki ya maendeleo kama mojawapo ya haki za binadamu, na kuheshimu na kulinda haki ya maendeleo ya nchi zote zinazoendelea. Tutetee maadili ya pamoja ya amani, maendeleo, usawa, haki, demokrasia na uhuru kwa binadamu wote. Tutashika kanuni kwamba maendeleo ni kwa ajili ya wananchi, yanawategemea wananchi, na matunda yake yanatakiwa kuwanufaisha wananchi ili kuwanufaisha na kuwafurahisha wananchi na kulinda haki ya kila mtu ya kutimiza maisha bora.

2. Tunatoa wito wa maendeleo yenye usawa ili kujenga mfumo wa dunia wa nchi nyingi wenye usawa na wenye utaratibu.

Tutetee demokrasia zaidi ya mahusiano ya kimataifa, kuongeza uwakilishi na sauti za nchi zinazoendelea katika mfumo wa kimataifa, na kurekebisha kwa wakati udhalimu wa kihistoria ulioteseka Afrika. Tunaheshimu na kutetea mamlaka ya kitaifa, uadilifu wa eneo na haki ya maendeleo ya kila nchi. Zaidi ya hayo, tutaboresha ugawaji wa rasilimali za kimataifa, kutatua suala la usawa katika maendeleo kati na ndani ya nchi, ili nchi zote, kubwa kwa ndogo, zenye nguvu kwa dhaifu, tajiri kwa maskini, ziweze kufurahia fursa sawa za maendeleo. Tutakuza utawala wa kimataifa kuwa haki na unaofaa zaidi kwa msingi wa mashauriano ya kina, ujenzi wa pamoja, na kunufaishana.

3. Tunatoa wito wa maendeleo kwa kufungua mlango ili kuendeleza utandawazi wa kiuchumi wa kuzishirikisha na kuzinufaisha nchi zote.

Tunaunga mkono nchi zote zikiwemo za Afrika ziongeze faida zao za kulinganisha ili kushiriki katika mgawanyo wa sekta za kimataifa kwa kina. Tunajitolea kuunda upya mnyororo wa thamani wa kimataifa na kuanzisha minyororo ya kimataifa ya uzalishaji na ugavi unaostahimili, unaojumuisha, na yenye ufanisi zaidi. Tunapaswa tulinde kwa pamoja utaratibu wa biashara ya pande nyingi usio na ubaguzi, wenye mageuzi, ushirikishi na uwazi. Kulingana na kanuni ya kuzingatia haki, tutaongeza haki za umiliki wa hisa, upigaji kura za masoko yanayoibukia na nchi zinazoendelea katika Shirika la Fedha la Kimataifa (IMF). Aidha, Tutaanzisha kiti cha mkurugenzi mtendaji kwa nchi za Afrika, na kuzingatia maslahi ya nchi zenye maendeleo duni katika mgao wa Haki Maalumu ya Kubadilisha Pesa (SDR). Tutajitahidi kuanzisha wakala wa kimataifa wa kutathmini viwango vya mikopo wenye haki chini ya mifumo ya ushirikiano kama vile Baraza la Ushirikiano kati ya China na Afrika (FOCAC), BRICS na mingineyo.

4. Tunatoa wito wa maendeleo yanayoungana ili kukuza uunganishaji na aina mbalimbali za maendeleo.

Chini ya mifumo ya *Ajenda ya Malengo ya Maendeleo Endelevu ya mwaka 2030* ya Umoja wa Mataifa, *Ajenda ya mwaka 2063* ya Umoja wa Afrika, Baraza la Ushirikiano kati ya China na Afrika (FOCAC), BRICS na nyinginezo, tutaunganisha ujenzi wa pamoja wa Pendekezo la "Ukanda Mmoja, Njia Moja" (BRI) na na mipango ya maendeleo ya kila nchi. Tutakuza mchakato wa ujenzi wa viwanda, vijiji na kilimo wa kisasa, kustawisha miundombinu ya vijiji na huduma za umma ili kupunguza umaskini kwa njia ya maendeleo ya sekta. Zaidi ya hayo, tutaboresha kiwango cha ujumuishaji wa kifedha ndani ya kikanda kwa kufungua njia zenye ufanisi na uthabiti za ulifi wa kimataifa, kupanua ulifi kati ya nchi mbili kwa fedha za kieneyji na aina mbalimbali za akiba za fedha za kigeni na kuchunguza mbinu mbalimbali za uwekezaji unaotegemea soko. Tuna matumaini kwamba tutaharakisha ujenzi wa umoja wa Afrika na kusaidia Afrika kuingilia soko la kimataifa kwa kina.

5. Tunatoa wito wa maendeleo ya jumla ili kuunganisha masoko yenye ufanisi na serikali inayobeba jukumu.

Tunatetea nchi zote kuimarisha uratibu wa sera za kiuchumi na upatanishi wa sheria tofauti, kuongeze uwekezaji wenye ufanisi, kuimarisha viwango vya uwazi na usimamizi wa soko, kuhimiza ushindani wa soko la haki na kuhifadhi haki na masilahi halali ya kampuni na kusaidia kampuni kupunguzisha gharama na mizigo kwa ajili ya kuchochea kuamsha maendeleo ya ndani ya soko. Tunapaswa kuboresha udhibiti wa mpango mkuu wa uchumi wa taifa na huduma za umma na kujenga serikali zenye ufanisi, zisizofisidi na zinazozingatia sheria. Tutachukua mipango ya maendeleo ya taifa kuwa malengo ya kimkakati, sera ya fedha kuwa mbinu kuu na kuunganisha sera ya ajira, viwanda, uwekezaji, matumizi, uhifadhi wa mazingira, kikanda n.k. kwa kina ili kuimarisha ustahimilivu wa maendeleo ya kiuchumi.

6. Tunatoa wito wa maendeleo yenye ugawanaji ili kuzingatia ufanisi na usawa.

Benki za maendeleo za pande kama vile Benki ya Dunia (WB) zinahimizwa kutoa zana zaidi za kuchanga fedha kupunguza umaskini na maendeleo. Tutetee kuboresha mfumo wa fedha za umma wa taifa, kuboresha sera za usambazaji wa jamii na mfumo ya usalama, kurekebisha uhusiano wa usambazaji kati ya serikali, kampuni na watu binafsi kwa usahihi, kukuza ugawaji mzuri wa rasilimali za kijamii, kuziba pengo kati ya matajiri na maskini, na kufanya matunda ya maendeleo yawanufaishe wananchi. Aidha, tunapaswa kukuza maendeleo ya demokrasia ya mashaurinao, kupanua njia za kujieleza kwa maslahi na mawasiliano, ili kusanya pamoja matakwa ya maslahi ya makundi mbalimbali ya kijamii na umma. Tukuze vikundi muhimu kama vile vijana na wanawake kuajiriwa na ujasiriamali kwa wingi.

7. Tunatoa wito wa maendeleo yenye ubunifu ili kuimarisha

jukumu kuu la tasnia ya sayansi na teknolojia.

Tutetee kupanua jukwaa la ushirikiano wa ubunifu wa kisayansi na kiteknolojia, kukamata fursa ya duru mpya ya mapinduzi ya sayansi na teknolojia na mabadiliko ya viwanda ili kukuza maendeleo ya nishati safi, teknolojia ya habari, teknolojia za juu katika nyanja nyingi kama vile anga ya juu hatua kwa hatua. Tutatekeleza Pendekezo la Usalama wa Dunia na Pendekezo la Usimamizi wa Teknolojia za Akili Bandia (AI) wa Dunia ili kuongeza sauti ya nchi zinazoendelea katika utawala wa kimataifa wa mtandao. Tutakuza maendeleo ya uchumi wa bluu na kujenga uhusiano wa kirafiki wa bluu. Zaidi ya hayo, tunapaswa kuimarisha nafasi kuu ya kampuni katika ubunifu wa kiteknolojia, kusanya rasilimali za ubunifu kama vile fedha, vipaji, teknolojia katika kampuni ili kukuza maendeleo ya uzalishaji, kujifunza na utafiti kwa uratibu.

8. Tunatoa wito wa maendeleo yenye usalama ili kutimiza kuhimiziana kwa mageuzi, maendeleo na uthabiti.

Tutaimarisha upatanishi wa dhana, makubaliano na taratibu za usalama wa taifa, kukabiliana changamoto za usalama za kawaida na zisizo za kawaida kwa pamoja ili kuunda mazingira salama ya kibiashara. Tunapaswa kushikirikana kutekeleza Pendekezo la Usalama wa Dunia, kuthamini masuala halali ya usalama ya nchi zote na kutatua migogoro kupitia mazungumzo na mashauriano. Tunahimiza jumuiya ya kimataifa kusuluhisha mizozo kwa njia za busara na amani na kuzingatia kwa kiasi kikubwa mateso ya watu walioathiriwa na migogoro. Tunapaswa kudumisha utulivu wa kisiasa na mwendelezo wa sera, kuepuka vita, migogoro, ugaidi, magonjwa, au "mtego" wa ulinzi unaozuia maendeleo.

9. Tunatoa wito wa maendeleo ya kijani ili kukuza maendeleo ya kina, yaliyoratibiwa na endelevu.

Tuunge mkono kwa uthabiti mikataba ya kimataifa kama vile *Mkataba wa Umoja wa Mataifa kuhusu Mabadiliko ya Tabianchi* na *Mkataba wa Anuwai ya Viumbe* na kukuza utawala wa ikolojia na mazingira ya kimataifa. Tutasisitiza kukabiliana na changamoto za mazingira kama vile mabadiliko ya tabia nchi, kuhifadhi anuwai ya viumbe na kukuza ushirikiano wa kimataifa wa kijani na kiikolojia kwa kuzingatia kanuni ya "majukumu ya pamoja lakini tofauti" (CBDR). Kwa kuzingatia dhana ya maendeleo ya kijani, utoaji mdogo wa kaboni na mzunguko. tunapaswa kuunganisha uhifadhi wa rasilimali na ulinzi wa mazingira katika sehemu zote kama vile uzalishaji, mzunguko, matumizi na ujenzi ili kuimarisha uendelevu wa sekta katika nchi zinazoendelea, na kufikia hali ya kuishi kwa mapatano kati ya binadamu na mazingira ya asili.

10. Tunatoa wito wa maendeleo yenye ustaarabu ili kuimarisha kufundishana kwa ustaarabu.

Tutaimarisha ubadilishanaji wa maarifa, mwafaka wa kiitikadi na ustawi wa kiutamaduni kati ya nchi za Kusini mwa Dunia. Tutahimiza utekelezaji wa Pendekezo la Ustaarabu wa Dunia, ujenzi wa mtandao wa mazungumzo ya ustaarabu wa kimataifa na utafutaji wa njia panda ya ustaarabu mbalimbali kwa ajili ya kukuza dhana ya kitamaduni ya ushirikiano wa maendeleo ya kimataifa. Tunapaswa kuimarisha uwekezaji katika elimu, kuboresha ubora wa elimu, na kukuza uenezaji, uwiano na maendeleo endelevu ya elimu. Zaidi ya hayo, tutaimarisha mawasiliano na mashirikiano ya jumuiya za washauri bingwa, vyombo vya habari, elimu, sayansi na teknolojia, afya, utamaduni na sanaa, na kutekeleza Mpango wa Ushirikiano kati ya China na Afrika kuhusu Ukuzaji wa Vipaji ili kutoa mchango wa Kusini mwa Dunia katika ujenzi wa mambo ya kisasa wa kimataifa.

توافق الأراء الأفريقية الصينية في اجتماع دار السلام

يواجه السلام والتنمية في العالم حاليًا تحديات، لكنها تحمل أيضًا آمالًا كبيرة ويتحمل جنوب العالم بما في ذلك الصين وأفريقيا، مهمة تاريخية لتحقيق التنمية والنهوض، وتحقيق فوائد لشعوب العالم، ولازدهار العالم يجب عليهم تنفيذ ثلاث مبادرات عالمية بشكل فعال، والمساهمة في حل القضايا المشتركة التي تواجه البشرية، وخلق المزيد من الحكمة والتوافق في مجالات المعرفة والفكر بناءً على ذلك، توصلنا إلى توافق في الاجتماع الثالث عشر لمنتدى مراكز الفكر الصينيبة والأفريقية، وندعو المجتمع الدولي إلى تعزيز التعاون في التنمية بمبادئ الاحترام المتبادل، والتعاون، والانفتاح، والفوز المشترك، والازدهار المشترك، ودفع الدول للاتحاد نحو التحديث، والبناء المشترك لمجتمع ذي مستقبل مشترك للبشرية

أولًا: ندعو إلى التنمية الذاتية، وإعطاء الأولوية للتنمية، ووضع الناس في المقام الأول يجب التركيز على البناء الاقتصادي، ودعم الدول في استكشاف نماذج التحديث بناءً على مواردها، ومستوى التنمية الاقتصادية، والخصائص الحضارية والنظام الاجتماعي تحقيق التوازن العضوي بين الاستقلالية والإصلاح والانفتاح تنفيذ المبادرة العالمية للتنمية، واعتبار حق التنمية أحد حقوق الإنسان العالمية، واحترام وضمان حقوق التنمية للدول النامية تعزيز القيم المشتركة للسلام والتنمية والعدالة والديمقراطية والحرية، وضمان أن التنمية من أجل الناس، وتعتمد على الناس، وتعود بالفوائد على الناس، وزيادة شعور الناس بالرضا، وحماية حق كل فرد في السعي وراء حياة أفضل

ثانيًا: ندعو إلى التنمية العادلة، وتعزيز تعددية الأقطاب في العالم بشكل منظم الإسراع في تعزيز ديمقراطية العلاقات الدولية، وزيادة تمثيل وصوت الدول النامية في النظام الدولي،

وتصحيح الظلم التاريخي الذي تعرضت له أفريقيا الدفاع عن سيادة الدول وسلامتها الإقليمية وحقوقها في التنمية تعزيز التوزيع الأمثل للموارد العالمية، وحل مشكلات التفاوت في التنمية بين الدول وداخلها، وضمان تساوي الفرص في التنمية لجميع الدول بغض النظر عن حجمها أو قوتها أو ثرائها دفع الحوكمة العالمية نحو اتجاه أكثر عدالة ومنطقية

ثالثًا: ندعو إلى التنمية المنفتحة، وتعزيز العولمة الاقتصادية الشاملة دعم الدول النامية في الاستفادة من مزاياها النسبية والمشاركة بشكل أفضل في تقسيم العمل الصناعي الدولي، وإعادة بناء سلاسل القيمة العالمية، وإنشاء سلاسل إنتاج وإمداد عالمية أكثر مرونة وشمولية وكفاءة الحفاظ على نظام تجارة متعدد الأطراف غير تمييزي ومنفتح وشامل وشفاف رفع حصص وتصويت الأسواق الناشئة والدول النامية في صندوق النقد الدولي، ومنح الدول الأفريقية مقاعد في مجلس الإدارة، ومعالجة البلدان الأقل نموًا في تخصيص حقوق السحب الخاصة استكشاف إنشاء وكالة تصنيف ائتماني دولية موضوعية ومحايدة في إطار آليات التعاون مثل منتدى التعاون بين الصين وأفريقيا والبريكس

رابعًا: ندعو إلى التنمية المتكاملة، وتوسيع الفضاءات المتعددة والمتنوعة للتنمية تحت إطار أجندة الأمم المتحدة للتنمية المستدامة 2030، وأجندة الاتحاد الأفريقي 2063، ومنتدى التعاون بين الصين وأفريقيا، وآلية البريكس، تعزيز التحديث المشترك لمبادرة "الحزام والطريق" مع خطط التنمية الوطنية للدول الدفع المتزامن للصناعية والتحضر وتحديث الزراعة، وتعزيز البنية التحتية والخدمات العامة الريفية، والترويج للتخفيف من الفقر الصناعي تعزيز التواصل المالي الإقليمي، ودعم الدول في إنشاء قنوات تسوية دولية مستقرة وسلسة، وتوسيع التسوية الثنائية بالعملات المحلية واحتياطيات النقد الأجنبي المتعددة، واستكشاف طرق التمويل المتنوعة المسوقة الإسراع في بناء التكامل الأفريقي، ودعم الاندماج الكامل لأفريقيا في الأسواق

العالمية.

خامسًا: ندعو إلى التنمية المنظمة، وتحقيق التكامل العضوي بين الأسواق الفعالة والحكومات النشطة. تعزيز التنسيق بين السياسات الاقتصادية والمعايير والقوانين بين الدول، وتوسيع الاستثمارات الفعالة، وزيادة شفافية السوق، وتعزيز الرقابة السوقية، وتشجيع المنافسة العادلة، وحماية الحقوق الشرعية للشركات، ومساعدتها في خفض التكاليف، وتحفيز نشاط الفاعلين في السوق. تحسين نظام الحوكمة الاقتصادية الكلية للدولة، وتعزيز القدرة على تقديم الخدمات العامة، وبناء حكومة كفؤة ونزيهة وملتزمة بالقانون. الاعتماد على خطط التنمية الوطنية كدليل استراتيجي، واستخدام السياسات المالية والنقدية كأدوات رئيسية، وربطها بسياسات التوظيف والصناعة والاستثمار والاستهلاك وحماية البيئة والمناطق لتعزيز مرونة التنمية الاقتصادية.

سادسًا: ندعو إلى التنمية المشتركة، مع مراعاة الكفاءة والعدالة. تشجيع البنوك الإنمائية متعددة الأطراف مثل البنك الدولي على تقديم المزيد من أدوات التمويل لدعم التخفيف من الفقر والتنمية. تحسين نظام المالية العامة الوطنية، وتعديل سياسات التوزيع والنظام الضماني الاجتماعي، وضمان توزيع الموارد الاجتماعية بشكل معقول، وتقليل الفجوة بين الأغنياء والفقراء، وجعل ثمار التنمية تفيد جميع الناس. تعزيز تطوير النظام الديمقراطي التشاوري، وتوسيع قنوات التعبير والتواصل عن المصالح، وجمع مطالب المصالح الاجتماعية والمجتمع. دعم الشباب والنساء والمجموعات الرئيسية الأخرى في تحقيق التوظيف الكامل والابتكار.

سابعًا: ندعو إلى التنمية الابتكارية، وتعزيز دور قيادة الصناعة والتكنولوجيا. توسيع منصات التعاون في مجال العلوم والتكنولوجيا، والاستفادة من فرص الثورة التكنولوجية والصناعية الجديدة، وتعزيز تطوير الصناعات ذات التقنية العالية مثل الطاقة الجديدة وتكنولوجيا المعلومات

والفضاء الجوي. تنفيذ المبادرة العالمية لأمن البيانات وحوكمة الذكاء الاصطناعي، وزيادة صوت الدول النامية في حوكمة الفضاء السيبراني الدولي. تعزيز تطوير الاقتصاد الأزرق، وإنشاء شراكات زرقاء. تعزيز مكانة الشركات كفاعل رئيسي في الابتكار التكنولوجي، وتوجيه الموارد المبتكرة مثل التمويل والموارد البشرية والتكنولوجيا نحو الشركات، ودفع التعاون بين الصناعة والجامعات ومراكز الأبحاث.

ثامنًا: ندعو إلى التنمية الآمنة، وتحقيق الترويج المتبادل بين الإصلاح والتنمية والاستقرار. تعزيز تكامل مفاهيم الأمن الوطني والاتفاقيات والآليات، والتعامل المشترك مع التحديات الأمنية التقليدية وغير التقليدية، وخلق بيئة أعمال آمنة. تنفيذ المبادرة العالمية للأمن بشكل مشترك، والاهتمام بالاهتمامات الأمنية المشروعة لجميع الدول، وحل النزاعات من خلال الحوار والمشاورات. دعوة المجتمع الدولي إلى حل النزاعات بطرق عقلانية وسلمية، والاهتمام الكبير بالمواطنين الذين يعانون من النزاعات. الحفاظ على الاستقرار السياسي واستمرارية السياسات، وتجنب النزاعات والحروب والهجمات الإرهابية والأوبئة أو الفخاخ الأمنية المتعددة التي تعيق التنمية.

تاسعًا: ندعو إلى التنمية الخضراء، وتعزيز التنمية المستدامة الشاملة والمنسقة. دعم الاتفاقيات الدولية مثل اتفاقية الأمم المتحدة الإطارية بشأن تغير المناخ واتفاقية التنوع البيولوجي، وتعزيز الحوكمة البيئية العالمية. التمسك بمبدأ "المسؤوليات المشتركة لكن المتفاوتة" لمواجهة التحديات البيئية مثل تغير المناخ، والحفاظ على التنوع البيولوجي، وتعزيز التعاون البيئي الأخضر الدولي. اعتماد مفهوم التنمية الخضراء والمنخفضة الكربون والدائرية، ودمج حفظ الموارد وحماية البيئة في جميع مراحل الإنتاج والتوزيع والاستهلاك والبناء، وتعزيز استدامة الصناعات في الدول النامية، وتحقيق التعايش المتناغم بين الإنسان والطبيعة.

عاشرًا: ندعو إلى التنمية الحضارية، وتعميق تبادل وتفاعل الحضارات. تعزيز مشاركة المعرفة والفكر والثقافة بين دول جنوب العالم. تنفيذ المبادرة العالمية للحضارة، وبناء شبكة حوار حضاري عالمي، والبحث عن أكبر قواسم مشتركة بين الحضارات، وزرع المحتوى الثقافي للتعاون التنموي الدولي. زيادة الاستثمارات في التعليم، وتحسين جودة التعليم، وتعزيز التوسع المستدام والمتوازن للتعليم. تعزيز التبادل والتعاون في مجالات مثل مراكز الفكر والإعلام والتعليم والتكنولوجيا والصحة والفنون، وتنفيذ خطة التعاون في تنمية القدرات بين الصين وأفريقيا، والمساهمة بقوة جنوب العالم في مسيرة التحديث العالمية.

附录二　构建中非智库合作网络倡议书（五语种）

构建中非智库合作网络倡议书

The Initiative for the Establishment of the China-Africa
Think Tank Cooperation Network

L'Initiative pour la création du réseau de coopération des
Think Tanks Chine-Afrique

Pendekezo la Uanzishaji wa Mtandao wa Ushirikiano wa Jumuiya za
Washauri Bingwa kati ya China na Afrika

مقترح إنشاء شبكة تعاون بين مراكز الفكر الصينية والأفريقية

构建中非智库合作网络倡议书

中非合作论坛 2021 年 11 月发布的《达喀尔行动计划》建设性地提出:"双方将继续办好中非智库论坛,支持中非学术界开展长期稳定合作,鼓励论坛与有关机构开展联合研究,为中非合作提供智力支持。"

中非智库论坛缘于 2010 年纪念中非合作论坛建立十周年国际学术研讨会,由浙江师范大学于 2011 年创立,后被纳入中非合作论坛框架。15 年来,中非智库论坛在中国和非洲已共举办 13 届会议,证明了智库论坛和学术会议在促进民间交流、对话、分享见解、促进合作方面发挥着重要作用,也为来自中国和非洲的学者、政策制定者、记者和专家提供了平台,便于大家讨论关键问题、交流思想、探讨合作途径,作为信息和专业知识交流的平台,有助于中非双方更好地制定相关决策。论坛在巩固和促进中非友好,加强中非外交、经济、人文交流和文化联系,增进中非相互了解和政策制定方面取得了优异成绩。论坛已成为"民心相通"的典范,在中非合作论坛、"一带一路"等重要框架机制下,为中非双方政府规划和实施中非友好合作发挥了持续的支持和补充作用。

实践证明,举办中非智库论坛会议是一项值得称赞的举措,它汇集各方思想智慧,进行有意义对话。通过政策制定者、学术智库机构的探讨弥合大家在思想、价值观和实践做法等方面存在的差距。这些信息和思想的交流有助于促进双方对经济政策、发展战略、国家和区域发展框架等有更好的了解,并为应对潜在的挑战找到集体解决办法和战略路径。智库之间加强合作有助于更好地促进中国与非洲国家之间的相互了解。有助于消除刻板印象，减少误解；有助于更准确和细致地理解彼此间的文化、政策与观点。为此，值中非智库论坛第十三届会议于2024年3月7日到3月9日在坦桑尼亚达累斯萨拉姆举行之际，来自中国与非洲共50个国家的智库与百名专家学者同意发起《中非智库合作网络倡议》，积极加强智库合作，促进中非相互了解、合作与发展，进一步提升中非互利共赢水平。

1.促进教育合作，以推进学术机构之间的教育交流和伙伴关系的发展，促进知识和专业技能的共享。联合研究项目有助于加深对共同挑战和潜在解决方案的理解。这些活动可与"中非智库10+10伙伴关系计划"相结合，为中非学术交流与合作开辟了新的模式。

2.促进中非大学和研究机构之间的学术交流和伙伴关系的发展，以应对经济发展、气候变化和公共卫生等共同挑战，并促进跨文化理解与双方间的合作。

3.组织工作坊及研讨会，将双方智库专家和专业人士汇聚在一起，讨论共同面对的挑战，分享真知灼见，制定联合战略。

4.促进文化方面的交流与讨论，帮助双方体验欣赏彼此的遗产、传统和价值观。这是促进相互了解的重要组成部分。鼓励文化交流，包括艺术展、电影节和文学活动，促进对彼此文化和传统的深入了解。

5.鼓励开展语言学习项目，促进中非学者、研究人员之间的交流。可包括语言课程、翻译服务和语言交换项目。

6.促进中非私营部门实体建立伙伴关系，支持智库发展。寻求中国和非洲国家政府支持，认可并积极参与包括中非智库合作网络等在内的智库合作倡议的推进与实施。

7.落实联合监测和评估机制，评估中非智库合作网络协同行动成效。继续寻找尚待改进的方面，加强磋商和协调，通过中非智库合作网络确保智库合作的长期性和有效性。

8.为中非双方有关政府机构和智库部门建立定期、明晰的沟通和实施渠道与平台，确保中非智库合作网络的实施协调有序、重点突出。

9.建立资助机制，支持智库开展合作研究项目及联合活动。如发放助学金、奖学金及提供联合活动补助。

10.通过措施的实施，双方参与者可以通过中非智库合作网络，为中非在智库领域建设性及持续发展的合作创造有利环境，促进相互了解、实现共同的发展目标。

The Initiative for the Establishment of the China-Africa Think Tank Cooperation Network

Forum on China-Africa Cooperation Dakar Action Plan of November 2021 constructively stated among others: "The two sides will continue to hold the China-Africa Think Tanks Forum(CATTF), support long-term, stable cooperation between Chinese and African academic communities, encourage the Forum and relevant institutions to conduct joint researches, and provide intellectual support to China-Africa cooperation."

Founded in 2011 by Zhejiang Normal University, CATTF originated from the Seminar Celebrating the 10th Anniversary of the Establishment of the Forum on China-Africa Cooperation(FOCAC) in 2010, and it was later included in the framework of the FOCAC.Over the past 15 years, the CATTF, has thus successfully held 13 sessions in China and Africa, which demonstrated that think tank forums and conferences play a crucial role in facilitating people to people exchanges, dialogue, sharing insights, and fostering collaboration, as well as provide a platform for scholars, policymakers, journalists and experts from China and Africa to discuss key issues, exchange ideas, and explore avenues for cooperation. Serving as a platform for the exchange of information and expertise, the CATTF contributes to better-informed decision-making processes in both China and Africa. The CATTF has a proud track record indeed in contributing significantly to the consolidation and promotion of enhanced Africa and China friendship, strengthening of diplomatic, economic, people to people exchanges and cultural ties, a better mutual understanding and policy development. The Forum has become an exemplary example of bringing "people together" and has played a continuous supportive and complementary role in what governments of China and of African countries are planning and implementing in terms of future China and Africa friendship and cooperation within important framework mechanisms such as FOCAC and the BRI.

It is proved that the CATTF represents a commendable initiative to bring together minds to engage in meaningful dialogue. Through discussions among policymakers, academia think tanks, CATTF bridges the existing gaps in perceptions, values and experiences. These exchanges of information and ideas can lead to a better understanding of each other's perspectives on economic policies, development strategies, national and regional frameworks for development and finding collective solutions and strategies for addressing possible challenges. The increased collaboration between think tanks can foster better mutual understanding between China and African nations. This can help dispel stereotypes, reduce misconceptions, and promote a more accurate and nuanced understanding of each other's cultures, policies, and perspectives. To this end, on the occasion of the Thirteenth Meeting of the CATTF from 7-9 March 2024 in Dar es Salaam, Tanzania. Think tanks, 100 scholars and experts from 50 countries, including China and nations in Africa, agree to launch the China-Africa Think Tank Cooperation Network Initiative, actively enhancing collaboration on think tank, fostering mutual understanding, cooperation, and development between China and Africa, as well as further enhancing benefits to both China and Africa.

1. Promote educational collaboration to facilitate educational exchanges and partnerships between academic institutions, fostering the sharing of knowledge and expertise. Joint research projects can contribute to a deeper understanding of shared challenges and potential solutions. These activities could be inter alia linked to the China-Africa Think Tank 10+10 Partnership Plan which has opened a new mode for China-Africa academic exchanges and cooperation.

2. Facilitate academic exchanges and partnerships between universities and research institutions in China and Africa to address common challenges, such as economic development, climate change, and public health and which also promote cross-cultural understanding and collaboration.

3. Organize workshops and seminars that bring together think tank experts and professionals from both regions to discuss common challenges, share insights, and develop joint strategies.

4. Promote cultural exchanges and discussions on cultural aspects, helping participants appreciate each other's heritage, traditions, and values. which is an integral part of promoting mutual understanding. Encourage cultural

exchanges, including art exhibitions, film festivals, and literary events, to promote a deeper understanding of each other's cultures and traditions.

5. Encourage language learning programs to facilitate better communication between Chinese and African scholars, researchers. This could involve language courses, translation services, and language exchange programs.

6. Facilitate partnerships between private sector entities in China and Africa to support think tank.Seek government support from both China and African governments to endorse and actively participate in collaborative think tank initiatives such as the China-Africa Think Tank Cooperation Network.

7. Implement joint monitoring and evaluation mechanisms to assess the effectiveness of collaborative actions of the China-Africa Think Tank Cooperation Network. Continue to identify areas for improvement and increased consultation and coordination to ensure the long-term sustainability and effectiveness of think tank cooperation through the China-Africa Think Tank Cooperation Network.

8. Set up regular and clear communication and implementation channels and platforms for dialogue between relevant government bodies and think tank authorities in both China and Africa to ensure a coordinated and focused approach by the China-Africa Think Tank Cooperation Network.

9. Establish funding mechanisms to support collaborative think tank

research projects, and joint events. This could include grants, scholarships, and subsidies for joint activities.

10. By implementing these measures, stakeholders on both sides can create an enabling environment for constructive and growing collaboration between China and Africa in the realms think tank, through the China-Africa Think Tank Cooperation Network, fostering mutual understanding and shared development goals.

L'Initiative pour la création du réseau de coopération des Think Tanks Chine-Afrique

Le Plan d'action du Forum sur la Coopération Sino-africaine de Dakar de Novembre 2021 déclarait entre autres de manière constructive : « Les deux parties continueront d'organiser le Forum des groupes de réflexion Chine-Afrique (CATTF), de soutenir une coopération stable et à long terme entre les communautés universitaires chinoises et africaines, d'encourager le Forum et les institutions concernées à mener des recherches conjointes et à fournir un soutien intellectuel à la Coopération Sino-africaine.

Fondé en 2011 par l'Université Normale du Zhejiang, le CATTF est né du séminaire célébrant le 10ème anniversaire de la création du Forum sur la Coopération Sino-africaine (FCSA) en 2010, et a ensuite été inclus dans le cadre du FCSA. Au cours des 15 dernières années, le CATTF a ainsi organisé avec succès 13 Sessions en Chine et en Afrique, démontrant que les forums et les conférences des groupes de réflexion jouent un rôle crucial dans la facilitation des échanges entre les peuples, du dialogue, du partage d'idées et de la promotion de la collaboration, ainsi qu'une plate-forme permettant aux universitaires, aux décideurs politiques, aux journalistes et aux experts de Chine et d'Afrique de discuter de questions clés, d'échanger des idées et d'explorer des voies de coopération. En tant que plate-forme d'échange d'informations et d'expertise, le CATTF contribue à des processus décisionnels mieux informés en Chine et en Afrique. Le CATTF est en effet fier de sa contribution significative à la consolidation et à la promotion de l'amitié renforcée entre l'Afrique et la Chine, au renforcement des échanges diplomatiques, économiques, entre les peuples et des liens culturels, à une meilleure compréhension mutuelle et au développement de politiques. Le Forum est devenu un exemple exemplaire de rapprochement des « peuples » et a joué un rôle continu de soutien complémentaire dans ce que les gouvernements de Chine et des pays africains planifient et mettent en œuvre en termes d'amitié et de coopération futures entre la Chine et l'Afrique au sein d'importants mécanismes-cadres tels que le FCSA et l'ICR.

Il est prouvé que le CATTF représente une initiative louable visant à rassembler les esprits pour engager un dialogue significatif. Grace à des discussions entre décideurs politiques et groupes de réflexion universitaires, le CATTF comble les écarts existants en matière de perceptions, de valeurs et d'expériences. Ces échanges d'informations et d'idées peuvent conduire à une meilleure compréhension des points de vue de chacun sur les politiques économiques, les stratégies de développement, les cadres nationaux et régionaux de développement et à la recherche de solutions et de stratégies collectives pour relever d'éventuels défis. La collaboration accrue entre les groupes de réflexion peut favoriser une meilleure compréhension mutuelle entre la Chine et les pays africains. Cela peut contribuer à dissiper les stéréotypes, à réduire les idées fausses et à promouvoir une compréhension plus précise et plus nuancée des cultures, des politiques et des perspectives de chacun. À cette fin, à l'occasion de la treizième réunion du CATTF du 7 au 9 mars 2024 à Dar Es Salaam, en Tanzanie, des groupes de réflexion, 100 universitaires et experts de 50 pays, dont la Chine et des pays d'Afrique, ont convenu de lancer l'initiative de réseau de coopération de groupes de réflexion Chine-Afrique, renforçant activement la collaboration au sein des groupes de réflexion, favorisant la compréhension mutuelle, la coopération et le développement entre la Chine et l'Afrique, ainsi que d'améliorer encore les avantages pour la Chine et l'Afrique.

1. Promouvoir la collaboration éducative pour faciliter les échanges éducatifs et les partenariats entre les établissements universitaires, en favorisant le partage des connaissances et de l'expertise. Les projets de recherche conjoints peuvent contribuer à une compréhension plus approfondie des défis communs et des solutions potentielles. Ces activités pourraient notamment être liées au plan de partenariat 10+10 des Think Tank Chine-Afrique, qui a ouvert un nouveau modèle d'échanges et de coopération universitaires Sino-africains.

2. Faciliter les échanges universitaires et les partenariats entre les universités et les instituts de recherche en Chine et en Afrique pour relever des défis communs, tels que le développement économique, le changement climatique et la santé publique, et qui favorisent également la compréhension et la collaboration interculturelles.

3. Organiser des ateliers et des séminaires réunissant des experts des

groupes de réflexion et des professionnels des deux régions pour discuter des défis communs, partager des idées et développer des stratégies communes.

4. Promouvoir les échanges culturels et les discussions sur les aspects culturels, en aidant les participants à apprécier le patrimoine, les traditions et les valeurs de chacun, ce qui fait partie intégrante de la promotion de la compréhension mutuelle. Encourager les échanges culturels, notamment les expositions d'art, les festivals de films et les événements littéraires, afin de promouvoir une compréhension plus profonde des cultures et des traditions de chacun.

5. Encourager les programmes d'apprentissage des langues pour faciliter une meilleure communication entre les universitaires et les chercheurs chinois et africains. Cela pourrait impliquer des cours de langue, des services de traduction et des programmes d'échange linguistique.

6. Faciliter les partenariats entre les entités du secteur privé en Chine et en Afrique pour soutenir les groupes de réflexion. Rechercher le soutien des Gouvernements Chinois et Africains pour soutenir et participer activement aux initiatives de groupes de réflexion collaboratifs telles que le réseau de coopération de groupes de réflexion Chine-Afrique.

7. Mettre en œuvre des mécanismes conjoints de suivi et d'évaluation pour évaluer l'efficacité des actions collaboratives du réseau de coopération des Think Tanks Chine-Afrique. Continuer à identifier les domaines à

améliorer et à accroître la consultation et la coordination pour assurer la durabilité et l'efficacité à long terme de la coopération des Think Tanks à travers le réseau de coopération des Think Tanks Chine-Afrique.

8. Mettre en place des canaux et des plateformes de communication et de mise en œuvre régulières et claires pour le dialogue entre les organismes gouvernementaux concernés et les autorités des groupes de réflexion en Chine et en Afrique, afin d'assurer une approche coordonnée et ciblée de la part du réseau de coopération des groupes de réflexion Chine-Afrique.

9. Etablir des mécanismes de financement pour soutenir les projets de recherche collaboratifs des groupes de réflexion et les événements conjoints. Cela pourrait inclure des subventions, des bourses et des subventions pour des activités conjointes.

10. En mettant en œuvre ces mesures, les parties prenantes des deux parties peuvent créer un environnement propice à une collaboration constructive et croissante entre la Chine et l'Afrique au sein du groupe de réflexion du Forum, à travers le réseau de coopération des groupes de réflexion Chine-Afrique, favorisant la compréhension mutuelle et les objectifs de développement partagés.

Pendekezo la Uanzishaji wa Mtandao wa Ushirikiano wa Jumuiya za Washauri Bingwa kati ya China na Afrika

Mpango wa Utekelezaji wa Dakar wa Baraza la Ushirikiano kati ya China na Afrika wa Novemba 2021 ulitoa: "Pande hizo mbili zitaendelea kushikilia Kongamano la Jumuiya za Washauri Bingwa za China na Afrika, kuunga mkono ushirikiano wa muda mrefu na thabiti kati ya jumuiya ya wasomi ya Afrika na China, kuhimiza Kongamano na taasisi husika kutafiti kwa pamoja, na kutoa msaada wa kiakili kwa ushirikiano wa Afrika na China.

Kongamano la Jumuiya za Washauri Bingwa za China na Afrika lililoanzishwa mwaka wa 2011 na Chuo Kikuu cha Ualimu cha Zhejiang lilitokana na Semina ya mwaka wa 2010 ya Kuadhimisha Miaka 10 ya Baraza la Ushirikiano kati ya China na Afrika, na baadaye lilijumuishwa chini ya mfumo wa Baraza la Ushirikiano kati ya China na Afrika. Miaka 15 iliyopita, kongamano hilo limefanikiwa kufanya mikutano 13 nchini Afrika na China, ambavyo vimeonyesha kuwa makongamano ya jumuiya za washauri bingwa na mikutano wa wanataaluma yana jukumu muhimu katika kuwezesha mawasiliano, mazungumzo, kubadilishana ufahamu na kukuza ushirikiano kati ya wananchi, na pia kutoa jukwaa kwa wasomi, watunga sera, waandishi wa habari na wataalamu kutoka Afrika na China ili kujadili masuala muhimu, kuwasiliana mawazo, na kuchunguza njia za ushirikiano. Kama jukwaa la kuwasiliana taarifa na utaalamu, kongamano hilo linachangia katika michakato ya kufanya maamuzi yenye ufahamu bora zaidi nchini Afrika na China. Kongamano la Jumuiya za Washauri Bingwa za China na Afrika lina rekodi ya kujivunia katika kuchangia kwa kiasi kikubwa uimarishaji na ukuzaji wa urafiki wa Afrika na China, uimarishaji wa kidiplomasia, kiuchumi, mawasiliano ya watu na uhusiano wa kitamaduni, maelewano bora na ya utungaji wa sera. Kongamano la Jumuiya za Washauri Bingwa za China na Afrika limekuwa mfano wa "maelewano kati ya watu" na limetekeleza jukumu linaloendelea la kusaidia na kutetea serikali za Afrika na China kupanga na kutekeleza ushirikiano wa Afrika na China wa kirafiki siku zijazo chini ya mifumo muhimu kama vile Baraza la Ushirikiano kati ya China na Afrika na Pendekezo la "Ukanda Mmoja, Njia Moja".

Imethibitishwa kuwa kufanyika Kongamano la Jumuiya za Washauri Bingwa za China na Afrika ni mpango wa kupongezwa ambayo inakusanya akili za pande zote ili kufanya mazungumzo yenye maana. Kupitia majadiliano kati ya watunga sera, taasisi za washauri bingwa, kongamano hili huziba mapengo ya mitazamo, maadili na uzoefu. Mawasiliano ya taarifa na mawazo yanachangia maelewano ya kina kuhusu sera za kiuchumi, mikakati ya maendeleo, mifumo ya maendeleo ya kitaifa na kikanda na kutafuta masuluhisho ya pamoja na mikakati kushughulikia changamoto zinazowezekana. Kuimarisha ushirikiano kati ya washauri bingwa kunaweza kukuza maelewano bora kati ya nchi za Afrika na China;

Kunaweza kuondoa dhana potofu, kupunguza suitafahamu; Kunawenza kukuza maelewano sahihi zaidi ya tamaduni, sera na mitazamo ya kila mmoja. Kwa hiyo, wakati wa Mkutano wa 13 wa Kongamano la Jumuiya za Washauri Bingwa za China na Afrika unaoanzia 7-9 Machi 2024 jijini Dar es Salaam, Tanzania, wataalamu 100 na jumuiya za washauri bingwa kutoka nchi 50 za Afrika na China wamekubali kuzindua Pendekezo la Mtandao wa Ushirikiano wa Jumuiya za Washauri Bingwa kati ya China na Afrika, ili kuimarisha ushirikiano wa jumuiya za washauri bingwa, kukuza maelewano, ushirikiano na maendeleo kati ya Afrika na China na kuongeza manufaa zaidi kwa Afrika na China.

1. Kukuza ushirikiano wa kielimu ili kuwezesha mawasiliano ya elimu na ushirikiano wa kirafiki kati ya taasisi za kitaaluma, kukuza ugawanaji wa ujuzi na utaalamu. Miradi ya tafiti za pamoja inaweza kuchangia maelewano ya kina ya changamoto za pamoja na masuluhisho yanayowezekana. Shughuli hizi zinaweza kuunganishwa na Pendekezo la Uhusianno wa Kirafiki wa 10+10 kati ya Jumuiya za Washauri Bingwa za China na Afrika ili kuchunguza njia mpya ya mawasiliano na ushirikiano wa kitaaluma kati ya Afrika na China.

2. Kuimarisha mawasiliano ya kitaaluma na ushirikiano wa kirafiki kati ya vyuo vikuu na taasisi za utafiti za Afrika na China ili kushughulikia changamoto za pamoja kama vile maendeleo ya kiuchumi, mabadiliko ya hali ya hewa na afya ya umma, pia kukuza maelewano ya kitamaduni na ushirikiano wa pande hizo mbili.

3. Kuandaa warsha na semina zinazowakusanya washauri bingwa na wataalamu wa pande hizo mbili ili kujadili changamoto za pamoja, kubadilishana maarifa, na kubuni mikakati ya pamoja.

4. Kuza mawasiliano na majadiliano ya kitamaduni ili kuwasaidia washiriki kuthaminiana urithi, mila na maadili ambavyo ni sehemu muhimu ya kukuza maelewano. Tuhimize mawasiliano ya kitamaduni, yakiwemo maonyesho ya sanaa, tamasha za filamu na karamu za kifasihi, ili kukuza maelewano ya kina ya tamaduni na mila.

5. Kuhimiza programu za kujifunza lugha ili kuwezesha mawasiliano bora kati ya wasomi na watafiti wa Afrika na China. Hii inaweza kuhusisha kozi za lugha, huduma za tafsiri, na programu za kubadilishana lugha.

6. Kuhimiza ujenzi wa ushirikiano wa kirafiki kati ya sekta ya kibinafsi ya Afrika na China na kuunga mkono maendeleo ya jumuiya za washauri bingwa. Tutafute utetezi na idhini za serikali za Afrika na China na kuzishirikisha katika uendelezaji na utekelezaji wa mipango ya ushirikiano ya jumuiya za washauri bingwa kama vile Mtandao wa Ushirikiano wa Jumuiya za Washauri Bingwa kati ya China na Afrika.

7. Kutekeleza taratibu za pamoja za usimamizi na tathmini ili kutathmini ufanisi wa uvia wa Mtandao wa Ushirikiano wa Jumuiya za Washauri Bingwa kati ya China na Afrika. Tuendelee kubainisha maeneo yanayohitaji kuboresha na kuongezeka kwa mashauriano na uratibu na kuhakikisha muda mrefu na ufanisi wa ushirikiano wa jumuiya za washauri

bingwa kupitia Mtandao wa Ushirikiano wa Jumuiya za Washauri Bingwa kati ya China na Afrika.

8. Kuweka njia na jukwaa zenye wakati unaoweka na wazi kwa mazungumzo na utekelezaji kati ya mashirika husika ya serikali na jumuiya za washauri bingwa za Afrika na China ili kuhakikisha uratibu na vipengele vya utekelezaji wa Mtandao wa Ushirikiano wa Jumuiya za Washauri Bingwa kati ya China na Afrika.

9. Kuanzisha mfumo wa ufadhili na kutetea jumuiya za washauri bingwa kutekeleza miradi ya utafiti na karamu za pamoja kama vile utoaji wa ruzuku ya ada ya masomo, udhamini wa masomo, na ruzuku kwa karamu za pamoja.

10. Washikadau wa pande zote mbili wanaweza kuweka mazingira bora kwa ujenzi na ushirikiano endelevu kati ya Afrika na China katika jumuiya za washauri bingwa kupitia utekelezaji wa hatua na Mtandao wa Ushirikiano wa Jumuiya za Washauri Bingwa kati ya China na Afrika ili kukuza maelewano na utimizaji wa malengo ya maendeleo ya pamoja.

مقترح إنشاء شبكة تعاون بين مراكز الفكر الصينية والأفريقية

قام منتدى التعاون الصيني الأفريقي في نوفمبر 2021 بنشر إنشاء "خطة عمل دكار" والتي تقترح بأن "سيواصل الجانبان إدارة منتدى مراكز الفكر الصينية والأفريقية بشكل فعال، ودعم التعاون الأكاديمي الطويل الأمد والمستقر بين الصين وأفريقيا، وتشجيع المنتديات على إجراء أبحاث مشتركة مع المؤسسات ذات الصلة، لتقديم الدعم الفكري للتعاون بين الصين وأفريقيا".

نشأ منتدى مراكز الفكر الصينية والأفريقية في عام 2010، لإحياء الذكرى السنوية العاشرة لإنشاء منتدى التعاون الصيني الأفريقي، وتم تأسيسه بواسطة جامعة تشجيانغ للمعلمين في عام 2011، وتم دمجه لاحقًا في إطار منتدى التعاون الصيني الأفريقي. على مدى 15 عامًا، عقد منتدى مراكز الفكر الصينية والأفريقية 13 جلسة في الصين وأفريقيا، مما أثبت أن منتديات مراكز الفكر والمؤتمرات الأكاديمية تلعب دورًا هامًا في تعزيز التواصل بين الشعوب، والحوار، ومشاركة الأفكار، وتشجيع التعاون. كما وفرت منصة للعلماء وصانعي السياسات والصحفيين والخبراء من الصين وأفريقيا لمناقشة القضايا الرئيسية، وتبادل الأفكار، واستكشاف سبل التعاون، كمنصة لتبادل المعلومات والمعرفة المتخصصة، مما ساعد الجانبين على اتخاذ قرارات أفضل. لقد أسهم المنتدى في تعزيز الصداقة بين الصين وأفريقيا، وتقوية العلاقات الدبلوماسية والاقتصادية والثقافية، وزيادة الفهم المتبادل وصياغة السياسات. أصبح المنتدى نموذجًا لـ "التواصل بين الشعوب"، ولعب دورًا مستمرًا في دعم وتكملة تخطيط وتنفيذ التعاون الودي بين الحكومات الصينية والأفريقية ضمن إطار منتدى التعاون الصيني الأفريقي ومبادرة "الحزام والطريق" وغيرها من الآليات الهيكلية الهامة.

لقد أثبتت التجربة أن عقد اجتماعات منتدى مراكز الفكر الصينية والأفريقيةهو خطوة مستحقة للثناء، حيث يجمع بين الحكمة والأفكار من جميع الأطراف ويجري حوارات ذات

مغزى. من خلال مناقشات صانعي السياسات والمؤسسات الأكاديمية ومراكز الفكر، يتم سد الفجوات في الأفكار والقيم والممارسات. تساعد هذه التبادلات من المعلومات والأفكار في تعزيز فهم الطرفين للسياسات الاقتصادية والاستراتيجيات التنموية والأطر الوطنية والإقليمية للتنمية، وفي العثور على حلول جماعية ومسارات استراتيجية لمواجهة التحديات المحتملة. تعزز التعاون بين مراكز الفكر فهمًا أفضل بين الصين ودول أفريقيا. يساعد على التخلص من الصور النمطية وتقليل سوء الفهم؛ يساعد على فهم ثقافات وسياسات ووجهات نظر بعضنا البعض بشكل أكثر دقة وتفصيلاً. لذلك، بمناسبة عقد الدورة الثالثة عشرة لمنتدى مراكز الفكر الصينية والأفريقية في دار السلام، تنزانيا، من 7 إلى 9 مارس 2024، وافق مراكز الفكر من 50 دولة من الصين وأفريقيا ومائة خبير وأكاديمي على إطلاق "مبادرة شبكة التعاون بين مراكز الفكر الصينية والأفريقية"، لتعزيز التعاون بين مراكز الفكر وتشجيع التفاهم والتعاون والتنمية المتبادلة بين الصين وأفريقيا، ولتعزيز مستوى التعاون المربح للجانبين بين الصين وأفريقيا.

1. تعزيز التعاون التعليمي لتطوير التبادلات التعليمية والشراكات بين المؤسسات الأكاديمية وتشجيع مشاركة المعرفة والمهارات المهنية. يمكن للمشاريع البحثية المشتركة أن تعمق الفهم المشترك للتحديات والحلول المحتملة. يمكن دمج هذه الأنشطة مع "خطة الشراكة بين مراكز الفكر الصينية والأفريقية 10+10" لفتح آفاق جديدة للتبادل الأكاديمي والتعاون بين الصين وأفريقيا.

2. تشجيع التبادل الأكاديمي وتطوير الشراكات بين الجامعات والمؤسسات البحثية الصينية والأفريقية لمواجهة التحديات المشتركة مثل التنمية الاقتصادية، وتغير المناخ، والصحة العامة، وتعزيز الفهم الثقافي المتبادل والتعاون بين الطرفين.

3. تنظيم ورش عمل وندوات لجمع خبراء مراكز الفكر والمحترفين من الجانبين لمناقشة التحديات المشتركة ومشاركة الرؤى القيمة ووضع استراتيجيات مشتركة.

4. تعزيز التبادل والنقاش الثقافي لمساعدة الطرفين على تجربة وتقدير تراث وتقاليد وقيم بعضهما البعض. هذا جزء مهم من تعزيز الفهم المتبادل. يُشجع التبادل الثقافي، بما في ذلك أنشطة مثل معارض الفنون، ومهرجانات الأفلام، والفعاليات الأدبية، لتعميق الفهم لثقافات وتقاليد الطرف الآخر.

5. تشجيع تنفيذ برامج تعلم اللغة لتعزيز التواصل بين العلماء والباحثين الصينيين والأفريقيين. يمكن أن تشمل الدورات اللغوية، وخدمات الترجمة، ومشاريع تبادل اللغات.

6. تشجيع الكيانات من القطاع الخاص الصيني والأفريقي على إقامة شراكات لدعم تطوير مراكز الفكر. السعي للحصول على دعم ومشاركة فعالة من حكومات الصين والدول الأفريقية في تنفيذ مبادرات التعاون بين مراكز الفكر، بما في ذلك شبكة التعاون بين مراكز الفكر الصينية والأفريقية.

7. تنفيذ آليات مشتركة للرصد والتقييم لتقييم فعالية الأعمال التعاونية لشبكة التعاون بين مراكز الفكر الصينية والأفريقية. مواصلة البحث عن مجالات تحتاج إلى تحسين وتعزيز المشاورات والتنسيق لضمان استدامة وفعالية التعاون بين مراكز الفكر من خلال الشبكة.

8. إنشاء قنوات ومنصات اتصال وتنفيذ منتظمة وواضحة للهيئات الحكومية وأقسام مراكز الفكر في كل من الصين وأفريقيا، لضمان التنسيق المنظم والمركز لتنفيذ شبكة التعاون بين مراكز الفكر الصينية والأفريقية.

9. إنشاء آليات تمويل لدعم مراكز الفكر في تنفيذ مشاريع بحثية مشتركة وأنشطة مشتركة، مثل تقديم المنح الدراسية والمنح ودعم الأنشطة المشتركة.

10. من خلال تنفيذ هذه الإجراءات، يمكن للمشاركين من الجانبين، من خلال شبكة التعاون بين مراكز الفكر الصينية والأفريقية، أن يخلقوا بيئة مواتية للتعاون البناء والمستدام في مجال مراكز الفكر بين الصين وأفريقيا، وتعزيز الفهم المتبادل وتحقيق أهداف التنمية المشتركة.

附录三 "中非达累斯萨拉姆共识"解读文章一览表

序号	文章名称	发表期刊/刊文媒体	时间	作者	原文链接
1	Cooperation with Africa to remain deeply rooted	China Daily	2024/3/21	刘鸿武、李东升	https://enapp.chinadaily.com.cn/a/202403/21/AP65fb8764a310115ef066eb98.html
2	"达累斯萨拉姆共识"——中非开启理念合作新篇章	光明日报	2024/3/21	马汉智	https://news.gmw.cn/2024—03/21/content_37215572.htm
3	共探超越"新自由主义"的发展道路	环球时报	2024/3/21	马汉智	https://opinion.huanqiu.com/article/4H3jDQeZKj7
4	Deepening Global South cooperation is significant in breaking traditional Western narratives	GLOBAL TIMES	2024/3/24	马汉智	https://enapp.globaltimes.cn/article/1309391
5	让更多人能享受到中非合作的"美味佳肴"	光明网—学术频道	2024/3/27	刘鸿武、李东升	https://share.gmw.cn/www/xueshu/2024—03/27/content_37228649.htm
6	New Paths Towards Modernisation	CHINAFRICA（中国与非洲）	2024/3/28	马汉智	http://www.chinafrica.cn/Homepage/202403/t20240327_800361535.html
7	De nouvelles voiesvers la modernisation	CHINAFRICA（中国与非洲）	2024/3/28	马汉智	http://www.chinafrique.com/Homepage/202403/t20240328_800361544.html

续表

序号	文章名称	发表期刊/刊文媒体	时间	作者	原文链接
8	Professor Liu Hongwu founder-CATTF speaks to Africa News 24 on the 13th edition of the forum	Africa News 24	2024/3/30	刘鸿武	https://www.youtube.com/watch?app=desktop&v=NWzItIdfb3I
9	China—Africa Think Tanks Forum founder, Professor Liu Hongwu speaks to Africa News 24	Africa News 24	2024/3/30	刘鸿武	https://www.youtube.com/watch?app=desktop&v=TArUHWk6ibY
10	深化达累斯萨拉姆共识开启中非理念合作新篇章	中国社会科学网	2024/5/21	浙江师范大学非洲研究院中非智库论坛项目组	https://www.cssn.cn/skgz/bwyc/202405/t20240521_5753608.shtml
11	推进全球南方现代化进程，携手共建人类命运共同体（英文）	Contemporary World（当代世界英文版）	2024/5/24	王珩	无链接
12	Three—level Model of the Interrplays in People—to—people Exchanges: From the Perspective of Sino—African Relations[1]	AFRICA NEWS 24	2024/6/5	李翌超	https://africanews24.info/three—level—model—of—the—interplays—in—people—to—people—exchanges—from—the—perspective—of—sino—african—relations1/
13	一次"别有深意"的访问	光明日报	2024/6/5	马汉智	http://epaper.gmw.cn/gmrb/html/2024—06/05/nw.D110000gmrb_20240605_1—12.htm
14	Seminar on 'Africa—China Dar es Salaam Consensus holds in Beijing	Africa China Economy	2024/6/10	Ikenna Emewu	https://africachinapresscentre.org/2024/06/10/seminar—on—africa—china—dar—es—salaam—consensus—holds—in—beijing—%ef%bb%bf/

续表

序号	文章名称	发表期刊/刊文媒体	时间	作者	原文链接
15	Charting a new vision for China—Africa pact via Dar es Salaam Consensus	Africa China Economy	2024/6/14	孙欣	https://africachinapresscentre.org/2024/06/14/charting—a—new—vision—for—china—africa—pact—via—dar—es—salaam—consensus/
16	Élaborer une nouvelle vision pour le pacte sino—africain via le consensus de Dar es Salaam	Tinga news	2024/6/18	孙欣	https://tinganews.com/elaborer—une—nouvelle—vision—pour—le—pacte—sino—africain—via—le—consensus—de—dar—es—salaam/
17	Africa—China consensus charts development path for Global South	CHINESE SOCIAL SCIENCES TODAY（中国社会科学报）	2024/6/20	单敏	
18	Africa—China Consensus new era in south—south cooperation	The Star	2024/6/29	李昭颖	https://www.the—star.co.ke/siasa/2024—06—29—zhaoying—africa—china—consensus—new—era—in—south—south—cooperation/
19	中国是全球发展的重要贡献者	光明日报	2024/7/2	李雪冬、马汉智	
20	Concurrence of choice	China Daily	2024/7/5	Paul Frimpong	https://www.chinadaily.com.cn/a/202407/05/WS66874ae8a31095c51c50c7eb.html

续表

序号	文章名称	发表期刊／刊文媒体	时间	作者	原文链接
21	刘鸿武：中非合作是落实全球发展倡议的典型观察窗口	中国新闻网	2024/7/9	刘鸿武	https://m.chinanews.com/wap/detail/chs/zw/10248277.shtml
22	中非合作是落实全球发展倡议的典型观察窗口	国家国际发展合作署	2024/7/10	刘鸿武	https://mp.weixin.qq.com/s/1v3sLqafXzpdQoiMH5h26w
23	Antidote to deglobalization	China Daily	2024/7/10	Maged Refaat Aboulmagd	https://www.chinadaily.com.cn/a/202407/10/WS668dcd2aa31095c51c50d450.html
24	Nations aligning steps for green partnership	China Daily	2024/7/11	Jeremy Stevens	https://www.chinadaily.com.cn/a/202407/11/WS668f30f7a31095c51c50d808.html
25	中非知识共享：思想基础、时代意义与实践路径	中国社会科学网	2024/7/12	蒋妍、王珩	https://www.cssn.cn/skgz/bwyc/202407/t20240712_5764274.shtml
26	A Call for Realigning Priorities	CHINAFRICA（中国与非洲）	2024/7/15	Ikenna Emewu	http://www.chinafrica.cn/Homepage/202407/t20240715_800371736.html
27	Spirit of Dar es Salaam reigns	China Daily	2024/7/15	格特	https://www.chinadaily.com.cn/a/202407/15/WS66946500a31095c51c50dfad.html
28	A Catalyst for More Integrated World	CHINAFRICA（中国与非洲）	2024/7/15	Maged Refaat Aboulmagd	http://www.chinafrica.cn/Homepage/202407/t20240715_800371865.html
29	达累斯萨拉姆共识：擘画中非合作新愿景	中国社会科学网	2024/7/16	孙欣	https://www.cssn.cn/skgz/bwyc/202407/t20240716_5764657.shtml
30	Advancing democracy in international relations	China Daily	2024/7/16	Raphael Oni	https://www.chinadaily.com.cn/a/202407/16/WS6695b782a31095c51c50e370.html

续表

序号	文章名称	发表期刊/刊文媒体	时间	作者	原文链接
31	A Consensus for Collaboration	CHINAFRICA（中国与非洲）	2024/7/16	Paul Frimpong	http://www.chinafrica.cn/Homepage/202407/t20240716_800371936.html
32	埃及外交官："一带一路"倡议是"逆全球化"的一剂"解药"	中国日报中国观察智库	2024/7/17	马吉德·雷法特·阿布马格德（Maged Refaat Aboulmagd）	https://mp.weixin.qq.com/s/JK2sbbtxGN2A0FJuEwK1Zg
33	The spirit of Dar es Salaam reigns	IOL	2024/7/19	格特	https://www.iol.co.za/news/politics/opinion/the—spirit—of—dar—es—salaam—reigns—3f9dd2c7—b189—421b—b9be—0d2d4863799e
34	The spirit of Dar es Salaam reigns	THE AFRICAN	2024/7/19	格特	https://theafrican.co.za/politics/the—spirit—of—dar—es—salaam—reigns—2e600d39—2ee0—4509—ad06—b1db57b763e9/
35	L'union fait la force	CHINAFRICA（中国与非洲）	2024/7/22	李雪冬、梁亮	http://www.chinafrique.com/Homepage/202407/t20240722_800372410.html
36	中非达累斯萨拉姆共识：为全球南方发展贡献智力支持	社科院世经政所全球战略智库	2024/7/23	陈兆源	https://mp.weixin.qq.com/s/1CTzwghZCdujJl4mm0squA
37	沈诗伟接受美国《新闻周刊》专访（0724）	美国《新闻周刊》(Newsweek)	2024/7/24	沈诗伟	https://www.newsweek.com/what—palestinians—agreed—china—why—it—matters—1929341
38	FOCAC summit to start a new stage for China—Africa relations	环球时报	2024/7/30	沈诗伟	https://www.globaltimes.cn/page/202407/1317038.shtml

续表

序号	文章名称	发表期刊/刊文媒体	时间	作者	原文链接
39	即将再次聚首北京，中非友好大家庭如何共话未来？	湖北卫视长江新闻号	2024/7/30	沈诗伟	https://mp.weixin.qq.com/s/6uNqGzx00XvII_w845zaRg
40	Gouvernance de la Chine: la 3ème session du XXème Comité Central du PCC décide l'approfondissementplus poussé de la réforme sur tous les plans	Tinga news	2024/7/30	约罗	https://tinganews.com/gouvernance—de—la—chine—la—3eme—session—du—xxeme—comite—central—du—pcc—decide—lapprofondissement—plus—pousse—de—la—reforme—sur—tous—les—plans/
41	携手推进现代化共筑高水平中非命运共同体	长江云新闻	2024/7/31	沈诗伟	https://m.hbtv.com.cn/p/4458789.html?timestamp=1722355698027
42	La rencontre décide i'approfondissement plus poussé de la réforme sur tous les plans	Lindependant	2024/7/31	约罗	
43	La IIIème session du XXème Congrès du PCC décide l'approfondissement plus poussé de la réforme sur tous les plans	CHINE MAGAZINE	2024/7/31	约罗	https://www.chine—magazine.com/la—iiieme—session—du—xxeme—congres—du—pcc—decide—lapprofondissement—plus—pousse—de—la—reforme—sur—tous—les—plans/
44	Seeing more of China through 7 cities in 10 days made possible by BRI	Africa China Economy	2024/8/4	Ikenna Emewu	https://africachinapresscentre.org/2024/08/04/seeing—more—of—china—through—7—cities—in—10—days—made—possible—by—bri/
45	气候科技合作助力中非共建绿色"一带一路"	中国社会科学网	2024/8/5	张建珍、林晓峰	https://www.cssn.cn/skgz/bwyc/202408/t20240805_5768859.shtml

续表

序号	文章名称	发表期刊/刊文媒体	时间	作者	原文链接
46	LEtatoffre des equipements de derniere generation	Le National	2024/8/5	约罗	
47	Unlocking potential of China—Africa collaboration in blue economy	CGTN	2024/8/9	张艳茹	https://radio.cgtn.com/podcast/news/5/Unlocking—potential—of—China—Africa—collaboration—in—blue—economy/2712848
48	Le rêve de kung—fu d'un Camerounaisdevient réalité grâce à la coopération sino—africaine (REPORTAGE)	新华网	2024/8/15	/	https://french.xinhuanet.com/20240815/24ef009160124ed4bd1e631297827df4/c.html
49	Building work	China Daily	2024/8/20	Ephraim Abel Kayembe	https://www.chinadaily.com.cn/a/202408/20/WS66c3d19fa31060630b923dd0.html
50	Key meeting puts focus on citizens, innovation, opening—up	China Daily	2024/8/22	Maged Refaat Aboulmagd	https://www.chinadaily.com.cn/a/202408/22/WS66c68e67a31060630b92452d.html
51	China—Africa cooperation defies Western critics and narratives	新时代中国外交思想库	2024/8/26	李形、李翌超	https://mp.weixin.qq.com/s/—CE37zIrPfySYO_PdyspEg
52	在现代化道路上汇聚中非合作伟力	光明日报	2024/8/27	程松泉、徐梦瑶、卢逸丹	https://app.gmdaily.cn/as/opened/n/31c1e7ceb3df469a8ed29a1cd8ebbaa3
53	Common Actions for Common Development	CHINAFRICA（中国与非洲）	2024/8/29	格特	http://www.chinafrica.cn/Homepage/202407/t20240715_800371792.html

续表

序号	文章名称	发表期刊/刊文媒体	时间	作者	原文链接
54	Fruits of Friendship	CHINAFRICA（中国与非洲）	2024/8/30	Wang Heng, Lu Yidan	http://www.chinafrica.cn/Homepage/202408/t20240830_800376042.html
55	中非达累斯萨拉姆共识：推动中非合作开启新篇章	中国社会科学网	2024/8/30	余慧	https://www.cssn.cn/skgz/bwyc/202408/t20240830_5774692.shtml
56	开辟中非关系更加壮丽的前景——习近平主席鼓励非洲学者为推动中非合作和"全球南方"发展贡献力量	新华社客户端	2024/8/31	/	https://h.xinhuaxmt.com/vh512/share/12168894?d=134d9bf&channel=weixin
57	A longtime friend of Zhejiang – "Grobler merely moved his desk from Jinhua to Pretoria"	印象浙江	2024/8/31	/	http://www.inzhejiang.com/News/202408/t20240831_27068575.shtml
58	Xi: Enhance China—Africa cooperation	China Daily	2024/8/31	MO JINGXI	https://www.chinadaily.com.cn/a/202408/31/WS66d24d35a3108f29c1fc95bd.html
59	Chinese President Xi Jinping writes to African Scholars	IOL	2024/9/1	/	https://www.iol.co.za/the-star/news/chinese-president-xi-jinping-writes-to-african-scholars-a53e85fa-c77d-4dc4-8fce-5f6184522597
60	"为构建高水平非中命运共同体贡献力量"——习近平主席复信非洲学者引发热烈反响	学习强国	2024/9/1	黄炜鑫、周辀、李欣怡	https://article.xuexi.cn/articles/index.html?art_id=15059615821726439324&item_id=15059615821726439324&study_style_id=feeds_default&pid=&ptype=-1&source=share&share_to=wx_single

续表

序号	文章名称	发表期刊/刊文媒体	时间	作者	原文链接
61	开辟中非关系更加壮丽的前景——习近平主席鼓励非洲学者为推动中非合作和"全球南方"发展贡献力量	学习强国	2024/9/1	/	https://article.xuexi.cn/articles/index.html?art_id=10622741124670049851&item_id=10622741124670049851&to_audit_timestamp=2024—09—01+10%3A12%3A45&study_style_id=feeds_default&pid=&ptype=-1&source=share&share_to=wx_single
62	为构建高水平非中命运共同体贡献力量	人民日报	2024/9/1	黄炜鑫、周辋、李欣怡	https://www.peopleapp.com/column/30046449914—500005720267
63	开辟中非关系更加壮丽的前景	光明日报	2024/9/1	/	https://app.gmdaily.cn/as/opened/n/969ed0566bdb425bb552a01e81804ace
64	花开世界｜这个智库何以"非"同凡响	浙江省国际传播中心	2024/9/1	肖艳艳、姜晓蓉、薛文春	https://mp.weixin.qq.com/s/8aFy7gJe—SllQnewIhmoVg
65	非洲博物馆：传播非洲文化的"立体教科书"	CCTV13	2024/9/1	/	https://tv.cctv.com/2024/09/01/VIDEvNTA2jpTZ0Z9q9XTWvWd240901.shtml?spm=C45404.PChhgX3efBE.Ev0XVtu8CoWN.154
66	非洲博物馆：传播非洲文化的"立体教科书"	央视新闻	2024/9/1	/	无链接
67	央视新闻联播｜为推动非中合作和"全球南方"发展提供智力支持——习近平主席复信非洲学者引发热烈反响	金彩云客户端	2024/9/1	金燕晓、郭晨	https://share.jcy.jinhua.com.cn/c/240901/ARTYj5ez7AAdQP1Zxl.html?id=1690935
68	央视新闻联播｜国家主席习近平复信非洲50国学者引发热烈反响	浙师大非洲研究院视频号	2024/9/1	/	视频号，无链接

续表

序号	文章名称	发表期刊/刊文媒体	时间	作者	原文链接
69	校友风采｜浙师大非洲研究院罗格的中国功夫"追梦记"	浙师校友	2024/9/1	/	https://mp.weixin.qq.com/s/ao-bmnzveL0—wFgJ—I7ewJg
70	学习笔记｜复信非洲学者，习主席特别提到这一共识	网信中国	2024/9/1	/	https://mp.weixin.qq.com/s/ny6yKcgnMRZPI_9Q_pBLFA
71	央视新闻联播｜习近平主席复信非洲学者引发热烈反响浙师大非洲研究院多名学者接受采访	浙师大新闻网	2024/9/1	/	https://news.zjnu.edu.cn/2024/0901/c8449a474528/page.htm
72	王毅署名文章：奋楫扬帆，在共筑高水平中非命运共同体道路上携手前行——写在2024年中非合作论坛峰会召开之际	直通非洲	2024/9/2	王毅	https://mp.weixin.qq.com/s/TOmrUwafyqmBtWNsdlwWtg
73	习近平复信大学教授	软科	2024/9/2	/	https://mp.weixin.qq.com/s/d6Fw3e1ffAhidSqc8MQ5Bg
74	Breakthrough potential	China Daily	2024/9/2	KHALID ALI EL AMIN	https://www.chinadaily.com.cn/a/202409/02/WS66d5028ba3108f29c1fc97a0.html
75	被习主席复信的南非学者：中非团结合作是对霸权主义的有力回击	中国日报中国观察智库	2024/9/2	格特	https://mp.weixin.qq.com/s/sOdjY6JYBdeB0MspUCViYQ
76	Futuristic international cooperation	China Daily	2024/9/2	李昭颖	https://enapp.chinadaily.com.cn/a/202409/02/AP66d5042ba310256cbefbe2dc.html
77	深度｜2024年中非合作论坛峰会将在北京开幕：这场盛会，成果可期	上观新闻	2024/9/3	陆俟斐	https://www.shobserver.com/staticsg/res/html/web/newsDetail.html?id=791624
78	为推动非中合作和"全球南方"发展提供智力支持——习近平主席复信引发热烈反响	金彩云客户端	2024/9/3	章向萍	https://share.jcy.jinhua.com.cn/c/240903/VIDMwdhqDJcqQE0ZNe.html?id=1691794

续表

序号	文章名称	发表期刊/刊文媒体	时间	作者	原文链接
79	中非合作论坛助力非洲从"绝望"走向"崛起"	人大重阳	2024/9/3	/	https://mp.weixin.qq.com/s/qzjutQpWE_u6t6f5iAwdFA
80	大变局|中非合作论坛助力非洲从"绝望"走向"崛起"	习近平外交思想和新时代中国外交	2024/9/3	刘鸿武	http://cn.chinadiplomacy.org.cn/2024—09/03/content_117403456.html
81	大变局|中非合作论坛助力非洲从"绝望"走向"崛起"	中国网	2024/9/3	刘鸿武	http://news.china.com.cn/2024—09/03/content_117404201.shtml
82	沈诗伟接受沙特阿拉伯东方电视台直播连线解读中非合作论坛	沙特阿拉伯东方电视台	2024/9/3	沈诗伟	https://pan.baidu.com/s/1Gcw3TPddnKsDUVnD66w_2A
83	复信背后的金华故事	金彩云客户端	2024/9/4	格特、刘鸿武	https://share.jcy.jinhua.com.cn/c/240903/ARTEOqeiO3RlHpzIkR.html?id=1691897
84	读端|你好，非洲！欢迎，朋友！徐薇：中非共同应对全球性挑战	潮新闻	2024/9/4	王金帅	https://tidenews.com.cn/news.html?id=2891865&from_channel=63e60cc814892e00016b1592&top_id=2891866&source=weixin
85	携手共筑人类命运共同体的中非合作典范	中国与非洲	2024/9/4	王珩、卢逸丹	http://www.chinatoday.com.cn/chinafrica/202409/t20240904_800376558.html
86	中非合作蓬勃发展有力回击西方论调	新时代中国外交思想库	2024/9/4	李形、李翌超	https://mp.weixin.qq.com/s/—8TaxClHzQCGXnPWWuzkkw
87	2024年中非合作论坛峰会|习主席提到的"中非达累斯萨拉姆共识"说的是啥？	聚焦中国	2024/9/4	李东升、郭未来、王珩	https://mp.weixin.qq.com/s/—_qMoRjKXBYhEwod—VUFwg
88	Why revitalizing the TAZARA railway matters to China and Africa	KBC	2024/9/4	沈诗伟	https://www.kbc.co.ke/why—revitalizing—the—tazara—railway—matters—to—china—and—africa/

续表

序号	文章名称	发表期刊/刊文媒体	时间	作者	原文链接
89	中非合作如何谋划新局？| 东西问	中国新闻社东西问	2024/9/4	刘鸿武	https://mp.weixin.qq.com/mp/wappoc_appmsgcaptcha?poc_token=HAMd2WajmFXjwYAgledl2ibArH0vYOq_cr0hGBWg&target_url=https%3A%2F%2Fmp.weixin.qq.com%2Fs%2FhZLR8rj3mSL7UF6Jgzw6rQ
90	Scholars laud reply letter sent by Xi	China Daily	2024/9/5	Mo Jingxi and Luan Ruiying	https://www.chinadaily.com.cn/a/202409/05/WS66d908a4a3108f29c1fca3c5.html
91	Lettre de réponse : les groupes de réflexion dans les relations internationales	CGTN	2024/9/5	/	https://francais.cgtn.com/news/2024—09—05/1831540398552977410/index.html
92	Why revitalizing the TAZARA railway matters to China and Africa?	SONNA	2024/9/5	沈诗伟	https://sonna.so/en/why—revitalizing—the—tazara—railway—matters—to—china—and—africa/
93	非洲议员：从基础设施到能力建设，中国是非洲各领域的重要伙伴	中国日报中国观察智库	2024/9/5	Ephraim Abel Kayembe	https://mp.weixin.qq.com/s/iO21FkwkQpQWaN7N6Nohqg
94	非洲议员：从基础设施到能力建设，中国是非洲各领域的重要伙伴	中国日报	2024/9/5	Ephraim Abel Kayembe	https://mp.weixin.qq.com/s/—VTgVJDW_ExuLIVYMtJUDw
95	非洲学者：中国倡议的包容发展理念，西方学不会	非洲研究小组	2024/9/5	龙刚(Antoine Roger Lokongo)	https://mp.weixin.qq.com/s/u_vZxi—pCKNqL_Z6LoyjPA
96	创造"全球南方合作"战略机遇——访南非前资深外交官格特·格罗布勒	经济日报	2024/9/5	格特	https://proapi.jingjiribao.cn/detail.html?id=543445

续表

序号	文章名称	发表期刊/刊文媒体	时间	作者	原文链接
97	中非合作向新而行 共建"一带一路"助力中非合作达到新高度	中国新闻	2024/9/5	刘鸿武	https://app.cctv.com/special/m/livevod/index.html?guid=9e7144c51a414ba5b8ff60d0b4626182&mid=17rIJvAb0815&vtype=2
98	Exclusive｜ZICC独家连线浙江人的老朋友格罗布勒	浙江省国际传播中心	2024/9/5	格特	https://mp.weixin.qq.com/s/VOkTGfvKJQk0SlwRZ0TwsA
99	中非合作论坛北京峰会：主旨讲话引发浙江干部群众和在浙非洲商人的热烈反响	浙江之声	2024/9/5	李翌超	# 小程序://阿基米德FM/eAas9N7bwNaOVSr
100	创造"全球南方合作"战略机遇——访南非前资深外交官格特·格罗布勒	经济日报	2024/9/5	格特	https://proapi.jingjiribao.cn/detail.html?id=543445
101	Highlights from President Xi Jinping's Speech at the FOCAC 2024 Opening Ceremony	SINAFRICANEWS	2024/9/6	/	https://sinafricanews.org/2024/09/06/highlights—from—president—xi—jinpings—speech—at—the—focac—2024—opening—ceremony/
102	塞拉利昂学者：中非合作论坛推动中非关系跨越式发展	中国日报中国观察智库	2024/9/6	阿尔法·穆罕默德·贾洛（Alpha Mohamed Jalloh）	https://mp.weixin.qq.com/s/bNFaF9FA4AD4zRgT0LOEdQ
103	CGTN《今日世界》栏目就中非合作论坛2024峰会采访浙师大非洲研究院兼职研究员、尼日利亚国际事务研究所研究部主任伊费姆·乌比（Efem Ubi）博士	CGTN	2024/9/6	伊费姆·乌比（Efem Ubi）	视频，无链接

续表

序号	文章名称	发表期刊/刊文媒体	时间	作者	原文链接
104	Seeking balance: A new chapter for Sino—African trade relations?	法国24电视台	2024/9/6	沈诗伟	https://www.france24.com/en/tv—shows/people—profit/20240906—seeking—balance—a—new—chapter—for—sino—african—trade—relations
105	沈诗伟：中非企业家共同探索发展机遇	长江新闻号	2024/9/6	沈诗伟	https://mp.weixin.qq.com/s/6_Zgs06u8gaTlbGE—wFz9w
106	沈诗伟：中非企业家共同探索发展机遇	长江新闻号视频号	2024/9/7	沈诗伟	视频号，无链接
107	Expert: China—Africa cultural exchanges boost mutual understanding	CGTN	2024/9/7	罗德里格	https://news.cgtn.com/news/2024—09—07/Expert—China—Africa—cultural—exchanges—boost—mutual—understanding—1wHS5k30GYw/p.html
108	深化中非合作，引领全球南方现代化	光明日报	2024/9/8	刘鸿武、单敏	https://app.guangmingdaily.cn/as/opened/n/464ba6c8a29141c88a003bd652db4c6d
109	以中非现代化助力全球南方现代化——习近平主席主旨讲话激发非洲各国团结发展强大动力	光明日报	2024/9/8	/	https://app.guangmingdaily.cn/as/opened/n/c76ca8127df243409f32409a19383792
110	Expert: China—Africa cultural exchanges boost mutual understanding	facebook	2024/9/8	罗德里格	https://www.facebook.com/GlobalWatchCGTN/videos/975456654355400/?mibextid=oFDknk&rdid=vktmPAtosYIbukv5
111	The World Today	CGTN	2024/9/8	罗德里格	https://www.cgtn.com/tv/replay?id=BfHdEAA
112	国际观察："中非达累斯萨拉姆共识"为维护"全球南方"共同利益提供智力支持	人民网	2024/9/9	王珩、卢逸丹、胡蓝尹	http://world.people.com.cn/n1/2024/0909/c1002—40316007.html

续表

序号	文章名称	发表期刊/刊文媒体	时间	作者	原文链接
113	以中非合作推进全球南方现代化进程	中国社会科学报	2024/9/23	王珩、徐梦瑶	

图书在版编目(CIP)数据

全球南方背景下中非共建现代化的理念与实践：中非达累斯萨拉姆共识解读 / 王珩等著 . -- 北京：社会科学文献出版社，2024.12. -- ISBN 978-7-5228-4541-8

Ⅰ. F125.4；F140.54

中国国家版本馆 CIP 数据核字第 2024JF5141 号

全球南方背景下中非共建现代化的理念与实践
——中非达累斯萨拉姆共识解读

著　　者 / 王　珩　刘鸿武　等

出 版 人 / 冀祥德
责任编辑 / 宋浩敏
责任印制 / 王京美

出　　版 / 社会科学文献出版社·区域国别学分社 (010) 59367078
　　　　　　地址：北京市北三环中路甲 29 号院华龙大厦　邮编：100029
　　　　　　网址：www.ssap.com.cn

发　　行 / 社会科学文献出版社 (010) 59367028
印　　装 / 三河市东方印刷有限公司

规　　格 / 开　本：787mm×1092mm　1/16
　　　　　　印　张：19.5　字　数：271 千字

版　　次 / 2024 年 12 月第 1 版　2024 年 12 月第 1 次印刷
书　　号 / ISBN 978-7-5228-4541-8
定　　价 / 128.00 元

读者服务电话：4008918866

版权所有 翻印必究